런웨이
위의
자본주의

Stitched Up: The Anti-Capitalist Book of Fashion
by Tansy E. Hoskins

Copyright ⓒTansy E. Hoskins 2014. *Stitched Up: The Anti-Capitalist Book of Fashion* first published by Pluto Press, London www.plutobooks.com

This edition is published by arrangement with Pluto Press through Icarias Agency, Seoul.

Korean translation Copyright ⓒ2016 Munhakdongne

이 책의 한국어판 저작권은 Icarias Agency를 통해 Pluto Press와 독점 계약한 문학동네에 있습니다. 저작권법에 의하여 한국 내에서 보호를 받는 저작물이므로 무단전재와 복제를 금합니다.

이 도서의 국립중앙도서관 출판예정도서목록(CIP)은 서지정보유통지원시스템 홈페이지 (http://seoji.nl.go.kr)와 국가자료공동목록시스템(http://www.nl.go.kr/kolisnet)에서 이용하실 수 있습니다. (CIP제어번호: CIP2016029301)

런웨이 위의 자본주의

Stitched up:
The Anti-Capitalist
Book of fashion

탠시 E. 호스킨스 지음 | **김지선** 옮김

문학동네

이따금 압제도 참고 견딜 만하다고 여기는 것은 그 압제에 얄팍하게 나마 보너스 같은 것이 따라오기 때문이다. 가장 뛰어난 압제자는 아랫사람들로 하여금 그를 사랑하고 욕망하고 동일시하게 설득해내는 자다. 따라서 정치적 해방의 실현은 모든 형태의 해방 중에서도 가장 어려운 것, 즉 우리 자신으로부터의 해방을 필요로 한다.

그러나 그 이면 역시 마찬가지로 중요하다. 그런 지배가 그 피지배자들에게 상당 기간에 걸쳐 충분한 보상을 제공하지 못하면, 피지배자들은 결국 항거할 것이 분명하기 때문이다. 정치적 대안들이 위험하고 불확실해 보일 때, 불행과 소소한 쾌락이 모호한 상태에 만족하는 것이 합리적이라면, 고통이 확실히 보상을 압도할 때 그리고 봉기로 인한 실보다는 득이 더 많아 보일 때 봉기하는 것 역시 마찬가지로 합리적이다.

— 테리 이글턴, 『이데올로기 개론』 서론에서

아무것도 못 보는 행위는 무언가를 보는 행위만큼이나 정치적이다.

— 아룬다티 로이

일러두기

1. 인명, 브랜드명 등 외래어는 국립국어원 외래어표기법을 따랐으나 일반적으로 통용
   되는 표기가 있을 경우 이를 참조했다.
2. 본문의 각주는 모두 옮긴이 주이며, 원주는 번호로 표기해 본문 뒤에 별도의 주로 처
   리했다.
3. 저작물의 제목에는 다음 기준에 따라 약물을 사용했다. 신문·텔레비전 프로그램·영
   화는 〈 〉, 잡지·단행본은 『 』, 논문·기사는 「 」을 사용했다.

차례

기사와 기사가 아닌 남자의 차이점은 그저 뭘 입었느냐, 그게 전부라
네.[1]

　　　　　　　　　　　　　　　　　　　　　—〈로빈 후드〉

들 어 가 며

패션은 어떻게 우리의 삶을 지배하는가

방콕의 보배타워에는 태국 최대의 도매시장이 들어서 있다. 그곳은 산더미처럼 옷이 쌓인 부스들로 이루어진 지하 미궁이다. 2013년 초 처음 그곳을 찾았을 때, 나와 친구들은 그 미궁에서 길을 잃어 결국—의도치 않게—입구로 돌아갔다. 전화로 "레오 사이, 레오 사이(좌회전이요, 좌회전)", 그리고 "레오 쿠아(우회전이요)" 하고 길안내를 받았다. 옷들로 이루어진, 천장이 낮은 그 미로를 헤집고 마침내 빔 디자인에 도달했다.

빔 디자인은 문을 연 지 10년째로 닌 씨 부부가 공동 운영하고 있다. 그들의 부스에는 수거를 기다리는 정장 바지들—멀끔한 출근복과 턱시도 그리고 검은색, 남색, 회갈색, 회색의 하렘 팬츠—의 짐 더미가 높다랗게 쌓여 있다. 장사가 잘되느냐고 묻자, 닌 부인은 2008년 이후 영업 실적이 40퍼센트 가까이 떨어졌다는 익숙한 이야기를 들려주었다. 경제위기로 패션 산업 전체가 불황을 겪으면서 빔 디자인―과 다른 수많은 회사들―에 들어오는 주문량이 확 줄었다. 수요가 감소하자 다른 공급업체들과의 경쟁이 치열해졌다. 대화 도중 계속해서 쿠캉간이라는 경쟁사 이름이 언급됐다. 보배타워의 미궁 속에는 천 개가 넘는 공급업체가 있기에, 바이어들은 최저가를 제시하는 업체를 찾아 계속해서 부스를 옮겨간다. 어떤 부스에서 제시하는 가격이 마음에 안 들면 옆 가게로 건너가면 그만이다. 보배타워에 위치한 공급업체들이 바이어들에게 받는 이러한 지속적인 가격 인하 압박은 패션 산업의 특징이다.

가격 인하 압박 때문에 큰 회사건 작은 회사건 모든 회사가 더 값싼 노동력을 찾고, 임금을 깎고, 환경 기준을 위반해가며 더 싼 원료를 찾아 헤맨다. 빔 디자인은 비용 절감을 위해 더이상 방콕에서 바지를 재봉하지 않고, 그 대신 방콕에서 재단한 천을 이산―태국 북부에 위치한 가난한 지방―으로 보낸다. 이산에서는 가내수공업자들이 바지를 재봉하는데, 주문량 40퍼센트 감소로 인한 타격은 고스란히 그들의 몫이다. 닌 부인은 이야기를 하는 중에도 손으로는 완성된 바지의 바짓단과 단춧구멍에서 실밥을 잘라낸다. 여기서 상황이 더 나빠지면 못 버틸 것이라고 부인은 말했다.

‘패션’[2]이라는 단어에는 개념적인 불순성이 존재하는데, 누군가는 이 책 역시 거기에 한몫 보탠다고 비난할지도 모른다. 이 책은 샤넬에서 월마트까지, 루부탱에서 테스코까지 여러 회사들을 함께 다룬다. 이처럼 ‘하이’ 패션과 ‘하이 스트리트’ 패션■을 구분하지 않고 함께 다루는 방식을 택한 데에는 몇 가지 이유가 있다. 우선, 하이 패션과 하이 스트리트 패션 간의 경계가 흐릿해져서다. 2013년 봄, 리버아일랜드는 톱숍과 위슬스와 더불어 런던 패션 위크에 참가했다. 그런가 하면 제이크루는 뉴욕에서 쇼를 했고 H&M은 파리의 로댕 미술관에서 쇼를 열었다.

베르사체, 마르니, 스텔라 매카트니, 랑방과 메종 마틴 마르지엘라는 모두 H&M을 위한 컬렉션 작업을 했다. 아이작 미즈라히, 미소니와 프라발 구룽은 미국에서 타깃을 위해 디자인을 했고, 장 폴 고티에와 칼 라거펠트는 둘 다 코카콜라의 크리에이티브 디렉터로 활동한 바 있다. 유명한 쿠튀르 의상실들의 수익을 책임지는 것은 5만 달러를 호가하는 드레스가 아니라 향수와 배스오일의 판매다.[3] 대량 생산 선글라스, ‘잇백’, 복서 쇼츠, 화장품, ‘쿠튀르’라고 쓰인 라벨이 붙은 디자이너 티셔츠와 청바지가 ‘하이 패션’ 산업의 수익 대부분을 충당

■ 하이 스트리트 패션은 영국에서만 사용하는 용어로, 대량 생산되어 체인점에서 비교적 싼값에 팔리는 대중적으로 유행하는 패션을 주로 지칭한다. 이 책에 자주 언급할 자라, H&M 등이 대표적인 브랜드다.

한다. 이웃 공장에서는 '잇백'을 만들고 있는데, 왜 하이 스트리트 브랜드들이 중국에서 야기한 오염만을 거론하는 걸까?[4] 톱숍과 H&M이 똑같이 배타적인 미의식을 선보이는데 어째서 파리와 밀라노 패션쇼에서의 신체상과 인종 표현만을 문제삼을까? 왜 가장 저가인 브랜드들에 관련해서만 과소비 문제를 걸고넘어질까?

패션은 사회적 산물이다. 위대한 작품을 낳는 모든 원료와 기술은 사회적으로 생산된다. 위대한 피아니스트에게 사회적으로 생산된, 연주할 수 있는 피아노가 있어야 하는 것처럼 가장 갈채받는 디자이너에게는 사회적으로 생산된 연필과 종이, 원료, 그리고 스승들과 역사에 따르고 맞서면서 배운 일련의 기술이 필요하며, 디자인 팀, 관리자들, 재무담당자들, 그리고 흔히 가족을 포함하는 스태프들의 막대한 도움이 말할 것도 없이 뒤따른다.[5] 자라 같은 브랜드들에 숱하게 걸려 있는 저작권 소송들을 보면 하이 스트리트 패션이 하이 패션에서 얼마나 많은 영감을 얻는지 알 수 있다. 그렇지만 하이 패션 회사들 또한 아이디어와 브랜드의 대중화를 위해 하이 스트리트 패션에 기댄다(나름대로 아이디어 도둑질도 계속한다).[6] 사회적 생산의 무시는 패션의 신비화로 이어진다. 이 책의 목적은 패션 산업과 그 이데올로기를 둘러싼 실타래를 풀어헤쳐 이해를 도우려는 것이지, 공들여 만든 신비주의를 더하려는 것이 아니다. 따라서 이 책에서 '하이 패션'은 어떤 특별한 지위에도 오르지 않는다. 그 대신 이 책은 단순한, 사유 가능한 패션의 정의를 사용한다. "일군의 사람들이 채택한 옷과 외양의 변화하는 스타일."[7] 이는 일각에서는 프로크루스테스(자기 멋대로 정한 침대 길이를 기준 삼아 사람들의 다리를 꿰어 맞춘 신화 속 인물) 같다고 비난받는 즉각 논란을 불러일으킬 만한 입장이다.[8] 부르고뉴 공국을 1400년대에 "패션의 요람"으로 명명하기도 했거니와, 패션이 자본주의와 구별하기 힘든, 전적으로 유럽적인 개념이라는 주장이 있다.[9] 나는 패션의 기원에 관한 이러한 분석을 논박하지는 않되, 이 정의가 '패션'을 역사적으로 부유한 백인들의 것으로만 한정시키는 방식에는 분명히 문제를 제기한다.

이 제한된 부류 바깥에 놓이는 사람들은 "패션을 하지" 않는다는 근거 없는 믿음이 만연해 있다. 파리, 밀라노, 런던, 뉴욕에서 내놓는 것은 패션이고 그 외 지역의 모든 이가 내놓는 것은 그냥 옷이나 의류라는 식이다. 다른 모두, 그러니까 전 세계의 대다수는 "패션 없는 사람들"로 폄하되고, 이는 곧 "역사 없는 사람들"이라는 말이다.[10] 탄자니아의 초대 대통령인 줄리어스 니에레레는 이렇게 선언했다. "식민주의의 악행 가운데 우리에게 그 어떤 토착 문화도 없다고 믿게 만들려는 것 혹은 우리의 문화가 무가치하다고 믿게 만들려는 것만큼 사악한 짓은 없다." 이러한 인종차별적 접근법은 비인간화를 허용하고, 이른바 제3세계에 대한 죄의식 없는 착취를 용인한다. 마르크스주의 예술비평가 존 버거가 썼듯이, "제국주의가 궁극적으로 필요로 하는 것은 원료, 착취 노동력 그리고 통제된 시장이 아니다. 그 어떤 셈에도 들지 않는 인류다".[11]

오늘날의 디자인과 생산 양태를 감안하면, 패션을 서구의 것으로 정의하는 행태는 한심할 정도로 시대에 뒤처져 보인다. 중국, 콜롬비아, 인도와 나이지리아 같은 여러 나라에서 패션 산업이 활기를 띠고 있고, 동시에 신자유주의와 긴축재정으로 유럽의 임금이 크게 낮아진 탓에, 기업들은 곧 유럽 소비자들보다 더 큰 구매력을 가질 듯한 중국 소비자들의 눈길을 끌고자 발버둥칠 전망이다. 이런 모든 이유에서 나는 일부러 개방적이고 포괄적이면서, 정신적이지 않고 물질적인, 그리고 패션 산업을 신비화하지 않는 패션의 정의를 택했다.

현실은 신비스러운 것과는 거리가 한참 멀다. 2008년에 백만 명 이상이 모여 사는 악명 높은 슬럼가인 인도 뭄바이의 다라비로 답사를 간 적이 있다. 우리는 머리 위로 늘어진 것들을 헤치며, 옷을 꿰매느라 시력을 잃어가는 아동 노동자들로 가득한 작업장들이 늘어선 복도를 걸어갔다. 많은 작업장들이 숙식 공간과 노동 공간을 겸했는데, 그 맨 위에는 온 가족이 모여 사는 방들이 있었다. 우리는 어느 베틀 앞에 일렬로 앉아 작업중인 아이들과 이야기하기 위해 금방이라도 부서질 듯한 사다리를 타고 올라갔다. 다른 아이들은 딱딱한 나무 판자로 된 맨바닥에 앉아서 럭셔리한 숄에 비즈를 달고 있었다. "작은 비즈들은 작업하기 까다로워서 조그만 손가락이 필요하죠." 우리 가이드가 서글프게 고개를 저으며 말했다.[12]

그후 한 모퉁이를 돌자, 이글대는 태양에 건조시키려고 매달아놓은 염소 가죽 냄새가 내 숨통을 막았다. 무두질 공장 노동자들은 컥컥대는 내 모습을 보고는 아주 재미있어했다. 가죽에서 먼지투성이 바닥으로 떨어지는 물방울을 눈으로 좇다 문득 고개를 드니, 안뜰에서 가방을 꿰매고 가죽띠를 짜서 허리띠와 보석류를 만드는 사람들의 모습이 보였다.

"여기서는 해외 고객들을 위해 물건을 만드나요?" 그중 한 작업장의 주인에게 물었다.

"그럼요, 당연하죠." 그는 웃으면서 나를 가리켰다. "손님을 위해서요."

그는 바로 전날 구매한 내 허리띠를 손가락질했다. 그 가죽을 엮어 짜고 파란색과 금색으로 염색한 것이 안전 장비나 마스크도 하지 않고 작업하는 이런 사람들이었음을 그제야 깨달았다. 그들의 노동, 그들의 폐를 채우는 페인트 분진, 교육받지 못한 그들의 아이들, 그 모두가 고작해야 한두 번쯤 걸치고 구석에 처박힐 장신구들을 상점에 공급하기 위함이었다. 빅토리아 시대의 영국에 존재했던, 일곱 살 남짓의 어린아이들이 일하는 빈민가 공장들은 잔인함의 본보기로서 역사책 속으로 사라진 줄 알았다. 그러나 그들은 여전히 존재했다.

이 책은 패션 산업을 신비화하지 않을 터인데, 이는 무엇보다도 패션 산업의 아이템이 시대의 표식이나 사회적 의식의 산물인 동시에 산업의 산물이기도 하다는 입장을 취하기 때문이다. 드레스는 그저 하나의 의미 구조가 아니라, 기업이 이윤을 얻기 위해 막대한 환경 비용을 대가로 치르고 생산해 시장에서 판매하는 하나의 상품이기도 하다. 디자이너는 한 명의 노동자이며, 그들의 노동은 그들이 속한 기업을 부유하게 만들고 그들에게 임금을 벌어다주기 위해 존재한다. 아무리 화려하다 해도 말이다.[13] 파리 패션 위크는 엄청나게 돈이 드는 하나의 판촉 행사일 뿐이다.[14] 이 책은 패션을 하나의 산업으로 분석함으로써 이에 대한 논의를 물질세계에 단단히 붙잡아두고, 착취와 억압에서 자신을 해방시키려 노력하는 사람들의 투쟁이 탁상공론과는 거리가 멀다는 사실을 확인하는 것을 목표로 한다.

᪁

집필 초기, (다양한 상점에서 잠깐씩 일해본 것을 제외하고는) 패션업계에서 일해본 적도 없으면서 무슨 자격으로 그 분야에 관해 글을 쓰느냐는 뜬금없는 질문을 받았다. 나는 내 삶 여기저기에서 빠지지 않는 이 요소에 대해 아무도 제대로 설명해준 적이 없었고, 내가 그만 끝장내고 싶어하는 모든 것, 그러니까 끔찍한 노동 조건, 환경 파괴, 내 친구들을 괴롭힌 섭식장애, 패션이 심화시키는 인종차별, 자기비하 그리고 아무리 많이 사들여도 사라지지 않으며 채울 수도 없는 블랙홀 같은 욕구를 다룬 패션 관련서가 그간 한 권도 나오지 않았기에 이 책을 써야만 한다고 답했다. 패션 산업의 상위 계층에서 일하는 사람만 패션에 관해 써야 한다고도 생각지 않는다. 패션 기업들은 의도적으로 우리 모두에게 영향을 미치려고 노력하는데, 우리는 그들의 생각에 응답해야 하고 필요할 경우에는 거부해야 한다. 견뎌야 한다는 의무는 우리에게 알 권리를 주지만,[15] 또한 저항할 권리—와 시급한 필요—역시 준다. 일자리를 구하는 데 문제가 생길까봐 걱정하지 않고 자유롭게 쓸 수 있었으니, 패션업계 종사자가 아니라는 점이 내게는 오히려 축복이었다. 그러고 보면 패션업계에서는 좀체 비판을 찾기 힘든데 이는 심각한 문제다. 사진가 닉 나이트의 말마따나, "비평의 장이 열리지 않는 예술 매체는 건강한 예술 매체가 아니다".[16]

　그러나 그저 비판만 하려는 것은 아니다. 내가 이 책을 쓸 수 있었던 것은, 패션이 정말이지 짜증나고 끔찍할 때도 있지만 동시에 진정 찬란하며 매혹적이라고 믿기 때문이었다. 패션 산업의 창조물들은 숨막히게 멋지고 감동적이다. 패션은 믿을 수 없을 정도로 숙련을 요하고 품이 많이 드는 예술 형식이다. "우리 사회는 작가나 극작가에게는 일평생 한두 편의 걸작을 기대하면서 디자이너가 매 시즌 휘황찬란한 컬렉션을 내놓는 것은 당연하게 여긴다."[17] 한 땀 한 땀 아름답게 수놓아져 한 시대를 매혹하는 아이템들은 이 책에서 패션을 비판하는 단어의 수만큼이나 많다. 그렇지만 누가 이런 옷들을 만드는 걸까, 그리고 왜 그들은 정작 그 옷을 못 입을까?

　현재로서는, 패션이 제공하는 꿈과 현실도피를 다수가 아닌 소수만이 누릴 수 있다. 우리는 즐거움보다는 '소유강박증'[18]에 시달리며, 패션에는 다른 예술 분야와 마찬가지로 상업성과 경쟁이 거미줄처럼 뒤엉켜 있다. 나는 패션이 끔찍하지만 한편으로 찬란하다고 여기기에, 언젠가는 패션이 상업에서 자유로워져 감히 상상도 못할 만큼의 창조성에 도달하기를, 그리고 모두가 그것을 경험하기를 바라며 이 책을 썼다.

　마지막으로, 내가 반자본주의적 관점에서 패션에 관해 쓴 것은, 나로서는 도저히 이 책에서 그 문제들을 떼놓을 수 없었기 때문이다. 공장이 거기에서 일하는 사람들에게 어떤 영향을 미치는가에 대해 쓰지 않고서는 패션의 환경적 영향에 관해서 쓸 수 없었다. 사람들이 어떤 대우를 받는가에 관해 쓰려면 인종차별 문제와 몸 담론에 대해 살펴보아야 하는데, 그러려면 소외와 소비라는 두 문제에 관한 논의가 요구되고, 패션 산업의 소유권 독점화가 미치는 영향과 거기에 이바지하는 미디어 브랜드에 관한 논의 또한 필요하다. 이런 이슈들을 배제하는 것은 자본주의의 중대한 역할을 의도적으로 무시하는 거나 다름없다. 페미니스트 학자인 오드레 로드는 이렇게 말했다. "단일 의제 투쟁 같은 것은 없다. 우리 삶의 모든 의제에는 단일하지 않은 복잡한 측면들이 있다."

태국 이산에서 보았던 열악한 처지에 놓인 가난한 노동자들은 식민주의와 신자유주의가 만들어낸 근래의 현상으로 전 세계에서 되풀이되고 있다.[19] 신자유주의란, 1980년대에 마거릿 대처와 로널드 레이건이, 그리고 1990년대에 빌 클린턴과 토니 블레어가 내세웠던 경제 모델을 일컫는다. 이는 무역 자유화, 전 지구적 시장 통합, 국가권력의 규제 완화, 그리고 공공 서비스의 민영화를 강조하는데, 그 모두가 마치 중력처럼 불가피하다고 이야기한다.[20] 신자유주의는 임금을 끌어내리고, 제각각 다른 나라와 다른 회사에 속한 노동자들끼리 서로 경쟁하게 하며 이른바 바닥으로 경주하게 이끈다. 임금 하락으로 인한 소비의 공백을 메우기 위해 신자유주의는 개인 신용 거래를 밀어붙이는데, 이 문제는 특히 패션과 관련이 깊다.

신자유주의는 세계화('환경 규제나 성가신 노동조합으로부터 자유로운 곳을 찾아다니는 대기업의 형태를 점잖게 이르는 말')와 재정 개혁('빈민 복지 예산 삭감과, 그와 공평하게 짝을 맞춘 부자 감세')의 손을 잡고 나아갔다. 그 결과, 우리는 전체 아동 사망 원인 가운데 영양실조가 삼분의 일을 차지하지만 전 세계적으로 명품 판매액이 약 1500억 달러에 이르는 세상에서 살고 있다. 이 1500억 달러 중 60퍼센트가 겨우 서른다섯 개 브랜드에 집중되는데, 이는 대부분 한줌밖에 안 되는 대기업들의 소유다.[21]

신자유주의 전략이 유럽과 미국에서 각종 규제를 철폐하며 제조업보다 금융업을 밀어준 결과, 2008년에 금융위기가 시작됐다. 이 전략은 서브프라임 모기지 위에 구축된 부동산 거품을 낳았다. 거품이 터지면서 전례 없는 규모의 은행 긴급 구제—빈자에게서 부자에게로 부의 강제 이전—가 시행되었다.[22]

신자유주의와 금융위기가 낳은 혼란과 불확실성 속에서 많은 사람들이 다른 곳에서 답을 찾게 됐다. 마침내 1999년 시애틀에서 개최된 세계무역기구wTO 각료회의 반대 시위를 계기로 반자본주의 운동이 뉴스에 등장했다. 그리고 2001년 이탈리아 제노바에서 일어난 대규모 시위, 브라질과 인도에서의 세계사회포럼World Social Forums, 전 지구적인 반전 캠페인, 라틴아메리카 전역에서 일어난 대규모 사회 운동들, 그리고 뉴욕의 오큐파이 운동을 비롯해 숱한 움직임이 뒤를 이었다. 2011년에 아랍과 아프리카에서 일어난 시위들은 대부분 신자유주의적 상황들에 맞선 봉기였고, 유럽 전역에서도 파업과 시위가 왕성하게 이어졌다. 런던에서는 UK 언컷■이 포트넘 앤 메이슨, 보다폰과 톱숍을 점거했다. 운동으로서의 반자본주의는 활기차고 역동적이지만, 늘 단결하는 것은 아니다.

하나로 통일된 반자본주의 매니페스토가 부재하다고 해서 자본주의의 대안을 위해 노력할 필요가 없다는 건 아니다. 이 책에서 반자본주의란 전체적인 자본주의 시스템에 대한 거부를 뜻하는데, 바로 그 시스템이 스웨트숍,■■ 아동 노동, 환경 파괴와 소외의 원인이기 때문이다. 단순히 어느 나쁜 회사, 또는 사회 상층부의 나쁜 사람들이 문제가 아니라(물론 이들도 존재하지만), 파괴적 명령을 초래하는 나쁜 시스템이 문제다. 금융위기로 인해 반자본주의에 있어 가장 중요한 사상가인 카를 마르크스의 저술이 주목받고 있다. 그의 저작과, 그에게 영향을 받은 사람들의 저작이 각 장에서 주요한 역할을 한다.

그렇지만 카를 마르크스가 칼 라거펠트와 대체 무슨 상관이란 말인가? 신자유주의나 경제위기가 패션 산업과 무슨 관계란 말인가? 이들은 불가분하게 연결되어 있다. 패션 산업은 '자본주의의 총아'[23]임에도 경제위기로 큰 타격을 입었다. 패션 디자이너 조르조 아르마니의 말처럼 실직한 천만 중국인 노동자들만 그 영향을 받은 게 아니라 패션업계의 상류층까지 타격을 입었다. 아르마니는 "우리는 위기

■ 복지 삭감을 기조로 하는 긴축정책에 반대하는 운동으로 영국에서 시작되었다.
■■ sweatshop, 환경이 열악한 노동 착취 작업장을 이르는 말.

를 체감하고 있습니다. 모두 영향을 받고 있지요. 상점들은 작년보다 구매를 줄였어요. 무시할 수 없는 상황입니다"[24]라고 말했다. 패션 시장의 위태로운 상황에 관해 한 CEO는 이렇게 말했다. "화산 정상에서 열리는 만찬에 정장을 차려입고 참석한 기분입니다."[25]

패션 산업은 자본주의의 구석구석, 그러니까 이윤을 위한 투쟁과 그로 인한 착취, 사회적 생산수단을 소유하는 데서 나오는 권력, 그리고 우리가 현재 살아가는 불안정한 시스템을 정비해야 할 무척 현실적인 필요성을 있는 그대로 보여준다.

자본주의는 불안정하고 불공평한데도, 보통 "객관적으로 보기에는 너무 가까이에 있어서" 비판을 받지 않는다.[26] 물고기는 물에 관해 이야기하지 않는다[27]라는 오랜 속담처럼, (금융위기 이전까지는) 시스템으로서의 자본주의에 관해 이야기하는 사람이 거의 없었다. 우리 삶은 딱히 자본주의하에서의 삶이 아니라 그냥 삶으로만 보였다. 이 책은 패션에 관한 총론이 아니라 자본주의가 패션 산업에 미치는 무척 현실적인 영향력에 대해 논하고, 패션이라는 개념 자체가 사회적 과정의 일부임을 보여줌으로써 자본주의를 가시화하려 한다. 그 과정에서, 자본주의의 근본적 특성 몇 가지를 밝히고 살필 것이다.

이데올로기

우리가 사는 세계를 이해하려고 노력한다는 것은 우리를 둘러싼 세계를 살핀다는 뜻이다. 이때 우리 눈에 보이는 것은 절대적이지 않다.

그것은 이데올로기—각양각색의 시기에 자신이 사는 사회를 어떻게 경험하는가, 그리고 자신을 둘러싼 그 세계를 어떻게 보는가를 결정하는 사상, 가치관과 태도—의 사용으로 결정될 수 있다.[28]

빅토리아 여왕이 1837년 대관식에서 입었던 드레스를 예로 들어보자. 이 드레스는 무엇을 상징하는가? 한 가족이 다른 모든 가족을 지배할 수 있다는 신권? 제국이 세계를 문명화하면서 합법적으로 축적한 부? 질서를 정착시키고 무역과 아름다운 패션 디자인을 꽃피우는 민족적·인종적·계급적 위계질서? 아니면 이른바 제3세계를 만들어낸 후기 빅토리아 시대의 대참사 가운데 인도 전역을 휩쓴 기근으로 죽은 수천만 명을 표상하는가?[29] 촛불의 빛에 의지해 바느질을 하느라 눈이 먼 가난한 침모들, 그리고 인종차별과 권력 세습, 그리고 근친혼을 저지르는 지배자들을 오간자와 진주와 금실로 치장해주기 위해 부를 빨아들이는 상업자본주의를 나타내는가? 이런 관점 가운데 어느 것을 받아들이느냐를 결정한다는 것은 강력한 힘이다. 인류사에서 소수의 집단이 매일 무력으로 압제하지 않고도 부와 권력을 지켜낸 것은 그 덕분이었다.[30] 이데올로기의 정수는 사회 지배 계급의 힘을 합법화하는 능력이다.

군주들과 귀족들의 커다란 초상화에 둘러싸여 내셔널갤러리를 걸으면 어떤 느낌일지 잠시 상상해보자. 유화물감과 금테를 두른 액자는 물론이고 우리를 둘러싼 건물 자체까지, 모든 게 권위를 뿜어내며 신이 부여한 부자들의 통치권을 암시한다. 마치 그것이 '필연'(브래드 피트가 샤넬 광고에서 말하듯이)인 양 말이다. 이러한 권위는 패션 산업에서도 발산된다.

패션은 그 착용자에게 금테 같은 역할을 한다. 한편 패션 자체도 금테를 필요로 하는데, 제아무리 예술적으로 재봉됐다 해도 결국 여기서 이야기하는 것은 그저 천조각이기 때문이다. 패션을 패션으로 만드는 것은 천이 아니라 그 천을 둘러싼 모든 것이다. 패션쇼 무대, 미디어의 명성과 광고, 그리고 화려한 상점들이 서로 손을 잡고 거짓 신앙을 낳는다.[31] 건물과 옷이 정통 권력의 아우라를 뿜어내는 패션 박물관들, 루이비통이나 샤넬의 매장들 역시 내셔널갤러리와 느낌이 비슷하다. 샤넬 외에는 누구도 그런 경이로운 제품을 내놓을 수 없으므로, 샤넬은 최상부에 해당한다. 이데올로기는 이러한 권력 구조가 자연스러워 보이도록, 또는 그냥 아예 보이지 않도록 만든다.[32]

패션은 이데올로기의 열쇠다. 권력을 정당화하는 패션의 힘은 너무나 막강하기 때문에 옷을 바꿔 입는 것만으로도 지배 계급의 위엄을 가질 수 있다. 예를 들어, 〈왕자와 거지〉 〈알라딘〉 〈귀여운 여인〉 〈러브 인 맨해튼〉 〈기사 윌리엄〉 〈몽테크리스토 백작〉 〈신데렐라〉 또는 리들리 스콧의 〈로빈 후드〉 같은 영화에서 빈자가 부자와 옷을 바꿔 입으면 무슨 일이 일어나는지를 생각해보자. 갑자기 주인공은 지배 계급이 갖는 온갖 특권을 누린다. 사람은 바뀌지 않았고 옷만 바뀐 그런 상황은 "기사와 기사가 아닌 남자의 차이점은 그저 뭘 입었느냐, 그게 전부라네"라는 〈로빈 후드〉의 대사로 명확히 표현된다. 이런 영화들은 옷의 역할을 명쾌하게 보여준다. 권력을 합법화하고, 현사회를 지배하는 이들이 계속 지배해야 한다는 인식을 굳건히 다진다. 계급이 패션을 만들까? 분명 부자들에게 패션은 자신의 권력을 표현하고 재생산하는 핵심방식이다.[33] 일단 대중이 어떤 패션(또는 그에 가까운 근사치)에 접근 가능해지면, 지배 계급은 나머지 모두를 따돌리고 더 멀리 간다.

예술 형식으로서 패션은 이데올로기에서 복잡한 역할을 담당한다. 패션은 억압적인 동시에 해방적일 수 있고, 영예로운 동시에 끔찍할 수 있고, 혁명적인 동시에 반동적일 수 있다. 모든 문화가 그렇듯, 그리고 모든 사회적 현실이 그렇듯 패션은 모순을 타고났다.[34] 이 책에 담긴 엄청난 모순들을 덮고 숨기는 지배 문화의 능력이야말로 왜 사람들이 끊임없이 저항하지 않는지를 보여주는 핵심이다. 즉 패션은 더 밝은 미래의 꿈을 향해 우리를 밀어 보내고 고무시킬 수 있지만, 철저히 억압할 수도 있다. 패션은 권력에 저항하는 동시에 너무나 흥미로운 권력 형태이기도 하다.[35]

패션은 어떤 특정한 시대를 압축해 보여주고, 시간, 사회, 예술을 한데 엮어 짤 수 있다. 마르크스주의 이론가인 루이 알튀세르는 이 주제에 대한 글에서 예술이 어떻게 이데올로기에 포획되고 동시에 그로부터 일정 거리를 유지하는가를 이야기한다. 이는 예술이, 예술을 낳는 이데올로기가 그로 인해 지각될 수 있는 하나의 도구라는 뜻이다.[36] 간단히 말해, 예술은 단순히 이데올로기를 반영만 하지 않는다. 예술―패션을 포함해―을 경험한다는 것은 그 예술이 제시하는 상황을 경험한다는 것과 다름없다. 이것은 패션을 살피면 특정한 시대를 객관적으로 이해할 수 있다는 뜻이 아니다. 극작가인 베르톨트 브레히트는, 예술이 삶을 비추는 거울이라면 그 거울은 일반적인 거울과는 다르다고 말했다. 패션의 거울상은 왜곡되어 있고, 보이는 것보다 오히려 보이지 않는 것이 많은 이야기를 들려주곤 한다. 이데올로기를 이해할 수 있다면, 과거와 현재 양쪽을 더 속속들이 이해할 수 있다. 자유를 손에 넣으려면 그러한 이해가 필요하다.[37]

『런웨이 위의 자본주의』는 다음과 같이 전개된다. 1장에서는 패션 브랜드들의 소유권 독점을 다룬다. 역사적 관점에서 대중 패션의 도래를 살펴보면서 거기서 얼마나 많은 돈이 오가는지를 검토한다. 또한 과거의 패션 시장과 새로운 패션 시장에 경제위기가 미치는 영향을 탐구한다.

2장에서는 패션 미디어 독점화의 본질과 그것이 우리의 공통된 문화유산에 어떤 영향을 미치는지 살펴본다. 또한 인터넷이 패션 보도에 미치는 영향을 검토하고, 패션 블로그 활동을 해부하며, 패션 산업에서의 비평 부재를 설명하고, 트렌드 예측 산업의 베일을 걷어올린다.

3장에서는 소비자가 왕이라는 견해와 패션 산업의 병폐가 소비자들의 잘못이라는 견해에 대해 살핀다. 계급, 빚, 그리고 신용, 불황, 광고, 소외와 상품 숭배 같은 문제들을 들여다보면서 소비자들의 역할을 생각해본다.

4장에서는 이 문제의 이면, 즉 패션을 만드는 사람들에 대해 고찰

한다. 더불어 패션 생산의 다양한 형태와 다자간섬유협정의 종료가 패션에 미친 영향, 그리고 경제위기에 대해 검토한다. 패션 산업을 변화시키려는 투쟁의 과거와 현재를 살피고, 착취의 진짜 수혜자를 드러냄으로써 스웨트숍 옹호자들의 주장을 비판한다.

패션 산업 종사자들이 받는 형편없는 처우는 지구가 받는 형편없는 처우와 떼려야 뗄 수 없다. 따라서 5장에서는 환경 문제를 다룬다. 이 장에서는 사례 연구—물 부족, 환경 오염, 동물 가죽과 화학 폭발 사고—를 검토하면서 자본주의하에서 왜 환경 파괴가 일어나는지를 설명한다. 또한 그 해법으로 권고되는 제안들—다르게 소비하기, 기업의 사회적 책임과 기술—의 단점도 살펴본다.

6장에서는 패션 산업과 신체상, 섭식장애와 여성의 권리 사이의 연결고리를 들여다본다. 패션 산업에서 모델로 고용되는 여성들에게, 그리고 일반 대중에게 패션이 어떤 영향을 미치는가를 살핀다. 또한 왜 그런 편협한 미의 유형이 전파되는가, 디지털 기술 향상은 어떻게 현실을 보기 싫게 만드는가를 분석할 것이다.

7장에서는 그러한 질문에 답한다. 패션은 인종차별적인가? 우선, 이 장은 패션 산업이 토대로 하는 전제를 살핀다. 패션은 파리에서 만들어지고, 그 외 지역에서 만들어지는 모든 것은 그저 '의류'일 뿐이라는 전제 말이다. 패션 산업에서 유색인종이 어떻게 그려지는가를 다루고, 문화적 전용 습관을 비판하고, 왜 지금과 같은 신자유주의와 경제위기의 시기에 그런 인종차별과 그 특수성이 존재하는가를 이야기한다.

8~10장에서는 패션 시스템을 변화시키려는 시도를 살펴본다. 8장에서는 패션 산업에 대한 저항을 검토한다. 사람들이 자기들이 입는 옷과 외양으로 패션에 저항하려 할 때 어떤 일이 일어날까? 패션을 거스르거나 거부하는 것이 가능할까? 그저 다르게 옷을 입는 것도 하나의 반란으로 볼 수 있을까? 우리를 놀래주기 좋아하는 패션 산업에 우리가 충격을 줄 수도 있을까? 그리고 전용■을 피하는 것은 가능할까? 9장에서는 패션 산업의 개혁을 위한 과거와 현재의 시도에 대해 살핀다. 환경친화적 패션을 이야기하는 책들은 왜 윤리적 가감법으로 윤리적 딜레마를 해결하려 할까? 기업들이 환경친화적으로 변할 수 있을까? 답은 노동조합일까 아니면 법률 제정일까? 그리고 공정자본주의가 과연 존재할 수 있을까? 마지막으로, 10장에서는 이상적인 사회에서의 옷입기가 어떻게 달라질지를 생각해본다. 누가 옷을 디자인하고 만들게 될까? 계급, 인종, 혹은 성별이 없다면 패션의 세계는 어떤 모습일까? 과연 존재하기나 할까?

나는 반자본주의 운동가인 마이클 앨버트의 말에 동의한다. "우리의 부정적이거나 비판적인 메시지는 분노와 행동을 낳지 않고 적이 우리 손에 닿지 않는다는 증거만 더 높게 쌓아올릴 뿐이다."[38] 패션 산업의 교묘한 책략들을 반드시 드러내야 하지만, 패션 산업을 더 낫게 변화시키기 위한 투쟁을 다루는 이 책이 앨버트가 말한 함정에 빠지지 않았으면 했기에 마지막 세 장은 더 밝은 미래를 위한 아이디어

■ co-option, 이 책에서는 패션 산업에 대한 저항 시도가 오히려 패션 산업의 마케팅에 이용되는 현상을 지칭한다.

소개로 갈무리했다.

　패배감에 빠지지 않도록, 패션 산업이 자본주의의 일부라는 점을 다시 한번 지적하고 싶다. 자본주의는 자연스러운 상태가 아니다. 그것은 역사를 가진 경제 체제로, 태어난 것은 죽을 수도 있는 법이다.[39] 자본주의가 너무 가까이 있어서 보이지 않는 오늘날, 이 책으로 다시금 자본주의에 초점을 맞출 수 있다면 좋겠다. 내 목적은 자본주의 체제의 올을 풀어내, 우리가 입는 옷 뒤에 무엇이 있는지 드러내는 것이다. 모쪼록 이 책을 다 읽고 나서, 전체 시스템의 올을 풀어 새롭고 아름다운 무언가로 다시 짜기 위해 실을 잡아당기고 싶어지면 좋겠다.

1장

소유권

파리에게 패션은 스페인에게 페루의 금광과 다름없다.

　　　　　　　　　　　　　　—장 바티스트 콜베르(루이 14세의 고문)

데이지가 핀 강둑이 굽이굽이 이어진 시골길로 둘러싸인 햄프셔의 한 마을 링컨홀트. 말끔히 깎인 잔디밭을 칠면조들이 뽐내며 걸어다니고, 상점은 대개 가정집 거실에 차려져 있다. 버스는 예약을 해야만 마을까지 온다. 대장장이는 며칠씩 사람 그림자도 못 본 채 망치를 두들기고, 자전거로 언덕을 달려 마을 무도회에 갔다가 거기서 만난 두 형제와 백년가약을 맺었다는, 이제 팔십대인 두 자매의 이야기가 아직도 전해지는 곳이다.

2009년, 링컨홀트와 그 주변 부지 80만 제곱미터가 매물로 나왔다. 이는 국제적인 이목을 끈 흔치 않은 사건이었다. 영국의 한 마을이 통째로 시장에 나오는 일은 드무니까 말이다. 금융위기 탓에 링컨홀트의 가격은 2500만 파운드로 깎였다. 실제 가치에 한참 못 미치는 액수였다. 그 거래로 인해 마을의 토지와 그곳에서 살며 일하는 사람들의 운명은 한 남자의 손에 넘어갔다. 매도가 완료된 다음날, 마을 사람들은 새 '대지주'를 만났다. 그는 바비큐 파티를 열어 주민 모두와 악수를 나누었고, 모든 면에서 좋은 인상을 남겼다. 그러나 그후 그는 모습을 보이지 않았고, 그 근방에 살지도 않았으며 꿩 사냥을 하러 장원을 찾지도 않았다. 거리감이 드는 이 인물의 재력을 짐작해볼 만한 가장 가까운 단서는 약 17킬로 떨어진 뉴베리에서 찾을 수 있다. 레깅스, 싸구려 청바지, 스웨트셔츠 그리고 스팽글이 달린 드레스를 파는, 전면이 유리로 된 빨간 간판이 달린 대형 상점. 그곳은 늘 붐빈다. 전 지구를 뒤덮은 이천오백 곳의 체인점 모두 마찬가지다.

그 남자, 스테판 페르손은 아버지에게 H&M을 물려받았다. 그 중저가 의류 체인점은 그를 세계 8위의 부자로 만들어주었다. 포브스닷컴에는 한 주의 주가를 기반으로 5분마다 세계의 억만장자 중 누가 방금 더 부자가 되었는지를 계산해 순위를 갱신해 보여주는 '실시간 억만장자' 계산기가 있다. 왠지 눈을 뗄 수 없는 그 계산기를 마지막으로 확인했을 때, 페르손의 재산은 260억 달러였다. 내가 링컨홀트에서 만난 사람 가운데 H&M에서 옷을 사 입는 사람은 한 명도 없었다. 그러나 다들 자신이 세계적으로 손꼽히는 부자에게 집세를 낸다는 사실을 알았고, 그가 아마도 "뒷주머니에 든 잔돈"으로 링컨홀트를 사들였으리라는 사실을 자조적으로 인정했다. 그렇다고 누가 그에 대해 나쁘게 말했다는 것은 아니다. 현재까지는, 링컨홀트의 삶의 방식을 지켜주는 페르손에게 감사한다는 것이 마을의 정서다.

페르손의 링컨홀트 소유는 왠지 위화감이 든다. 패스트 패션을 팔아서 크로이소스처럼 부자가 된 사람이 영국 마을의 생활방식을 지켜준다는 것이 과연 그렇게 낭만적인 이야기일까. H&M의 옷은 튀니지에서 중국까지 여러 공장에서 만들어진다. 그 옷들은 귀한 물과 곡물 자원을 이용해 대량 생산되고 엄청난 오염을 야기한다. 그 회사는 매년 최고 오십 차례의 컬렉션을 선보이고, 완벽한 신체를 보여주는 합성 사진으로 광고를 한다. 2010년, 방글라데시에서 공장 노동자 스물한 명이 H&M의 옷을 만들다가 화재로 숨졌다. 링컨홀트의 평화로운 시골길과 이러한 전 지구적 혼란은 전혀 별개인 듯하나 실제로는 그렇지 않다. 둘 다 막대한 자원을 단 한 사람의 손에 집중시키는 자본주의 시스템에서 만들어진 사업 계획의 일부다. 이러한 부와 권력의 집중은 패션업계 전반에서 되풀이된다. 패션의 창의성과 아름다움은 계속해서 억만장자 주주들의 주머니로 흘러들어간다. 하지만 도대체 티셔츠와 머리핀을 파는 일이 어떻게 『포브스』 세계 부호 명단 20위권에 속할 정도의 억만장자를 그토록 많이 만들었을까?

신흥 존스 부인

대중 시장 패션은 새로운 개념이다. 오래전부터 부자들에게 옷은 장난감과 다름없었지만, 노동 계급은 수세기 동안 거적때기만 간신히 걸치고 살았다. 1844년, 『공산당 선언』의 공저자인 프리드리히 엥겔스는 영국 슬럼가의 가난을 직접 관찰했다. "더는 도저히 수선할 수

33

없는, 또는 너무 여러 번 기워서 원래 무슨 색이었는지조차 알 수 없는 누더기 그 자체인 옷을 걸친 사람들이 대부분이다. 사람들은……넝마를 걸치고 있다."[1] 산업혁명으로 인해 면 같은 원료가 공장에서 생산되기 시작했다. 그러나 옷은 대개 비위생적이고 임금이 매우 낮으며 위험한, 사고율과 사망률이 높은 막사식 공장에서 계속해서 만들어졌다. 1900년 무렵 영국의 의류 산업에는 총 125만 명이 종사했는데, 전체 산업 분야 중 여성 종사자 수로는 2위, 남성 종사자 수로는 5위 수준이었다.[2]

의류 생산을 가내 작업장에서 특수 목적을 위해 지어진 대형 공장으로 옮긴 선구자는 매슈 데이비드 오신스키였는데, "그다지 무일푼은 아니었던" 그는 1900년 제정러시아의 반유대주의 동향을 피해 영국 리즈로 건너온 러시아계 유대인이다. 신발끈 방문 행상으로 일을 시작한 그는 몬테그 버턴으로 이름을 바꾸고, 11실링 9페니라는 적당한 가격으로 기성복 남성 정장을 파는 상점을 열었다. 1909년에 버턴은 상점 네 곳과 공장 하나—리즈의 프로그레스 밀—를 소유하고 있었다.

5년 후 제1차 세계대전이 발발할 무렵, 버턴의 상점은 열네 곳으로 늘어났다. 남성복 생산은 스타일과 색상을 한정한 대량 생산을 지향했는데, 이는 노동 계급 남성들에게는 제복과도 같았다.[3] 550만 명의 남성들이 전쟁터로 불려가면서 이는 실제 군복의 수요와 맞아떨어졌다.

여성들 또한 전쟁에 동원되어 제복을 입었고, 영국 농업위원회의 여성 지부는 여자 농업 노동자들에게 거친 무명천으로 만들어진 작업복 같은 싸구려 옷을 팔았다. 1918년에 제1차 세계대전이 종전되면서 사백만 전역 장병에게 디몹 슈트demob suit나 약소한 의복 구입비가 지급되었다. 그 결과, 1925년에 버턴은 유럽 최대의 의류 공장을 소유하게 되었다. 1920년대의 노동 계급 여성들은 돈을 모아 체인점에서 기성복을 사 입을 수 있었지만, 대다수는 『맵스 패션스』 같은 잡지에 수록된, 파리에서 영향을 받은 패턴과 싸구려 옷감으로 만든 드레스를 입었다.

1930년대 대공황으로 인해 이백만 명이 일자리를 잃었다. 영국의 빈민들은 외투도 없이, 구멍난 신발을 신고서 버텼다. 입을 옷이 한 벌밖에 없는 일은 흔했다. 1933년에 언론인인 H. V. 모턴은 이렇게 썼다. "이 얼마나 놀라운 일인가. 전기, 크롬, 대서양 횡단 비행과 전 세계 무전통신의 시대에 빈민들은 여전히 색슨족 소작민들처럼 살다니."[4] 그와 동시에 할리우드는 황금기를 맞아 그 영향력이 패션에까지 미쳐 J. B. 프리스틀리는 좀 형편이 나은 도시 사람들 중에는 "마치 배우처럼 보이는 공장 소녀들"[5]이 있다며 혀를 찼다.

1939년, 몬테그 버턴은 옥스퍼드 스트리트에 위치한 다섯 곳을 포함해 총 595곳의 상점을 소유했다.[6] 제2차 세계대전은 더 많은 제복을 필요로 했지만 "거대한 촌충"[7] 같은 배급제 또한 가져왔고, 게다가 공장 노동자들이 전선으로 향하면서 옷 소비량이 감소하기도 했다. 의류 산업은 1941년에서 1952년 사이에 실시된 정부의 실용계획안 Utility scheme 덕분에 전시 특수를 보았다(버턴의 사업도 살아났다).

생활 수준의 저하와 1917년 일어난 러시아혁명 소식으로 동요와 불만의 파동이 일어났다. 제2차 세계대전으로 봉기의 공포는 더욱 심화됐다. 영국 동맹군들이 차례차례 독일군에 무너지는 상황에서, 조국을 위해 싸우도록 사람들을 고무시키려면 사회가 그들에게 한몫 떼어줘야 했다. 토리당의 정치가인 퀸틴 호그는 이렇게 말했다. "우리가 그들에게 개혁을 주지 않으면 그들이 우리에게 혁명을 줄 것입니다." 네빌 체임벌린이 이끄는 정부는 실용계획안으로 품질 좋고 싼 옷을 공급함으로써 국민들이 사기를 잃지 않기를 바랐다. 자유방임주의 신봉자였던 체임벌린은 마지못해 원료 통제를 시작했다. 1940년 5월 무렵, 정부는 울을 포함한 모든 원료의 거의 90퍼센트를 단독으로 수입했다.

최소목표생산량minimum production standards 도입뿐 아니라 치마 길이, 소매통, 바짓단, 그리고 고무밴드 사용의 제한처럼 원료 사용을 제약하는 조치도 취해졌다. 영국 상무성에서는 "패션 독재자"가 될 뜻은 없으며, 그저 최선의 공급이 이루어지도록 확실하게 하려는 것일 뿐이라고 주장했다. 영국판 『보그』는 이에 발맞추어 실용계획안을 "이 시대에 적합한" 의상의 한 방식이라고 불렀다.[8]

전쟁으로 나라가 피폐해진 상황에서 여성들은 다시금 군수품 생산 노동자, 버스 차장, 최전방 의료원과 노역자로 고용되었다. 그들은 바지와 점퍼를 입고, 스카프로 머리를 질끈 묶었다. 사진기자인 데이비드 코노버는 캘리포니아의 무인항공기 공장에서 노마 진 베이커라는 한 노동자를 만났다. 그는 『양크 매거진』을 위해 그녀의 사진을 찍었는데, 이것이 메릴린 먼로라는 스타 탄생의 첫걸음이었다.

전쟁은 1945년에 끝났지만 사람들의 삶은 여전히 고됐고 배급제도 계속되었다. 중앙 계획식 의복 생산은 끝났지만, 가격과 품질은 여전히 통제됐다. 실용계획안 때문에 평론가들은 노동자들이 옷을 잘 차려입은 것처럼 보인다고 써야 했다.[9] 어떤 작가는 "역사상 최초로 특권층이 아닌 프롤레타리아 계급에서 패션이 파생되었다"[10]라고 공언하기도 했다.

이것은 큰 변화였다. 예로부터 세계적인 패션의 중심지는 파리였다. 스타일은 거기서 시작되어 대중에게 퍼져나갔다. 그러나 전쟁 때문에 파리는 패션의 선구자 지위를 잃었다.[11] 프랑스 점령 당시 나치는 파리의 패션 산업을 베를린이나 빈으로 통째로 옮기려 계획했다. 결국 그 계획은 실행되지 못했지만, 유대인이 대부분을 장악했던 기성복 산업은 거의 완벽하게 무너졌다. 수출처인 프랑스를 잃은 뉴욕의 제조업자들은 그 빈자리를 메우고자 스스로 패션 창조의 중심지로 우뚝 서게 되었다. 패션업계의 많은 사람들에게, 패션 창조와 유행 모두를 평준화한 전쟁은 재앙과 같았다. 사람들을 유행에 금방 뒤처지게 할 수 없다면 패션이 어떻게 돈을 벌어들일 수 있을까? 평등주의가 고급스러움의 빛을 가린다면 부자들은 어떻게 우월해질 것인가?

파리 패션 산업의 경제적 중요성은 루이 14세의 고문이었던 장 바티스트 콜베르의 다음과 같은 말로 요약할 수 있다. "파리에게 패션은 스페인에게 페루의 금광과 다름없다." 폐광은 어림도 없는 일이라고 단단히 마음먹은 파리의상조합은 1945년에 테아트르 드 라 모드라는 이름으로 코펜하겐, 바르셀로나, 런던과 뉴욕 등을 돌면서 파리의 최신 디자인을 보여주는 패션 순회전을 조직했다. 전쟁으로 황폐해진 도시에서 럭셔리한 디자인들을 전시하여 반감을 살까 우려한 그들은 레지스탕스의 수사를 빌려왔다. "기근을 겪은 도시에서 꽁꽁 언 손가락으로"[12] 만든 아름다운 옷이라는 식으로 말이다.

우위를 되찾으려는 파리의 노력을 가장 잘 보여주는 인물은, 전시 내내 나치 장교나 프랑스인 협력자의 아내들의 옷을 디자인하느라 바빴던 한 남자, 크리스티앙 디오르였다. 이제 그는 패션에 엄격한 계급 질서를 재도입하는 데 자신의 재능을 쏟고 있었다. 1947년 2월, 디오르는 미디어에서 '뉴 룩'이라 명명한 컬렉션을 내놓았다. 그는 "전쟁의 시대, 제복의 시대, 권투선수 같은 몸매를 지닌 여군들의 시대는 이제 저물고 있습니다. 저는 꽃처럼 아름다운 여성을, 부드러운 어깨를, 피어나는 가슴을, 덩굴처럼 가는 허리와 꽃부리처럼 폭이 넓은 치마를 그렸습니다"[13]라고 말했다. 근본적으로, 뉴 룩은 활동의 용이함과 육체적 강인함을 밀어내고 코르셋으로 완성되는 극히 보수적인 여성관을 내세웠다. 그 스타일은 여성을 가정과 화롯가로 돌려보낸다는 정치 의제와 맞아떨어졌고, 엉덩이를 도드라지게 해서 여성이 아이를 낳기 위한 존재임을 암시했다.[14] 125만 명의 여자들이 산업 현장을 떠나던 시기에,[15] 그 메시지는 명확했다. 여성에게 노동복은 더이상 필요 없다는 것이었다.

수두룩한 책과 논문에서 여자들이 이를 원했으며, 결국 전 세계 여성들이 뉴 룩을 채택했다고 설명한다.[16] 그렇지만 그런 주장은 당대의 정치적 분위기와 패션 시스템이 갖는 강력한 역할을 모두 무시하는 것이나 다름없다. 전통적으로 『보그』 『하퍼스 바자』 『마드무아젤』 『세븐틴』 『우먼스 웨어 데일리』 같은 잡지를 비롯해 정교하게 짜인 미디어망을 통한 패션 광고로 그 스타일이 대대적으로 다루어졌다. 뉴 룩은 신문 광고를 게재했고, 홍보 담당자들은 영향력 있는 여성들에게 입고 사진을 찍어달라는 뜻으로 공짜 옷을 보냈으며, 백화점과 상점에서는 싹 새로 장만한 옷으로 옷장을 채우라며 여성들을 부추겼다.

디오르와 뉴 룩의 자금줄은 프랑스 최대의 자산가이자 영향력 있는 기업가인 마르셀 부삭이었다. '면화의 제왕'이라 불리던 부삭은 6000만 프랑이라는 전례 없는 거금으로 디오르를 뒷받침해줬다. 뉴 룩의 치마에는 약 15미터의 천이 사용됐는데, 1940년대 초 자원 사용 스타일을 고려하면 엄청난 수준이었으나 이는 우연이 아니었다. 부삭은 많은 천을 필요로 하는 디오르의 뉴 룩 치마가 파리 패션 산업뿐만 아니라 섬유 시장도 되살릴 것이라 굳게 믿었던 것이다.

10년간 죽음과 궁핍을 경험한 사람들은 잿더미에서 신데렐라로 일어서기를 간절히 바랐다. 그러나 먹을거리나 일자리, 집이 없는 사람들에게 뉴 룩은 인기를 끌지 못했다. 디오르의 창작물들이 프랑스 상점에 등장하자 "애들 먹일 우유도 없는데 드레스값이 4만 프랑이라니" 하는 아우성이 터져나왔다.[17] 그 스타일은 그저 고급스럽고 값비싼 천 뭉치에만 기댄 게 아니었다. 가진 자와 못 가진 자를 구분하기 위한 화려하게 장식된 액세서리와 보석류 역시 강조되었다. 북미 전역에서 그 스타일에 맞서 조직적으로 저항했고, 영국 노동당 정부에는 천을 낭비하는 그 기다란 치마를 법으로 금지하라는 요구가 빗발쳤다. 1947년에 한 노동 계급 여성은 "(옷) 쿠폰들을 가능한 한 많이 구하고 지금 가진 옷들을 팔아 치워야 할지 아니면 그냥 촌스러워 보여야 할지 모르겠다"라고 썼다.[18]

파리 스타일이 배급제의 요구에 부합하려면 원료를 절감해야 했으므로 뉴 룩과 실용의복은 몇 년간 공존했다. 전쟁 후 영국의 노동조합은 실용계획안 유지를 위한 활동을 펼쳤고, 소매업자와 제조업자들은 이를 폐기하기 위해 로비를 벌였다. 값싸고 품질 좋은 옷을 제공하는 배급제를 둘러싼 이러한 의견 차는 정부, 재계, 그리고 노동계 사이의 전시 동맹이 해체되었음을 의미했다. 전쟁은 끝났고 사회는 다시금 양극화되었다.[19] 노골적으로 표현하자면, 실용계획안과 뉴 룩의 대립은, 사회가 누구의 이득을 위해 운영되어야 하는가를 보여주는 정치적 교차점이다.

1937년에 조지 오웰은 옷의 대량 생산으로 계급 간의 표면적 차이가 완화되었다고 쓴 바 있다.[20] 그렇지만 배급제가 빈곤으로 인한 극심한 비참함을 완화했다면, 뉴 룩은 이 경향에 역행하여 노동 계급 여성을 패션의 맨 밑바닥 자리로 되돌려놓았다. 전쟁은 끝났으나 뉴 룩의 점령으로 의류의 계급 전선은 다시금 경계가 확실해졌다. 대기업과 부자는 이득을 보았고 여성과 노동 계급은 손해를 보았다.

1950년대에, 영국의 의류패션산업협회AFIA는 패션 산업의 변화를 주의깊게 살폈다. 계획적인 대량 생산은 최소한의 노동력을 이용해 최고의 속도로 진행됐다. 생산은 과학적이었고 기계화되었으며, 관리자와 기술자들은 숙련됐다.[21] 대량 생산 능력은 이제 남자들만이 아니라 여자들을 위해서도 이용될 수 있었다. 여성이 쇼핑할 돈만 갖게 된다면 무한한 가능성이 열릴 터였다.

1948년에 시작된 전후 자본주의 붐은 1970년까지 지속됐는데, 냉전으로 인해 군수 비용의 고지출이 이어졌고, 국가가 산업과 사회 복지에서 경제적으로 분명한 역할을 해야 한다는 정부 간의 합의가 이뤄졌기 때문이었다. 실업률이 미국에서는 3퍼센트, 영국에서는 1.5퍼센트로 떨어졌고, 여성들은 도로 일터로 불려갔다.[22] 기혼 여성 노동자의 수가 극적으로 치솟아 미혼 여성 노동자 수를 압도했다. 이 수치는 1980년대까지 꾸준히 증가해, 임금 노동자 중 절반이 기혼 여성이었다.[23]

20세기 초부터 영국에서는 독립적인 '십대 문화'가 시작됐다. 1950년대 영국과 미국에서는 독특한 청년 문화가 발달했지만 프랑스에서는 아니었다. 그 결과 1960년대의 '유스퀘이크Youth Quake'(『보그』 편집자인 다이애나 브릴랜드가 만든 합성어)를 계기로 패션의 중심이 일시적으로 파리에서 런던으로 옮겨갔으며, 브리지트 바르도는 샤넬에게 쿠튀르는 "할머니들을 위한" 것이라고 말하기도 했다.[24] 그리고 미니스커트가 등장했다. '활기찬 1960년대'는 구세대에게 도전했지만, 그 악명 높은 10년은 패션의 민주주의를 가져오지 못했다. 패션은 평등주의를 낳는 대신 유행을 바꾸었다. 이전에는 돈과 사회적 지위를 가진 귀부인들grandes dames에게 패션 산업의 초점이 맞춰졌다면 이제 젊은 대중의 차례였다.[25]

이는 패션이 부의 흐름을 따른 하나의 사례였다. 영향력 있는 패션 평론가 토베 콜러 데이비스는 그렇게 인지했다. 그는 1929년에 미국 상위 1퍼센트 집안이 미국 내 부의 20퍼센트를 소유한다고 지적했지만, 1953년 무렵 그 비율은 8퍼센트로 떨어졌다.[26] 미국 백화점의 다른 원로도 시각이 같았다. "저라면 500달러짜리 물건을 하나 파느니 10달러짜리를 오천 개 팔겠습니다." 고급 상점인 삭스 피프스 애비뉴에서 좀더 대중적인 상점인 시어스 백화점으로 이직한 한 구매 담당자는 그렇게 말했다. 니먼 마커스 백화점 소유주인 스탠리 마커스는 그 변화를 이렇게 요약했다. "우리의 주력 판매 대상자는 석유 부자지만, 그보다 더 중요한 고객은 그들의 비서들입니다."[27]

최상위층에게만이 아니라 그 외의 사람들에게도 옷을 팔아서 돈을 벌 수 있다는 깨달음은 패션 산업의 전략을 바꾸어놓았다. 제조업은 변모했고, 사람들은 그 어느 때보다도 가용 수입이 늘어났으며, 전례 없이 많은 여성들이 노동을 했다. 콜러 데이비스는 이런 변화를 신흥 존스 부인이라고 일컬었다. "삼천만 명이 넘는 여성 집단, 말하자면 그들은 한 번에 4000달러의 수입을 안겨주지는 않지만, 거의 1000억 달러의 수입을 가져다주는 나이아가라 폭포다. 시장이란 바로 이런 것이다."[28]

대중 시장의 주인들

1966년에 파코 라반은 스콧 페이퍼 컴퍼니의 홍보를 위해 종이 드레스 한 벌을 디자인했다. 라반은 "그 드레스는 무척 싸고, 여성은 그걸 기껏해야 한두 번 입을 겁니다. 제게는 그게 패션의 미래죠"[29]라고 예언 같은 말을 했다. 경쟁 때문에 공급업체들이 공급 시간을 점차 줄인 결과, 50년 후에는 입고 버리는 '패스트 패션'이 시장의 특징이 되었다. 또한 여러 브랜드를 뭉텅이로 소유하고 이를 전 세계에서 운영하는 거대한 국제 기업들 역시 시장의 특성이다.

2013년 『포브스』 세계 부호 명단은 다음과 같다. 1위는 이동통신업계의 억만장자인 카를로스 슬림 엘루, 2위는 마이크로소프트의 빌 게이츠, 3위는 싸구려 셔츠, 드레스, 신발과 블레이저를 판매하는 자라의 아만시오 오르테가. 이동통신, 컴퓨터, 그리고 패스트 패션.

오르테가는 1963년에 인디텍스 사를 공동 창립했다.[30] 백 개의 회사로 이루어진 인디텍스 사는 세계 최대의 패션 기업이다. 이 회사들은 자라와 마시모두띠를 비롯한 인디텍스의 브랜드들을 위해 옷을 디자인하고 생산하고 배급한다. 자라의 물류 창고는 500만 평방피트로 축구장 아흔 곳과 맞먹는 넓이다. 2011년 매출액은 약 182억 3600만 달러였고, 그중 순수익은 25억 5400만 달러였다. 2013년에 오르테가의 개인 재산은 570억 달러였다. 금융위기 동안 오히려 재산이 수백억 달러나 불어난 것이다. 오르테가의 전처이자 인디텍스의 사업 파트너인 로잘리아 메라는 2013년 세상을 떠났는데, 그녀의 개인 재산도 61억 달러나 됐다. 2013년 현재 인디텍스는 82개국에서 6058곳의 매장을 운영하면서 십이만 명의 직원을 두었다.

오르테가(그리고 물론 스테판 페르손도)가 대량 시장 패션에서 유일한 억만장자냐 하면 전혀 그렇지 않다. 스페인 기업인 망고는 비상장 회사로, 창립자는 억만장자 터키인 안덕 형제다. 1년에 20억 달러를 벌어들이는 망고는 벨라루스부터 이라크에 이르기까지 다양한 국가에서 천이백 곳의 점포를 운영한다. 일본에서 유니클로를 창립한 야나이 다다시는 세계 88위의 부자로 155억 달러의 개인 재산을 소유했다. 브라질 출신인 네바우두 호샤는 브라질판 자라라 할 수 있는 구아라라페스 콘페코이스를 공동 창립하여 30억 달러를 벌었다.

2009년 아이슬란드의 금융 대폭락은 엉뚱하게도 영국 대중 시장 패션에 영향을 미치게 되었으니, 아이슬란드의 카우프싱 은행에 4억 5000만 파운드를 융자받은 모자이크 패션 사가 무너진 것이었다. (모자이크 패션은 오아시스, 웨어하우스, 코스트, 카렌 밀렌과 프린시플스의 모회사다.) 모자이크를 대신해 카우프싱 은행이 90퍼센트의 지분을 소유하는 오로라 패션 사가 설립되었다. 오로라 패션은 이제 영국 내에 766곳의 매장을 두고 육천구백 명의 직원을 거느리며 5억 파운드의 매출액을 자랑하고 있다.

많은 사람들에게 패스트 패션이라는 악의 상징으로 자리매김한 프라이마크에 대해 짚지 않고서는 대량 시장 패션을 완벽하게 총정리했다고 말할 수 없으리라. 프라이마크는 옥스퍼드 서커스에 플래그십 스토어를 열었는데 개장하고 열흘간 백만 벌의 옷을 팔아 치웠다.[31] 프라이마크는 웨스턴 집안▪ 소유인 위팅턴 투자가 지분을 54퍼센트

▪ 캐나다와 영국에 기반을 둔, 요식업과 의류업계의 거물 집안.

장악한 주식공개상장기업인 어소시에이티드 브리티시 푸즈 소유다.

의류 사업은 슈퍼마켓 입장에서도 대형 사업인 터라, 2005년 영국 패션 시장의 19퍼센트는 슈퍼마켓들의 차지였다. 아스다[■]의 브랜드인 조지는 2011년에 그 가치가 20억 달러였고, 테스코는 공공연하게 세계 최대의 패션 브랜드가 되겠다는 목표를 내세운다.[32] 불황으로 인해 2012년 전체 패션 시장의 성장률은 겨우 2.7퍼센트에 머물렀지만 슈퍼마켓의 옷 판매량은 6.2퍼센트 신장했다.

그와 더불어 최근 10년 사이 온라인 대중 시장 패션도 성장했다. 예를 들어 ASOS[■■]는 2015년까지 10억 파운드를 벌어들이리라 예상한다. 금융위기가 영국 내 매출에 영향을 미쳤어도 ASOS는 "운좋게도 전 세계의 약 스물몇 개국을 대상으로 판매하기 때문"에 높은 이익 수준을 유지하고 있다.[33]

대중 시장의 또 한 가지 특징은 서로 경쟁관계인 듯한 다수의 브랜드를 하나의 기업이 소유한다는 점이다. 예를 들어, 미국의 캐주얼 의류 부문에서는 VF가 '90억 달러 규모의 의류와 신발업계의 강자'로 군림하고 있다. 리, 랭글러, 세븐 포 올 맨카인드, 잔스포츠, 이스트팩, 리프, 반스 오프 더 월, 노스 페이스, 그리고 팀버랜드를 비롯해 수십 곳의 '경쟁' 브랜드가 모두 VF 소유다. 그와 마찬가지로 갭 사는 갭, 바나나 리퍼블릭, 올드 네이비, 파이퍼라임, 그리고 애슬레타를 소유한다.

[■] 영국에서 테스코에 이어 두번째로 큰 슈퍼마켓 체인.
[■■] 영국의 온라인 패션 및 미용 사이트.

북아메리카의 또다른 거물은 타미 힐피거와 캘빈 클라인을 소유한 PVH다. 2010년 캘빈 클라인의 소매 판매액은 67억 달러에 이르렀는데 이런 이윤은 대부분 라이선싱에서 온다. 라이선싱이란 디자이너가 자신의 이름을 붙인 제품을 생산하고 판매할 권리를 제3자에게 파는 것이다. 캘빈 클라인은 마흔 곳이 넘는 제3협력업체들과 라이선싱 협약을 맺고 있다. 라이선시는 스포츠복부터 양복까지 모든 것을 생산한다. 라이선스 장사를 크게 하는 또다른 회사로는 상장된 브랜드인 랄프 로렌이 있다. 클럽 모나코를 비롯해 수십 개의 랄프 로렌 브랜드가 랄프 로렌 사에 속한다. 2011년에 그 총수입은 56억 6000달러에 이르렀다.

버턴은 1952년에 세상을 떠났지만 버턴 사는 건재했다. 1987년 무렵, 버턴 그룹은 톱숍을 포함해 열다섯 곳의 소매 브랜드들을 합병했다. 수익은 13억 3860만 달러로, 여성복과 아동복 판매가 남성복 판매보다 높았다.[34] 버턴 그룹은 1997년에 아카디아 그룹으로 이름을 바꿨는데, 2002년에 아카디아가 타베타 인베스트먼츠로 넘어가면서 런던 증권거래소에서 비상장으로 바뀌었다. 타베타 인베스트먼츠는 영국인 억만장자인 필립 그린이 장악하고 있는데 2005년에 그의 임금은 영국 내 최고액인 12억 달러였다. 편리하게도 그 회사는, 총인구 수는 삼만 오천 명인데 총 은행 계좌 수는 삼십오만 개인 모나코에 사는 필립의 아내 티나 그린 명의로 되어 있다.[35] 덕분에 그린 부부는 재산 50억 달러에 대해 면세 혜택을 받는다. 세금 도피처의 이용은 패션 산업에서 무르익은 관행이다. 뉴 룩, 몬순, 마탈란과 리버아일랜드는 모두 본사가 세금 도피처에 있는 기업들의 소유이고, 존 루이스, 망고, 유니클로, H&M, M&S, 프라이마크, 갭을 비롯한 수많은 기업들 또한 세금 도피처를 이용한다.[36]

현대의 보물섬, 인디고 아일랜드

대중 시장을 대상으로 한 패션 산업에는 억만장자가 수두룩하다. 이는 대중 시장보다 더 오래되고 더 매력적인 자매인 하이 패션 분야에서도 마찬가지다. 바하마 제도에 위치한 인디고 아일랜드는 열대 해변과 자체 정박지를 갖춘 약 4050제곱미터의 사유지, 그리고 18만 2000달러에서 32만 2000달러를 내면 일주일간 스텔라 빌라스에게 임대할 수 있는 언덕 꼭대기에 세워진 빌라들로 구성되어 있다. 인디고 아일랜드를 3500만 달러에 매입한 인물은 패션계 억만장자인 베르나르 아르노다.

아르노는 LVMH의 최고경영자이자 대주주다. 이는 그가 LVMH의 최대 주주사인 명품사 크리스티앙 디오르의 회장이자 최대 주주이기 때문이다. 명품 패션계에서 LVMH(루이비통 모에 헤네시)는 다른 모든 회사를 압도한다. 주로 프랑스 전통 브랜드를 독점한 LVMH의 핵심 브랜드는 그룹 이름에도 그대로 사용하는 루이비통이다. 루이비통은 '명품업계의 마이크로소프트'[37]이자 명품업계의 맥도날드다. "맥도날드의 황금색 엠 자처럼 알아보기 쉬운 로고를 한 그 브랜드는 압도적인 1위로 엄청난 판매량을 자랑하는데, 가장 좋은 관광지마다 매장이 있습니다. 보통 맥도날드 근처에 있지요."[38]

2012년에 아르노는 총수입 410억 달러를 기록해 유럽 내 1위, 전 세계 4위의 부자가 되었다. 2013년에는 LVMH의 주식이 6퍼센트 올랐는데도 『포브스』 부호 명단 10위에 올랐다. 프랑스 출신 사업가인 아르노는 부동산 개발로 돈을 번 후 20년간 수많은 럭셔리 회사들을 흡수해왔다. 프랑스 전임 대통령인 니콜라 사르코지와 막역한 사이인 아르노는, 부자에 대한 반감의 표적이 되어 프랑스의 한 신문에서는 "꺼져, 부자 얼간아"라는 헤드라인으로 그의 기사를 실을 정도였다. 한편 같은 시기 영국에서는 산업을 발전시키고 더 넓은 공동체에 기여했다며 아르노에게 기사 작위를 내렸다.

아르노의 인수 전략은 무자비하기로 악명 높다. 그들은 '노병' 클럽을 와해시키면서 패션계의 새 시대를 예고했다. LVMH는 2011년에 에르메스의 지분 22퍼센트를 몰래 사들이면서 공분과 법적 논쟁을 불러일으켰다. 이제 에르메스 집안은 지분의 50퍼센트를 지주 회사에 묶어 보호하고 있다. 에르메스는 샤넬(알랭 베르트하이머와 제라르 베르트하이머 형제의 개인 소유로, 2013년 총수입이 192억 달러였던)과 더불어, 인수로부터 "포트 녹스▪보다 더 안전하게 보호되기를"[39] 바라고 있다.

LVMH의 주요 경쟁자 중에는 억만장자 소유의 또다른 대기업이 있다. 프랑수아 앙리 피노는 케어링의 대주주로 총수입이 130억 달러에

▪ 미국 켄터키 주에 위치한 군기지로 미국 연방 금괴가 보관된 곳이다.

이르고, 크리스티 경매소의 주인이기도 하다. 케어링의 이전 명칭은 PPR였고 그전에는 피노 프랭탕 르두트였는데, 1963년 목공과 건축 자재 거래를 목적으로 세워진 회사였다. 케어링의 핵심 브랜드는 이탈리아에서 가장 많이 팔리는 브랜드인 구찌다. 1921년에 창립된 구찌는 1999년부터 2004년까지 서서히 PPR에 매입되었다. 사만 칠천 명의 직원을 고용중인 케어링은 2011년에 약 161억 달러를 벌어들였다.

개인 소유 기업인 라벨룩스는 명품 시장에 도전하겠다는 야심을 품고 2007년에 설립되었다. 라벨룩스는 조 A. 벤키저의 분사로, 베일에 싸인 레이먼 집안 소유인데, 그들의 화학 공장은 2011년에 그 재산 가치가 80억 유로로 평가되었다. 레이먼은 청소 용품과 피부 관리 용품 회사인 레킷벤키저 및 비욘세 향수와 케이트 모스 향수를 비롯해 대중 시장용 향수를 생산하는 세계 최대의 업체인 코티 또한 소유하고 있다. 장 폴 고티에를 포함한 네 개의 럭셔리 패션 브랜드를 소유한 스페인 대기업인 푸이그는 전 세계 고급 향수 시장의 7퍼센트를 장악하고 있으며 2011년에 1억 3000만 유로의 이윤을 냈다.

독립을 유지중인 브랜드도 여러 곳 있다. 전통적으로 이탈리아의 럭셔리 패션 브랜드들은 독립을 유지하고 가족 소유의 기업으로 남으려는 경향을 보였다. 가족자본주의는 이탈리아 경제의 큰 특징으로, 패션 산업만이 아니라 제조업과 엔지니어링 같은 다른 분야에서도 마찬가지였다. 그러나 2013년 무렵부터 상황이 달라졌다. 프라다 그룹은 2012년에 주식시장에 등장했고,[40] 베르사체와 마르니는 더는 특정 가족이 소유하지 않는다. 현재로서 막스 마라 그룹은 아직 개인 소유 기업이고 돌체 앤 가바나 역시 그렇다. 도미니코 돌체와 스테파노 가바나는 막대한 세금을 포탈한 혐의로 2013년 이탈리아 법정에 세워져 유죄 판결을 받았다.

조르조 아르마니는 아직 조르조 아르마니 S. P. A의 단일 주주다. 1978년 이래 아르마니는 이탈리아의 가장 큰 섬유 제조업체인 GFT의 지원을 받아왔다. 아르마니는 후계자가 없기 때문에 사후 자신의 회사를 관리할 신탁 회사를 설립하리라 예상된다.

그보다 운이 나빴던 가족 소유 브랜드들도 있었다. 프랑스 디자이너인 크리스티앙 라크루아는 비평가들의 찬사를 받으며 명성을 얻었지만, 22년간 동명의 브랜드를 운영하면서 끝내 이윤을 내지 못했다. 급기야 2009년에는 파산해 북미의 대기업인 팔릭 패션 그룹에 인수되었다. 라크루아는 회사를 떠나면서 자기 이름의 사용권을 잃었다. 그는 현재 열차 회사들을 위해 인테리어를 하거나 제복을 도안하고 하이 스트리트 패션 체인들과 협력 작업을 한다. 마틴 마르지엘라, 질 샌더(세 번이나), 카렌 밀렌과 지미 추 또한 이러한 파우스트적인 이름 상실을 겪었다.[41]

럭셔리의 속살

대기업들은 자신들의 브랜드에 수백억을 쏟아붓는다. 푸이그는 경쟁자를 물리치고 장 폴 고티에를 사들일 때 1400만 유로에 상응하는 빚을 떠안았다. 또다른 예로 1997년부터 2005년까지 버버리 그룹의 최고경영

주요 명품 패션 브랜드들의 기업 소유 현황

LVMH	케어링	리치몬트	무이그	라벨룩스	OTB SpA
크리스티앙 디오르●	구찌	끌로에	나나 리치	발리	메종 마틴 마르지엘라
루이비통	보테가 베네타	아제딘 알라이아	장 폴 고티에	벨스타프	마르니
셀린느	이브 생로랑	상하이 탕	마쿄 라반	지미추	빅터&롤프
로에베	알렉산더 맥퀸	알프레드 던힐	가롤리나 에레라	찰리아니	디젤
베르티	발렌시아가	랑셀			
겐조	브리오니				스탭 인터내셔널:
지방시	크리스토퍼 케인	넷어포터닷컴			다음을 위한 제조 및 공
마크 제이콥스	스텔라 매카트니				급-
펜디	세르지오 로시	여기에 더해:			디스퀘어드 2
토마스 핑크		까르띠에			저스트 카발리
에밀리오 푸치	여기에 더해:	반클리프 & 아펠			비비안 웨스트우드
DKNY	부셰론	피아제 밀러			라벨
이든	도도	파디			마크 제이콥스 맨
	지라드 페리고	바쉐론 콘스탄틴			
여기에 더해:	장리차드	몽블랑			
나우니스	포멜라토	피아체			
불가리	기린				
드비어스	푸마				
태그호이어	볼컴				
세포라					
베네피트 코스메틱스					
헤네시					
모엣&샹동					
벨베디어 보드카					
동 페리뇽					

- 명품사 크리스티앙 디오르는 LVMH의 최대 지주사다.
 베르나르 아르노는 디오르의 최대 주주이자 두 회사의 회장이자 LVMH의 CEO다.

자를 지낸 로즈 마리 브라보의 보수를 들 수 있다. 그녀의 급여 내역은, 연봉 기본급 83만 8000파운드에 이따금 지급되는 이와 동일한 액수의 보너스, 런던의 무상 임대 아파트, 운전기사가 딸린 차와 총 25만 파운드에 달하는 의복 구입비, 275만 파운드의 주식 및 전례없이 전사 주식의 1퍼센트를 보유해 2004년에 받은 1800만 파운드의 배당금 등이다.[42] 당시 버버리 지분의 66퍼센트를 소유한 그레이트 유니버설 스토어스는 그녀를 필수 자산으로 간주했다.

이런 엄청난 액수의 투자는 현명한 판단으로 여겨지는데, 금융위기조차도 명품 부문에서 나는 막대한 이윤을 막지 못했기 때문이다. 에스카다처럼 잘되지 않은 명품 브랜드도 있었으며 이윤은 등락을 거듭해왔지만, 전반적으로 패션 산업은 건설업, 농업 혹은 부동산에 비하면 별다른 고통을 받지 않았다. 전 세계적으로, 패션은 1조 5000억 달러 규모의 산업이다. 명품의 불황 저항력에 대한 산업 이론은, 불확실한 시대에는 사람들이 견실한 브랜드를 원한다는 견해부터 힘든 시기에는 명품 가방의 구매를 투자로 본다는 견해까지 다양하다.

명품의 판매가 지속되는 현상은 사람들에게 위기가 평등하게 영향을 미치지 않는다는 사실을 명확히 보여준다. 유럽과 북미에서 가장 심각한 타격을 받은 것은 가난한 사람들이었다. 부자들은 여전히 부자다. 게다가 더욱더 부자가 되고 있다. 2012년 〈선데이타임스〉는 영국의 부자 상위 천 명의 총재산이 1년에 4.7퍼센트, 즉 4140억 파운드 증가했다고 보도했다. 부유한 이들은 늘 사던 것을 계속 살 수 있다. 그들은 자신들의 사회적인 지위를 확인하고 다른 이들과의 경계를 긋기 위해 명품 브랜드를 구입한다. "부를 과시하는 간단하고 가장 분명한 방식은 가능한 한 많은 귀중품들을 몸에 달고 다니는 것이다."[43]

명품 패션 산업이 높은 이윤을 유지하는 또다른 이유는 아주 비싼 옷의 매출에만 의존하지 않기 때문이다. 그 대신, 피라미드 모델이라는 전략을 사용한다. 러기지백이나 쿠튀르 같은 일부 명품 제품들은 엄청나게 부유한 고객들에게 판매되지만, '대중 시장' 제품들(그렇다 해도 가격이 지나치게 높지만)의 판매에서 가장 많은 수익이 생긴다. 샤넬의 수입 중 55퍼센트가 향수와 화장품 판매로 이뤄진다고 추정된다.

라이선스는 이미 1950년대부터 명품 분야의 커다란 수입원이었다. 크리스토발 발렌시아가는 라이선스 제품에 자신의 이름을 붙이기를 거부했지만,[44] 크리스티앙 디오르는 핸드백부터 모자까지 모든 것에 라이선스를 주었다. 대량 생산 제품 중 특히 향수의 라이선스 제품이 많은데 향수 라이선스가 없다면 명품 산업은 살아남지 못할 것이다. 향수는 대부분 디자인실이 아니라 프록터 앤 갬블P&G이나 코티 같은 다국적 기업에서 라이선스 생산된다. 향수는 막대한 이윤을 낳는다. 향수 연구소에서는 2.5배 정도의 가격으로 라이선시에 그 용액을 팔고, 라이선시는 이를 다시 두 배에서 네 배 정도의 가격에 판매하여 삼사십 퍼센트 정도 이윤을 남긴다.[45]

대량 생산되는 '잇백'■은 이런 피라미드 전략의 전형이다. 미우치아 프라다는 "돈 벌기 참 쉽죠"[46]라고 했는데 이는 '잇백' 현상을 지칭하는 것 같다. 잇백이니 머스트 해브 백이니 하는 현상은, 2006년에 시장 노점에서 구매해 세탁물을 운반할 때나 쓸 법한 유광 체크무늬 가방을 루이비통이 1200파운드에 내놓으면서 불합리함의 정점에 도달했다. 질 샌더 또한 갈색 종이 가방을 290달러에 내놓았다. 보테가 베네타의 한 크리에이티브 디렉터는 잇백 프로세스를 두고 이렇게 말했다. "순전히 마케팅을 위한 개소리예요. 가방을 만들고, 그걸 몇몇 유명인에게 보내고, 그들이 그걸 들고 집을 나서는 장면을 파파라치가 찍게 합니다. 그리고 그 사진을 타블로이드지에 팔고는 그걸 사려는 사람들이 줄을 섰다고 잡지에서 말하는 거죠."[47]

핸드백과 가죽 제품들의 판매로 2004년 명품 기업들은 117억 달러를 벌어들였다. 이런 제품들은 엄청난 수준으로 가격을 부풀린다. 가방은 그 생산비의 열 배에서 열두 배 정도의 가격에 팔린다. 루이비통에서는 열세 배 이상의 가격으로 판매한다.[48] 안 팔리는 가방은 세일해서 파느니 폐기해버린다.

신발 한 켤레에 장인들이 몇 달씩 매달리는 명품 제품도 일부 존재한다. 하지만 가방의 가격 부풀리기가 심하다고 지적되는 것은 많은 수의 '메이드 인 이탈리아' 제품이 실은 '메이드 인 차이나' 제품이기 때문이다. '메이드 인 차이나' 라벨은 어딘가 눈에 잘 띄지 않는 곳, 예를 들면 주머니 안쪽의 바닥 이음매 또는 '명품' 브랜드 자체 라벨의 뒷면 같은 곳에 붙여진다. 중국에서 제품을 만들고 이를 이탈리아에

■ 1990년대에서 2000년대까지, 원래 일부 계층의 소유물이던 고가의 명품 가방들이 대중적으로 널리 알려지면서 일반인들도 어떤 제품인지 바로 알아볼 수 있게 된 현상 또는 그러한 가방들.

서 '마감하는' 것 역시 그 원산지를 가리기 위한 전략이다.[49]

가방과 더불어, 디자이너 회사에서는 '명품' 구매를 꿈꾸는 여성들 그리고 남성들을 위해 벨트, 열쇠고리, 스카프와 지갑 같은 제품들을 내놓는다. BBC의 텔레비전 시리즈 〈슈퍼브랜드들의 비밀〉에는 샤넬, 프라다, 불가리, 랄프 로렌과 폴 스미스 같은 브랜드를 위해 매년 오천오백만 개의 선글라스를 제작하는 이탈리아의 룩소티카 선글라스 공장이 등장한다. 여기서는 '디자이너' 선글라스의 제작뿐 아니라 디자인도 도맡는다. 이런 브랜드를 달고 출시되는 선글라스의 소매가는 개당 수백 파운드에 이르지만, 실은 몇 그램의 플라스틱과 유리가 명품이라는 허울좋은 환상을 걸쳤을 뿐인, 공기처럼 가볍고 하찮은 것들이다.

동양이 서양을 만나다

서양에서 자본주의는 엄청난 호황을 누리다가 1973년에 몸부림을 치며 멈춰 섰다. 제2차 세계대전이 끝난 뒤, 군비 지출 수준이 높은 나라들은 경쟁력을 잃었다. 그와는 대조적으로, 독일과 일본 같은 '패자들'이 경제 발전 면에서 호황을 맞았다. 일본은 GDP의 겨우 1퍼센트를 군비로 지출하면서 새로운 기술을 터득해 자국 내 경제 호황을 경험했다. 이로써 일본은 명품의 부유하고 열성적인 소비자가 되는 토대를 마련했다.

물론 막 꽃피려는 또다른 중요한 동양 시장도 있었다. 2009년 중반까지, LVMH는 (중국 본토와 해외에 거주하는) 중국인 소비자들을 대상으로 한 판매가 루이비통 매출의 18퍼센트를 차지한다고 보고했다. 2010년, 중국 소비자들은 명품 구입에 156억 달러를 지출하여 명품 시장을 북돋웠다. 연소득 1만 7000달러에서 3만 5000달러 사이에 해당하는 인구가 2010년에는 겨우 6퍼센트였지만, 2020년에는 51퍼센트로 예상될 정도로 중국 시장은 비약적인 성장을 눈앞에 두고 있다. 그래서 금융 전문가들은 중국 중산층을 포섭할 전략을 채택하게끔 회사들을 채근하고 있다.[50]

"중국이 감기라도 걸렸다가는 명품 시장이 폐렴에 걸릴 겁니다"[51]라는 말이 있을 정도로 중국 시장은 중요하다. 중국 시장의 불안정한 성격과, 많은 브랜드들이 중국에 과도하게 노출된 듯한 현상황에 대해 리치몬트의 최고경영자는 이렇게 말했다.

저는 화산 정상에서 열리는 만찬에 정장을 차려입고 참석한 기분입니다. 아침이면 우리는 넥타이를 매고, 시계를 찹니다. 음식도 좋고, 와인도 괜찮고, 날씨는 끝내줍니다. 그렇지만 스스로를 속일 수는 없습니다. 어딘가에 화산이 있고, 그게 올해든, 10년 후이든, 아니면 20년 후이든 폭발할 겁니다. 우리는 중국을 피할 수 없어요.[52]

유럽 회사들은 이미 아시아 브랜드들을 인수하고 있다. 예를 들어, 에르메스는 중국의 신생 회사인 상시아와 협력해왔다. 예상 가능한 일이지만, LVMH는 막대한 자본을 토대로 비유럽권 브랜드를 공격적으로 인수하기 시작했다. 그 자회사인 엘 캐피탈 아시아는 아시아 전역에서 전략적 투자처를 찾고 있으며, 인도(막대한 패션 시장과 극소수의 브랜드가 있는), 대만, 홍콩, 그리고 싱가포르에서 브랜드들을 사들였다. 중국에서 엘 캐피탈 아시아는 자라와 비슷한 대중 시장 의류 회사인 트렌디 인터내셔널 그룹의 지분을 10퍼센트 매입했다. LVMH가 유럽 명품 시장에서 중국 대중 시장으로 옮겨간 것은 중국 명품 시장의 과포화 상태와 급속히 성장하는 중국 중류층 쇼핑객들의 구매력을 보여준다.

그러나 서구의 구식 자본주의가 동양의 신자본주의에 밀리는 경향은 점점 막기 어려워진다. 중국이 인도나 중동과 마찬가지로, 명품 패션을 구매하는 데서 그치지 않고 전체 명품 의상실들의 큰손으로 자리매김한다는 점에서도 이러한 경향을 엿볼 수 있다. 예를 들어, 리앤펑은 그 창립자인 빅터 펑과 윌리엄 펑의 재산이 2012년 기준으로 도합 62억 달러에 이르는 거대 기업이다. 리앤펑 계열사들은 체루티 1881, 기브스 앤 호크스를 사들였고 프랑스 명품 브랜드 중 마지막까지 독립을 유지하던 소니아 리키엘의 지분 80퍼센트를 손에 넣었다. 리앤펑은 망해가는 정통 유럽 브랜드들을 사들여서, 그들을 도약대로 삼아 특히 아시아 전역으로 확장하려 한다.[53] 그와 유사하게, 잔프랑코 페레는 그 모회사인 IT 홀딩스가 2008년 도산할 위기에 처하자 상카리 집안의 소유로 두바이에 본거지를 둔, 소매업과 요식업 제국인 파리스 그룹에 매입되었다. 〈파이낸셜타임스〉는 그 매각을 두고 금융 위기로 인해 명품의 중심이 움직이고 있다고 표현했다.[54] 락시미 미탈

철강 가문의 일원인 메가 미탈이 에스카다를 사들이고 스포츠웨어 홀딩스가 마이클 코어스와 칼 라거펠트 및 페페 진스의 지분을 취득한 것, 홍콩에 본사를 둔 S C. 팡 앤 손스가 프링글을 소유한 것, 한국 회사인 EXR가 2011년 장 샤를 드 까스텔바쟉을 인수한 것, 그리고 2012년에 홍콩 기반의 YGM이 어려움을 겪는 정통 영국 브랜드인 아쿠아스큐텀을 매입한 것은 모두 동양의 '사들이기buyouts' 사례다. 2013년에는 카타르 왕가가 사모 투자 회사인 퍼미라에게 발렌티노 패션 그룹을 5억 5600만 파운드에 사들였다.

패션의 무게 중심이 이동한대도, 그 핵심 원칙인 소유의 독점화 문제는 여전하다. 창의성과 소비자의 선택권이라는 형세를 떠받치고 있는 것은 실상 패션쇼, 브랜드 신화와 디자이너 숭배다.[55] 브랜드는 명품으로 팔리는 대다수의 상품이 '메이드 인 차이나' 장식 용품에 불과하다는 사실을 감추면서 이러한 대량 생산 제품들을 광고한다. 그 환상을 유지하기 위해, 패션 산업은 자신의 산물들을 전설적인 무언가로 끌어올리기 위한 쇼케이스를 필요로 한다. 쇼케이스, 그러니까 패션 미디어가 바로 2장의 주제다.

2장

—

패션
미디어

트렌드가 없다면, 사람들에게 "그건 한물갔어요. 옷장에서 그걸 치워요. 이제 이게 필요해요"라고 말하지 않는다면 그것은 패션 산업이 아닙니다.

—내털리 싱(트렌드 예측가)

300년 전통을 가진 잡지부터 미디어 인터넷 브랜드, 개인의 스타일 블로그와 트렌드 예측 회사까지 아우르는 패션 미디어는 패션 산업을 위한 의사소통 도구 역할을 목표로 한다. 패션 미디어는 브랜드와 소비자 사이의 중재자로서, 무엇이 패션인가를 결정하는 과정에 지대한 영향을 끼친다. 그들은 대다수가 구경도 못할 옷들을 전시하고 '패션'으로 끌어올린다. 또한 미디어는 그 자체로 이미 갈망의 대상인, 홍보라는 권력을 지닌 존경받는 브랜드다. 한 잡지 발행인은 광고주들이 패션지를 사랑하는 건 "우리가 그들의 브랜드에 금가루를 뿌려주기 때문"이라고 설명했다.[1]

인터넷은 패션 산업 전반을 바꾸어놓았지만, 그중에서도 특히 미디어를 바꾸어놓았다. 정보의 흐름과 접근 가능성은 그 어느 때보다도 빨라졌다. 정보에 대한 접근이 어느 때보다도 쉬워졌고, 브랜드들은 온라인에서 직접 접촉함으로써 소비자들에게 한 발짝 더 가까이 다가갔다. 사람들은 더이상 옷이나 어떤 트렌드가 당도할 때까지 몇 달씩 기다리지 않고, 브랜드들 역시 1년에 겨우 몇 시즌으로 만족하지 않는다. 한 트렌드 예측가는 이렇게 설명한다. "다들 시도해보길 원하고 경쟁자를 앞서고 싶어합니다. 모두가 가장 새로워지고 가장 앞서가고 싶어합니다. 그러니 아무도 기다리지 않죠. 이제 기다림은 없습니다."[2]

패션지들

1693년에 최초의 여성지 『레이디스 머큐리』가 발행된 이래 패션지 산업은 먼길을 걸어왔다.[3] 패션지는 이제 몇몇 거대 다국적 기업이 독점한, 수십억 파운드 가치를 지닌 미디어 브랜드들의 연결망이다. 오늘날 패션지는 두 집단의 소비자를 충족시켜주는데, 그 두 집단은 각자의 방식으로 돈줄을 대준다. 첫번째는 독자들이고, 두번째는 광고주다.[4]

1900년대 초, 미국 출판업계에서 점차 윗단계로 올라가던 콩데 몬트로즈 나스트는 엘리트 여성을 대상으로 하는 발행 부수가 적은 잡지를 하나 정해, 거기에서 최대 이윤을 얻는다는 이론을 한번 실현해보기로 결심했다. 나스트는 대중 시장에 호소하기를 그만두고, 그 대신 광고주들을 끌어들일 부유한 소수에게 집중하는 전략을 택했다.

그의 말을 그대로 빌리자면, "만약 바늘이 이백만 개 담긴 쟁반이 있는데, 그중 끝이 금으로 된 것이 겨우 십오만 개뿐이라면, 바늘 끝이 금이 아닌 나머지 185만 개의 바늘은 아무 쓸모가 없을 것이다. 그렇지만 황금 바늘만 끌어당기는 자석을 손에 넣을 수 있다면 일이 얼마나 간단해지겠는가!"[5] 나스트는 1909년에 『보그』를 인수했고, 직원들에게 "단순히 어떤 특정 계급을 대상으로 삼아 거기서 독자를 확보하는 데 그치지 말고, **그 나머지 계급 모두를 철저히 배제하라**"라는 지침을 내렸다.[6]

제1차 세계대전이 한창이라 미국에서 잡지 수입이 중단된 1916년에 영국판 『보그』가 처음 발행되었다. 프랑스판은 그로부터 4년 뒤 발행되기 시작했다. 1929년 월가 붕괴의 여파로 나스트는 회사의 경영권을 잃었고 500만 달러의 기업 부채가 발생됐다. 그러나 동명의 출판 제국은 어마어마하게 성장해 럭셔리 시크의 상징이 되었다. 1959년 그 회사는 미디어 거물인 S. I. 뉴하우스의 어드밴스 출판사에 인수되었다. 어드밴스는 여전히 뉴하우스 집안의 소유로, 미국 내 사기업 순위 46위에 올라 있다. 2012년에 『보그』는 총 열아홉 가지 판본으로 발행되었고, 총 독자수는 2480만 명에 이르렀다.

2010년, 콩데 나스트 인터내셔널의 회장인 조너선 뉴하우스는 아랍어판 『보그』의 출간은 생각조차 할 수 없다고 못박았다. "저희는 우리의 가치를 완전히 공유하지 않는 사회에 굳이 밀고 들어갈 생각은 없습니다. 또한 격렬한 반감, 심지어 난폭한 반응을 일으키려는 생각도 전혀 없습니다. 라이선싱 비용으로 몇백만 달러가 들어온대도 이를 상쇄해주지는 못합니다." 그는 이에 덧붙여 중동에서도 『보그』를 읽고 싶어할 독자가 많을 수도 있으나, "불행히도 그들은 가장 군사적이고 난폭한 부류와 같은 지역에서 살고 있습니다. 제 입장에서는 골칫거리를 자초할 이유가 없습니다. 그래서 그 시장에 들어가지 않는 걸로 문제를 피할 생각입니다. 그편이 발 뻗고 잘 수 있을 것 같아서요"[7]라고 말했다.

콩데 나스트의 미디어 브랜드 목록에는 『틴 보그』 『글래머』('미국 내 여성 열 명 중 한 명이 읽는'), 『GQ』 『콩데 나스트 트래블러』 『얼루어』 『더블유』 『베니티 페어』 『러브』 그리고 『태틀러』도 포함된다.[8] 또한 콩데 나스트는 업계 전문지 『위민스 웨어 데일리』도 발행하고 있는데, 세계에서 가장 권위 있는 전문지인 그 잡지는 바이어들에게 영향을 미치고, 브랜드를 띄우거나 주저앉힐 만한 힘을 가졌다.[9]

콩데 나스트의 동종업계 경쟁자는 윌리엄 허스트로, 영화 〈시민 케인〉에 영감을 준 사업가다. 허스트는 중도 포기했던 미국 대통령 선거 출마를 포함해, 공직 출마를 위한 이런저런 선거 운동에 자신의 미디어 소유권을 자주 이용했다.[10] 2012년에 허스트 코퍼레이션은 세계 최대의 잡지 출판사였다. 허스트 매거진스 인터내셔널은 전 세계 80개국에서 총 300종의 잡지를 발행한다. 그중 패션 미디어 브랜드로는 『엘르』 『하퍼스 바자』(43개국에서 출간되는), 그리고 미국판 『마리끌레르』가 있다.[11]

유럽에서 가장 큰 개인 소유의 출판 회사는 바우어 미디어인데, 바우어 미디어 그룹의 분사다. 이 회사는 15개국에서 300종의 잡지를 발행하고, 2007년에는 EMAP의 잡지와 라디오 부문을 인수했으며 영국 잡지 시장의 25퍼센트를 장악하고 있다. 바우어 소유의 미디어 브랜드로는 『그라치아』 『히트』(『히트 라디오』를 포함해), 그리고 『클로저』가 있다.

IPC 미디어는 영국 여성 가운데 삼분의 이가량이 그들의 잡지를 읽는다고 주장한다. IPC 사우스뱅크는 그중 '상류층' 여성을 대상으로 하는 잡지사와 출판사를 거느리는데, 영국판 『마리끌레르』와 『인스타일』이 그것이다. IPC 커넥트는 『룩』 『나우』 『챗』 그리고 『우먼』 같은 '대중 시장용' 잡지들을 발행한다. 또한 논란 많은 남성지인 『너츠』도 IPC 소유다.

2001년에 세계 최대의 미디어 기업인 AOL 타임 워너는, IPC 미디어를 사모펀드 그룹인 신벤에게서 11억 5000만 파운드에 인수했다. AOL 타임 워너는 CNN부터 뉴 라인 시네마까지 수많은 기업들을 소유하고 있다.

IPC 사우스뱅크의 사장인 재키 뉴콤브는, 테이트 모던이 내려다보이는 자신의 사무실에서, 출판업자들이 더는 스스로를 그저 잡지 발행인으로만 생각지 않는다는 이야기를 들려주었다. 그녀는 오히려 이 발행이라는 용어를 가장 넓은 의미로 써야 한다고 했다. 오늘날에는 웹사이트, 잡지의 온라인 기사, 각종 앱과 매일같이 발송되는 이메일들(점심 시간 직전 집중력이 떨어진 사무 노동자들을 유혹하기 위해 용의주도하게 보내지는)까지 모두 종이 잡지의 경쟁 대상이다.

또한 회사의 각 부문은 막대한 자본 총액으로 서로 협력한다. 예를 들자면 AOL 타임 워너에서는 책 한 권을 출간하고, 그것을 바탕으로 TV쇼를 만들고, 뒤이어 영화를 제작하는 식으로 상상 가능한 모든 테마 상품을 내놓을 수 있다. 이런 상품들은 IPC 잡지들과 웹사이트 같은 미디어 출구를 통해 홍보할 수도 있지만, IPC 사우스뱅크는 현재 다이어트 코크와 공조하고 있다.[12] 갈수록 느는 플랫폼 간의 협력을 언급하면서 재키 뉴콤브는 이렇게 말했다. "우리는 우리가 하는 모든 일을 광고하기 위해 우리가 하는 모든 일을 이용합니다."[13] 콩데 나스트는 브랜드에 참여할 것으로 예상되는 새로운 세대의 독자들을 끌어들이기 위해 콩데 나스트 패션 스쿨, 테마 식당, 그리고 보그 페스티벌을 시작했다.

『데이즈드 앤 컨퓨즈드』 같은 점점 줄어가는 한줌의 독립 잡지를 제외하면, 구식 패션 미디어 전반이 겨우 몇 군데 기업의 소유다. 이런 회사들(그리고 그들의 미디어 브랜드들)은 "패션에 관심 있는 거의 모든 여성들"[14]에게 도달하므로 패션 산업에 있어서 그 중요성이 엄청나다. 패션 미디어 소유권이 갈수록 집중되는 상황은 선택권과 민주주의에 어떤 영향을 미치는가? 독점적 대기업들은 담배, 석유, 그리고 컴퓨터 기술 같은 경제 부문들을 지배한다. 소유권이 비정상적으로 집중된 산업은 대기업들의 실패, 시장 변동과 어떤 단일 기업에 의한 불공정한 지배에 취약하다. 다른 분야에서의 독점이 가격 상승과 품질 저하라는 결과를 낳는다고 할 때, 대중이 받아들이는 생각, 문화, 그리고 정보가 겨우 몇몇 회사에 좌우된다면 무슨 일이 일어나겠는가?[15]

패션 산업은 선택권과 다양성을 제공한다며 자신을 팔지만, 이를 다루는 미디어는 겨우 몇몇 거대 기업들이 잡고 있다.『글래머』와『보그』나『엘르』와『하퍼스 바자』사이에서 선택 가능해 보여도, 그저 같은 가치를 옹호하고 같은 대기업 소유인 두 미디어 브랜드 사이에서의 선택일 뿐이다.

증정본

패션 보도는 광고 산업을 둘러싼 잡지와 브랜드들과의 공생관계 때문에 왜곡된다. 1893년에 프랭크 먼지는 제작비에 못 미치는 가격으로 잡지를 판매하는 대신 광고에서 이윤을 얻겠다고 결정하고『먼지스 매거진』의 가격을 1년에 3달러에서 1달러로 인하했다. 이 도박은 성공을 거둬 독자 수가 사만 명에서 오십만 명으로 늘었다. 인쇄 기술과 유통 기술의 진보 덕분에 늘어난 판매 부수를 감당할 수 있었다.[16] 오늘날에도 잡지는 여전히 제작비보다 훨씬 낮은 가격에 팔리는데, 광고가 그 차액을 메우고 이윤을 제공한다. 만약 광고를 뺀다면 잡지 정가가 얼마나 올라야 하느냐고 묻자 재키 뉴콤브는 이렇게 대답했다. "거의 두 배가 될 겁니다. 손익분기점만 맞춘다고 해도요."

뉴콤브의 말에 따르면 광고를 뺀다는 결정은 호응을 얻지 못할 텐데, 그러면 잡지가 더 얇아지기 때문이다. 비록 "가치 인식은 분명 기사 내용에 따르겠지만, 실제로 돈 값어치의 핵심은 광고의 몫입니다". 그러나 광고는 독자를 이롭게 하려고 잡지에 실리는 게 아니다. 제품을 팔고 모회사와 주주의 이익을 늘리기 위해서 게재된다.

영국판 『보그』의 편집장인 알렉산드라 슐먼은 그들의 잡지가 광고주들에게 발휘하는 매력을 이렇게 말한다. "매출과 직접 관련이 되거든요. 『보그』는 꽤 전통 있는 잡지라 사람들에게 신뢰감을 주는 권위가 있죠. 우리가 무언가를 홍보하면, 사람들은 그걸 믿어요."[17] 영국판 『글래머』 편집자인 조 엘빈도 이에 동의한다. 그녀는 잡지 기사를 두고 브랜드를 위한 명예 훈장이라고 부른다.[18] 댈러스 스미스는 매스미디어가 광고주들에게 팔 수 있는 청중을 만드는 것을 목표로 한다는 이론을 내놓으며 기사 콘텐츠라는 '공짜 점심'은 그 목표를 달성하는 수단이라고 했다.[19] 패션지 기자가 하는 일은 누가 뭐래도 광고주들이 지면을 구매하게끔 독자를 제공하는 것이다.[20]

브랜드들은 잡지의 두 고객 중 한 축이기 때문에, 편집자들은 광고주들이 참가하고픈 환경을 구축하는 데 주의를 기울여야만 한다.[21] 크라이슬러는 한때 잡지사에 "크라이슬러 광고가 실린 모든 호는 그다음 호의 주요 테마와 기사를 간추린 요약문을 보내줘야 한다"[22]라고 요청했다. 그들은 성적, 사회적 혹은 정치적 주제를 보도하기 전에 반드시 사전 고지를 해달라고 요구했다. 이는 심각한 결과로 이어진다. 연구 결과, 광고와 잡지에서 배제되는 의제 사이의 직접적 상관관계가 밝혀졌다. 흡연으로 인한 폐암과 일광욕으로 인한 피부암 발병은 개중 유명한 예일 뿐, 광고주들의 심기를 불편하게 만들지 않기 위해 잡지에서 언급을 꺼리는 안건들이 수두룩하다.[23]

현재 어떤 안건이 배제되고 있는가? 휴대전화로 인한 암 발병 위

68

험성이나 화학물질인 파라벤이 든 화장품 사용의 위험성? 잡지가 공중보건의 같은 역할을 하고, 믿음직한 친구처럼 충고를 하며 지도하는 역할로 자신을 팔기 때문에 이러한 현상이 더욱 걱정스럽다. 댈러스 스미스가 지적했듯, 미디어는 단순히 현상황을 긍정하는 데서 그치지 않고, 우리 사회에 관한 심각한 문제의 제기를 적극적으로 가로막는다.[24]

기사로 우호적인 분위기를 만들면서 편집자들은 반드시 전직 편집자인 글로리아 스타이넘이 '증정본'■[25]—예를 들자면 화장품 광고를 받아오기 위해 '아름다움의 비밀들'에 관한 기사를 쓰는 것—이라고 부른 것 또한 유지해야 한다. 이 때문에 잡지 콘텐츠는 실제로 독자가 읽고 싶어할 만한 것보다는 주로 패션과 미용에 대한 것으로 주제가 제한된다. '증정본' 때문에 향수를 언급하는 기사가 끝없이 양산되는데, 향수에 대한 수식어가 다 떨어지면 향수병과 포장을 언급하는 수준까지 전락한다.

순수한 기사와 순수한 광고 중간에 위치하는 기사를 '애드버토리얼'이라 부른다. 잡지들이 자체적인 디자인 양식에 맞춰 어떤 브랜드를 위해 광고를 만들면 그것이 애드버토리얼이다. 이 경우 광고임을 알아볼 수 있도록 명확하게 표시해야 하지만, 보통 기사 콘텐츠와 혼동될 때가 많다. 패션지의 모든 콘텐츠를 애드버토리얼으로 보는 편이 좀더 정확할 정도다. 『보그』의 전직 간행인의 말을 빌리자면 "잡지

■ 스타이넘은 이 말을 광고주의 요구와 배치되지 않는 잡지 콘텐츠라는 의미로 사용했다.

출판에 있어서 광고주들이 기사로 다루어진다는 것은 엄연한 사실" 이다.[26]

　비공식적으로 이뤄진 어느 조사에 따르면, 한 잡지에 실리는 광고 수와 한 브랜드가 잡지 기사에서 언급되는 횟수 사이에는 직접적인 상관관계가 존재한다. 이런 현상은 2002년 9월 미국판『보그』를 비롯해『하퍼스 바자』『인스타일』『더블류』그리고『엘르』에서 모두 찾아볼 수 있었다. 프라다는 광고 52편에 기사 언급 58회, 디오르는 광고 44편에 기사 언급 50회, 이브 생로랑은 광고 59편에 기사 언급 58회, 루이비통은 광고 34편에 기사 언급 31회였다.[27] 우리가 (점심식사, 여행 그리고 옷 같은) 공짜 선물로 구애받을 때 또는 어떤 메이저 브랜드의 디자인들을 싣지 않으면 그 브랜드가 광고를 빼리라는 것을 알 때, 언론은 과연 독립성을 유지할 수 있을까?[28]

황제의 심기를 건드리지 마

패션지는 유독 비판을 찾아보기 힘든 매체인데, 어느 정도는 광고주의 심기를 건들지 않으려는 욕망 때문이다. 패션 산업에서는 개인 간에, 그리고 각 브랜드 간에 독설이 오간다고 알려져 있고 그게 사실이기도 하다.[29] 때때로 카니예 웨스트 같은 달갑잖은 외부인에게 공개적으로 모욕을 당하기도 하지만, 이런 감정 표현은 패션의 엘리트주의를 강화하려는 것이지 거기에 도전하려는 것이 아니다. 이런 독기 어린 산업에서, 엄격한 언론 비평은 도대체 어디로 사라졌는가?

다른 문화 분야의 간행물과 달리, 패션지들은 자신들이 내보이는 상품에 철저히 아부한다. 잡지에 실을 옷을 고르는 과정이 곧 비판이라는 반응은, 광고 예산과 잡지 발행 간의 직접적인 상관관계를 고려할 때 정당하다고 할 수 없다. 브랜드 광고의 효과는 너무 뻔해서 오히려 감춰지는 듯하다. 패션 사진작가인 닉 나이트는 캣워크 쇼를 비판하기 위해 패널로 나서는 사람들을 찾기가 어렵다고 말한다. "어떤 사람들은 출연을 꺼려요. 잡지 편집자나 스타일리스트 같은 이들요. 그들은 광고주들을 잃을까봐 너무 겁에 질려 있거든요. 어떤 형태의 예술에서든 그건 좋은 현상이 아닙니다."[30]

패션 저술가들이 패션업계에서 대단한 실세였던 시기가 있었다. 컬렉션을 띄울 수도 가라앉힐 수도 있던 그들은, '닿지도 않는 입맞춤들과 크리놀린▪으로 이루어진 가볍고 유약한 세계를 불도저처럼 헤집고' 다녔다.[31] 일부 눈에 띄는 예외가 있지만, 패션 저널리즘의 대부분은 이제 지루한 아첨꾼일 뿐이다. 창작 분야 중에서 미디어가 멋대로 굴지 못하는 유일한 분야가 패션이기에 이 문제는 더욱 심각해 보인다. 영화 평론가는 자기 돈으로 영화표를 사서 보면 되고, 음식 평론가는 가짜 콧수염을 붙이고 익명으로 식당을 방문하면 그만이지만, 패션 평론가는 단 한 번만 열리는 공연에 개인적으로 초대를 받아야만 한다.

그 결과, 이름난 패션 평론가들은 패션지 출신이 아니라 패션 르포

▪ 치마를 부풀리기 위해 입는 새장 모양의 페티코트.

르타주 혹은 광고에만 의존하지 않는 신문사 출신이다. 퓰리처상을 수상한 저널리스트인 〈뉴욕타임스〉의 캐시 호린은 돌체 앤 가바나와 조르조 아르마니 쇼를 포함한 수많은 쇼에 입장 금지를 당했다. 〈가디언〉 소속 저널리스트인 해들리 프리먼은 "머리부터 꼬리까지, 몸이 반으로 쫙 갈라져 이브닝드레스가 되는 여우만큼 가슴 아픈 죽음을 맞이하는 동물이 또 있을까"[32]라며 장 폴 고티에가 야만적일 정도로 모피 사용을 좋아한다고 비난한 후 그의 쇼에 영구적으로 입장 금지를 당했다. 패션의 독점화 때문에 평론가들은 몇 번이고 금지당할 수 있다. 〈인터내셔널 헤럴드 트리뷴〉의 패션 담당 편집자인 수지 멘크스는 LVMH 산하 모든 브랜드의 쇼에 하루 동안 입장 금지를 당했다.

패션쇼가 생중계되면서, 이제 기본적인 캣워크 정보를 두루 얻을 수 있게 되었다. 그러나 캣워크 쇼들은 홍보 효과가 엄청나지만, 호린의 표현을 빌리자면 '엄격한 카스트 제도'[33]를 굳건히 한다. 패션쇼 초대장에는 그저 직접 옷을 볼 수 있다는 의미만 담긴 게 아니다. 그것은 한패가 된다는 뜻이기도 하다(함부로 군다면 배척당할 거라고 위협하는 셈이다).

패션 미디어 브랜드들이 비판을 하지 않는 또다른 이유는, 패션 산업의 신화와 호화로움이 유지 가능하느냐에 그들의 기득권이 달려 있기 때문이다. 그들의 비평이 패션 산업에 어떤 피해를 입힌다면 이는 자해나 다름없다. 황제가 벌거벗었다고 폭로한다면 동시에 패션 미디어도 폭로당한다. 그렇기에 패션업계의 모든 관계자는 패션 산업이 아름다운 옷의 유일한 원천이라는 신화를 영속화해야만 한다. 패션 미디어는 단순히 광고주들의 피해자가 아니라, 신화 창조에 있어 필수불가결한 공모자다.

패션 블로깅

인터넷은 '패션 블로그'의 도래를 불렀으니, 이는 종래의 패션 미디어에게는 다소 악몽과 같은 일이었다. 굉장히 단순한 구성 요소로 이뤄진 비공인 르포르타주의 폭발인 셈이었다. 필요한 요소라고는 '블로그 하나, 카메라 한 대, 그리고 과하지 않은 개인적 스타일'이 전부였다.[34] 패션 블로그 지지파에게 그것은 오랫동안 기다려온 패션의 민주화였다. 명문학교에 입학하고, 값비싼 옷을 입고, 힘있는 친척들 덕분에 인턴 자리를 얻어 무급으로 일해야 하는 계급 장벽의 시대는 갔다. 출신이 어디든 상관없고, 딱 보기에 모델같이 생기지 않아도 괜찮다. 그것은 정보혁명, 신흥 세력의 부상,[35] 디지털 영광의 불꽃 속에 실현된 아메리칸드림이었다.

광고주들이 소비자들을 좇아 스마트폰과 태블릿으로 옮겨가면서, 월간 간행물들은 패션 뉴스가 트위터로 전해지는 환경에서 살아남아야 한다는 도전에 직면했다. 기존 언론인들은 블로거들에게 반발했다. 그들은 블로거들이 셀러브리티 문화에 눈이 멀었고, 잘 알지도 못하면서 논평을 하며, 옷에 관해 뻔한 소리만 늘어놓는다고 비난했다. "'나는 그게 너무 좋았어'라거나 '나는 그게 너무 싫었어'만으로는 부족합니다. 평론은 사견이 아니죠."[36]

그러나 패션 블로그들과 스타일 관련 사이트들은 엄청난 수의 독자를 끌어모으는 깜짝 놀랄 만한 재능을 선보였고, 그중 선택된 몇몇은 디자이너들과 기업들에게 엄청난 인기를 얻었다. 디자이너 메리 카트란주의 말에 따르면, 블로거들은 "사람들과 접촉해 그들이 우리의 옷을 어떻게 느끼는지 알아낼 새로운 방법"을 제공한다. 그들은 바이어와 상점을 거치지 않고 소비자들에게 직접 다가가게 해주었다.[37] 불황 또한 블로거들이 패션에 대한 논의가 이루어지던 전통적인 영역을 차지하는 데 한몫했다. 신문들이 비용 절감을 추구하면서, 국제선 항공권과 호텔 숙박료가 드는 패션 평론가들은 예산 삭감 1순위가 되었다. 대다수 신문사들은 그후 줄줄이 자체 패션 블로그 서비스를 개시했다.

패션지들은 이제 모두 온라인 서비스를 한다. 인터넷의 선두주자는 1995년에 처음 문을 연 보그Vogue.co.uk로, 한 달 방문객이 백만 명 이상이다. 그 미국판에 해당하는 스타일닷컴Style.com을 찾는 사람들은 한 달 평균 이백육십만 명이다. IPC의 이사인 실비아 오턴은 인터넷 때문에 종이 잡지가 앞으로 10년을 넘기지 못하리라고 전망한다.[38] 하지만 자동차부터 라디오까지 그간 모든 발명품이 잡지 종말의 신호탄으로 여겨졌음을 염두에 둘 필요가 있다. 또한,『보그』의 전 편집장인 카린 로이펠트가 창간한『CR 패션 북』처럼 새로운 패션지도 여전히 나오고 있다.

한편 패션업계는 블로거 가운데 재빨리 총애 대상을 추려냈다. 그들은 패션쇼 앞자리로 초대되고, 그들의 이름을 딴 가방이 만들어졌으며, 잡지사에 취업하거나 책을 계약했다. 뿐만 아니라 수십만 달러의 출연료를 받으며, 블로그 페이지로 광고 수익을 얻고, 협회와 브랜드에서 후원을 받아 트위터 파티를 열고, 브랜드의 홍보대사로 임명되며, 아동과 무보수 노동자에 대한 관심을 불러일으키고, 모델 계약을 하고 할리우드 에이전트를 얻었다.

2012년에는 블로그가 팔천만 곳을 넘었는데,[39] 그중 수백만 개가 패션 관련 블로그였다. 어느 때보다도 많은 사람들이 미디어를 창조하는 도구에 접근하면서, 창의력과 문화적 생산이 배타적인 엘리트들의 전유물이 아님이 패션 블로그 활동을 통해 입증됐다. 이렇게 그 어느 때보다도 상호 연결과 아이디어 공유가 활발하다는 것은, 패션 블로그가 진정 패션의 민주화를 표상한다는 의미일까? 블로거들은 기업에서 판매를 위해 어떤 스타일의 옷을 생산하는가에 영향을 미칠수 있다. 그들은 사회에서 영감을 받고서 '룩 북'의 형태로 패션업계에 그것을 무상 제공한다. 또한 블로거들이 직접 선전에 나서서 매출을 증가시킬 수도 있다. 그렇지만 이는 블로거들이 패션 산업에서 어떤 권력을 가졌다는 말은 아니다. 산업에 영향력을 가졌다는 게 곧 그 산업을 좌우한다는 의미는 아니다.

성공적인 패션 블로그를 만드는 데 필요한 기본 요건들을 자세히 들여다보면 어떤 사람들이 블로그나 웹사이트로 생계를 유지할 수 있는지 알 수 있다. 기본 요건은 다음과 같다. 카메라 한 대, 컴퓨터 한 대, 영어를 읽고 쓰는 능력, 수많은 옷들을 접할 기회, 패션 산업과 대중문화 산업 관련자를 포함한 인맥, 엄청나게 많은 여유 시간, 여행에 제약 사유가 없을 것, 통용되는 미의 기준에 부합하게끔 가꾼 외모, 다국적 기업의 상품을 팔아주는 데 거부감이 없을 것, 그리고 다국적 기업에게 매력적인 기사 환경을 조성하는 데 거부감이 없을 것.

그 결과 놀랍지 않게도 ('똑똑한 라이프스타일'을 표방하는 웹사이트인) 시그니처 나인Signature 9이 선정한 상위 아흔아홉 개의 블로그 중 일흔 곳이 미국 출신이고 스물한 곳이 영국과 유럽 출신이며, 그 외 지역 출신은 여덟 곳에 불과하다.[40] 물론, 이런 요구사항에 부합된다 해도 곧바로 블로그로 패션쇼 맨 앞좌석 얻기[41]가 가능한 것은 아니다. 아메리칸드림이 빼먹고 언급하지 않는 사실은, 최고가 되는 사람들은 극히 소수, 그러니까 팔백만 명 중에 백 명만 그럴 수 있다는 점이다.

인터넷이 모두를 평등하게 만든다는, 트위터와 텀블러 같은 플랫폼들이 행동하는 민주주의라는 식의 주장은 종종 논쟁거리가 된다. 텀블러의 밸런타인 유호프스키에 따르면 "텀블러에서는 크로아티아 출신의 블로거도 디자이너 프라발 구룽만큼이나 중요하다".[42] 비즈니스 인사이더에서 미국 패션지 웹사이트들의 순위를 매기고 그 순위표에 패션 블로그와 패션 관련 웹사이트를 나란히 집어넣었을 때, 편집부가 존재하는 유명 브랜드의 웹사이트가 개인 블로그보다 순위가 낮다는 사실이 드러났다. 그러나 이런 통계는 웹상에서의 기업의 영향력을 감추고 있다.

사토리얼리스트(스콧 슈만이 시작한 스트리트 포토그래피 사이트)는 비즈니스 인사이더 순위에서 맨 윗자리를 차지했고, 세계에서 가장 인기 있는 패션 블로그를 꼽을 때 정기적으로 순위에 오르내린다.

그러나 이 사이트는 독립적으로 운영되기는커녕 그 사이트의 광고 판매를 관리하는 콩데 나스트가 대대적으로 홍보를 지원하고 있다. 콩데 나스트는 슈만을 고용해 패션쇼 촬영을 맡김으로써 사토리얼리스트 블로그를 그 무리의 맨 윗자리에 올려놓았다. 슈만은 "처음에는 『GQ』와 스타일닷컴과의 작업에서만 수입을 얻었어요"[43]라고 말했다. 더 비즈니스 오브 패션 웹사이트는 현재 트래픽 수준에서 천 회 노출당 비용CPM을 기준으로, 슈만이 사토리얼리스트로 한 달에 10만 달러 이상의 수입을 얻는다고 추산했다. 2012년에 콩데 나스트는 또한 톱 패션 블로그의 홍보 네트워크인 나우매니페스트Nowmanifest를 매입했다. 나우매니페스트 블로거들은 공식 발표가 나기 이십사 시간 전까지도 자신들의 플랫폼이 매각될 거라는 이야기를 듣지 못했다.[44] 한편 스타일버블을 포함해 상위 백 곳의 패션 블로그 중 스물세 곳은 『글래머』와 콩데 나스트 출판과 '협력관계'다. 2011년에 『글래머』는 '스물세 명의 시크 블로거가 하나의 슈퍼 스타일리시 플레이스에'라는 슬로건을 걸고 영앤포시 블로거 네트워크Young&Posh Blogger Network를 출범했다. 블로거 유리 지프가 설립한 스타일연합Style Coalition이라는 네트워크도 있다. 스타일연합은 다양한 브랜드와 협업하는 마흔 곳의 톱 블로거들의 네트워크로 처음에 『엘르』와 공동 작업을 했고, 그 다음에는 허스트 디지털 미디어 네트워크 전체와 협력관계를 맺었다. 그들은 마이크로소프트, 제이시페니, 랑콤, 돌체 앤 가바나, 갭과 메이블린을 비롯한 브랜드들을 위한 맞춤 광고 캠페인을 제작해왔다.

패션 블로그들의 소박함은 독자와 광고주 모두에게 지극히 매혹적이다. 그럼에도, 잡지 저널리즘이 으레 그렇듯, 글 쓰는 이가 홍보글을 쓰는 대가로 현금이나 공짜 기증품을 지급받는 순간 독립성은 사라진다. "그들이 어떻게 쓰라고 시키진 않았어요"라고 항변해봐야 그건 뭘 모르는 소리일 뿐이다. 비용을 지급받거나 선물을 수락하는 것은 요구되는 의견을 암묵적으로 수락한다는 의미와 다름없다. "우리의 미학과 일치하는 미학의"[45] 브랜드에게만 협력한다고 주장하는 블로그 역시 마찬가지다.

따라서 패션 블로그들은 신선하고 젊은 의견처럼 위장한 기업 홍보라고 볼 수 있다.[46] 블로거들이 비행기 일등석을 얻어 타고 패션쇼에 참석하거나 옷을 얻고 수십만 달러의 보수를 받는 것은, 블로그 포스팅으로 열렬하게 홍보해 제품을 팔아주므로 패션 기업들이 훨씬 큰 대가를 얻기 때문이다.[47]

이런 상황이 딱히 패션 블로거들의 잘못은 아니다. 광고 수입에 대한 인터넷 세금도 없고, 블로거 같은 문화 창작자를 위한 주 차원의 지원도 없는 상황에서,[48] 블로그를 유지하려면 신념을 버리고 광고 공간을 팔아야 한다. 그 결과로 잘나가는 패션 블로거들은 패션지와 마찬가지로 서로 손해볼 것 없는 패션 시스템에 통합되었고, 거기에 저항하기란 사실상 불가능하다. 대다수 블로거들은 블로그, 텀블러, 그리고 페이스북 같은 사이트들에 끝없이 무료 콘텐츠를 게재함으로써 수십억 달러를 벌어다주는 무보수 노동력의 한 축을 담당한다. 몇몇 블로거가 명성과 부와 공짜 옷을 얻었다고 보증하는 것은 더 많은 사람들이 그런 사이트에 등록하게끔 광고하는 게 주기능이 아닌가 싶을 때도 더러 있다.

인터넷은 거기에 접근 가능한 이들에게 세계에 대한 유례없는 지식을 제공한다. 그렇지만 진짜 민주주의는 정보—이 경우에는 인터넷상의 정보—가 민주적으로 통제되느냐로 결정될 것이다. 현재 패션지들은 패션의 구성 요소를 민주적으로 결정하지 않는다. 블로그 역시 마찬가지다. 블로그는 개인이나 소집단의 의견이다. 투표제도 없고, 전국적 혹은 세계적인 규모로 무언가 다른 것을 생산할 방도도 없다. 기업들은 여전히 수백만 달러의 온라인 광고 예산과 기존 브랜드들을 틀어쥐고 있다. 그리고 여전히 저작권과 도메인명을 둘러싼 전투에서 싸워서 이길 능력, 트래픽을 통제할 능력, 자기네 온라인 플랫폼에 독자를 확보할 능력, 그리고 그 독자들에 관한 정보를 수집해 원하는 대로 사용할 능력을 갖추고 있다. 또한 원한다면 무엇이든 그리고 누구든 끌어들일 만한 돈도 여전히 가지고 있다.

1990년대 초, 영국의 메이저 잡지사들은 제작부에도 편집부에도 직원들의 조합을 더는 인정하지 않았다. 한편 패션 블로깅이라는 영역에서는, 공적 공간을 사유화하려는 자본주의의 지속적인 흐름을 반영해 기업들이 블로거들을 끌어들임으로써 현상황을 위협하는 요인들을 포섭해왔다. 이런 방식으로 인터넷은 사유재산과 계급관계 모두를 위협하면서 동시에 재생산한다.[49] 결국 기업에 고용되거나 기업에 맞선 세력이 인터넷 통제를 놓고 벌이는 투쟁은 누가 패션 미디어를 전략적으로 장악하느냐를 결정할 것이다. 어떤 의미에서, '사이버스페이스'라는 용어를 만든 소설가 윌리엄 깁슨의 말이 맞을지도 모른다. "미래는 이미 와 있다. 단지 널리 퍼지지 않았을 뿐이다."

미래 연구소[50]

트렌드 예측 기업들은 최대 2년 후의 패션 경향까지 미리 추정하기 위해 전 세계에서 막대한 양의 데이터를 빨아들이는 정보 허브다. 이렇게 모인 정보는 그후 자신들의 상점에 수십억 벌의 옷을 구비하는 데 이를 이용하려는 기업에게 팔린다.

트렌드 예측은 새로운 개념은 아니다. 토베 앤 어소시에이츠 주식회사는 패션 산업에서 최초의 트렌드 예측 기업으로 여겨진다. 이 회사는 1927년 뉴욕에서 토베 콜러 데이비스가 창립했는데, 그녀는 1962년에 세상을 떠날 때까지 〈뉴욕 헤럴드 트리뷴〉에 스타일 관련 칼럼을 연재했으며, 맨해튼 소재의 백화점들에 주간 판매 소식지를 배포했다.[51] 1928년에는 『보그』 편집자인 에드나 울먼 체이스, 엘리너 루스벨트, 엘리자베스 아덴과 토베 콜러 데이비스를 비롯한 여성들이 뭉쳐서 미국 패션 사업의 중흥을 목표로 더 패션 그룹The Fashion Group 을 창립했다. 그들은 여러 패션 기업에 트렌드 보고서와 조언을 제공함으로써 트렌드를 부추겼다. 트렌드는 '머스트 해브' 아이템의 판매를 증진시켰고, 장사에 도움이 된다는 사실도 밝혀졌다.[52]

그로부터 거의 1세기가 지난 지금, 예측된 이윤이라고 일컬어지는 트렌드는 그 어느 때보다도 더 중요하다.[53] 트렌드는 잡지가 단순한 추천으로 이루어진 간략한 기사를 내놓는 데 한몫하며, 옷의 대량 생산을 가능하게 해주고, 상점들이 정해진 색상과 정해진 스타일의 옷을 다양한 치수로 효율적으로 구비하게 돕는다. 그렇지만 무엇보다도 모든 트렌드는 사람들을 쇼핑하게 만든다. 워스 글로벌 스타일 네트워크WGSN에서 데님과 스트리트 부문을 맡고 있는 내털리 싱의 말을 들어보자.

트렌드는 패션 산업의 원동력입니다. 사람들에게 몇 달마다 새 상품을 사도록 만드는 것이 바로 트렌드죠. 트렌드가 없다면, 사람들에게 "그건 한물갔어요. 옷장에서 그걸 치워요. 이제 이게 필요해요"라고 말하지 않는다면 그것은 패션 산업이 아닙니다. 여러분이 현재 가진 것이 어딘가 잘못됐다고 트렌드가 느끼게 해주죠.[54]

증거가 압도적임에도, 패션 산업이 더는 트렌드에 끌려가지 않는다는 주장은 계속 제기된다. 그렇지만 트렌드에 맞지 않는 옷들은 구하기조차 힘들고, 소매점 근무자들은 트렌드가 "강박적일 정도로" 강조된다며, 그들의 근무복이 "트렌드를 충분히 반영하지 않으면" 집에 돌려보내진다고 말한다.[55]

기업들은 더이상 1년에 두 차례의 컬렉션으로 만족하지 않고, 최고 오십 회의 컬렉션을 제작한다. 옷들은 반드시 개성과 혁신성을 적당히만 보여줘야 하고, 그 시기에 부합하는 트렌드와도 맞아떨어져야 한다. 무엇이 트렌드가 되느냐를 알아내는 건 극히 중요하므로 WGSN에서는 한 기업당 1만 6500파운드의 구독료에도, 삼천 곳의 기업 회원과 삼만 팔천 명의 개인 회원이 이를 이용한다. WGSN의 연간 수익은 4000만 파운드인데, 이 때문에 스타일사이트 같은 신생업체가 트렌드 예측 시장에 경쟁사로 뛰어든다.

미래에 관한 지식을 사려는 소비자들은 줄을 섰다. "WGSN의 트렌드 분석 보고 없이 전 세계적인 브랜드로 자리매김하기란 거의 불가능해졌다"[56]고도 한다. 그렇지만 사람들이 2년 후에 무엇을 입을지를 트렌드 예측가들('미래학자' 혹은 '쿨헌터'▪로도 불리는)은 도대체 어떻게 예측하는 걸까? 그런 놀라운 능력이 가능한 것은, 어떤 트렌드가 제아무리 하늘에서 뚝 떨어진 것처럼 보여도, 실은 그에 앞서 반드시 어딘가에 그 근원이 있을 수밖에 없기 때문이다. 스타일사이트의 최고경영자인 프랭크 바버는 "맥락을 정의하면 한 트렌드를 정의할 수 있습니다"라고 말했다.[57]

맥락을 찾으려는 노력에는 섬유 산업의 형세와 직물과 염료 산업의 전망에 대한 감시도 포함된다. 그러나 섬유 제조업자들은 색상과 스타일의 확정을 위해 트렌드 예측가들에게 의지하니 이는 쌍방적인 과정이다. 미래의 문화적 사건들—영화, 음반이나 예술 사조, 무엇이든 어떤 열광이나 부활의 불씨를 지필 만한 것들—역시 모니터링한다. 또한 트렌드 회사들은 젊은이들의 움직임, 언더그라운드 뮤직 신, 스케이트 공원 그리고 런던, 뉴욕, 도쿄 같은 주요 도시들의 부동산과

▪ 기업이 고용한 유행에 민감한 일반 소비자. 자신의 소비 내역과 최신 시장정보를 기업에 제공하는 일종의 시장 조사단을 의미한다.

블로거들을 관찰하는 사람들의 네트워크를 만들어 거리를 감시한다. 대중 시장에서 잘나가는 색상이나 스타일 또한 모니터링된다. 비록 오트 쿠튀르는 예전부터 트렌드 예측을 위한 영감의 출처로 여겨졌지만, 내가 인터뷰한 트렌드 예측가들은 자신들의 작업에는 별로 중요하지 않다고 말했다.

정보는 걸러지고 그 정수만 뽑아서 거시적 혹은 미시적 트렌드가 된다. 거시적 트렌드는 장기적 트렌드를 낳을 수 있는 거대한 정치적·경제적·기술적 사건들을 다룬다. 미시적 트렌드들은 색상, 모양, 그리고 직물 같은 핵심 콘셉트를 다뤄 트렌드 예측가들은 브랜드들에게 "여러분은 이런 색상을 만들어야 하고, 이런 직물을 택해야 하며, 이런 무늬를 골라야 하고, 모양은 이렇고, 기타 등등은 이렇습니다"[58]라고 말할 수 있다.

정보가 이토록 구체적이다보니, WGSN의 회의실에서조차 어느 쪽이 먼저인지로 논쟁이 벌어진다. 닭인가 트렌드 예측인가? 트렌드스톱Trendstop의 창립자인 야나 야티리 같은 일부 예측가들은 결국 패션 산업이 "소비자 수요에 따르는 방향으로 작용하며" 그 트렌드는 갈수록 소비자들의 요구를 따른다고 믿는다. 어떤 예측가들은 자신들의 역할을 사령관보다는 조력자로 보기에, 자기네 분석 보고를 통째로 가져다 쓰지 않기를 바란다.

스타일사이트의 이샴 사두크는 빅토리아 시크릿의 전직 디자이너다. 사두크의 말에 따르면, 빅토리아 시크릿은 세 군데의 기업에서 분석 보고서를 받아, 그들의 작업을 파노라마처럼 펼쳐놓고 이를 토대로 자체 트렌드 보고서를 만든다고 한다. "정말 모든 사람이 저마다의 필요에 따라 그 정보를 적용하면 좋겠습니다. 그 정보를 그대로 받아들여서는 안 됩니다. 그것을 읽고, 주시하고, 흡수한 다음 이를 토대로 스스로 움직여야 합니다." 스타일사이트의 또다른 정상급 트렌드 분석가는 이와 반대되는 시각을 간결하게 드러낸다. "여러분이 고객에게 뭔가가 대박을 칠 거라고 말하면, 아마 여러분 때문에 그 말은 현실이 될 겁니다."[59]

WGSN의 내털리 싱은 운전대를 잡은 게 소비자가 아니라고 본다. 트렌드를 움직이는 것이 소비자인지 패션업계인지 묻자 그녀는 이렇게 대답했다. "저라면 업계 쪽 손을 들어주겠어요. 결국, 패션 산업에서 사람들은 계속해서 물건을 팔아야만 하니까요. 그러려면 사람들이 아직 안 가졌지만 꼭 가져야 할 새로운 무언가를 여러분이 가졌음을 이해시켜야만 합니다." 소비자 권력에 대해서는 3장에서 다루겠지만, 트렌드의 주된 수혜자는 소비자가 아니라 기업이라는 점을 여기서 먼저 짚어둘 필요가 있다. 패션 산업은 최대 이윤에 초점을 맞추고 있고, 그러려면 대량의 재고를 구비하게 해주는 조직적이고, 재가된 트렌드가 필요하다.

트렌드 기업의 고객 중에는 알면 놀랄 만한 브랜드들도 있다. 혁신성으로 이름난 브랜드인 프라다는 스타일사이트의 고객이다. 이샴 사두크는 스타일사이트가 프라다에 제공하는 조언을 '경쟁 정보'라고 표현한다. 하지만 혁신가들조차 트렌드 예측을 구매한다면, 그 산업에서 창의력의 통제권은 누가 가질까? 상점에 어떤 상품이 구비될지를 정말로 결정하는 게 누구일까?

패스트 패션 회사들은 트렌드 산업의 주고객의 한 축을 담당해왔다. 패스트 패션은 트렌드를 더 재촉하는 동시에 일반화시키므로, 일각에서는 트렌드 예측 산업이 패스트 패션의 요구에 맞추려다보니 갈수록 두루뭉술한 연구 결과만 내놓는다고 말한다. 이론적으로, 트렌드 예측을 통해 패션의 주요 문제들 중 하나, 바로 착취적인 패스트 패션 공급 체인 문제에 대한 해법을 제시할 수 있다. 전문가들은 2년 앞서 트렌드를 예측하므로, 패션업계에서는 미리 추가 주문을 넣어 공장들이 더 인간적인 일정으로 작업하게 할 수 있다. 그러나 시장경제하에서 이런 일은 생기지 않는다. 회사들은 예측 분석 보고서를 입수하자마자 이용하는데, 내털리 싱은 그것을 이렇게 설명한다.

회사들은 계속 팔고, 팔고, 팔기 위해 몰아갑니다! 구매자들을 데려와! 새로운 것들! 새로운 것들! 더 많은 것들! 시도를 해봐! 그래서 WGSN이 새로운 트렌드와 18개월 뒤에 무엇이 나올지에 대해 분석 보고서를 내놓으면 그들은 곧장 덤벼듭니다. 기다릴 생각은 전혀 없으니 바로 써먹어버리죠. 패션 산업은 점점 더 빨라져요. 모든 것을 집어삼키는 크고 배고픈 아기 같아요. 더는 빨라질 수 없어지면 결국 폭발하겠죠. 그러면 그때 무슨 일이 일어날까요?

공짜 '룩 북' 역할을 하는 블로그와 스타일 웹사이트들의 영향력이 커지면서, 일부 예측가들은 자기네 사업이 얼마나 지속될 수 있을

지 궁금해한다. "우리는 기본적으로 온라인 잡지입니다. 또다른 정보원이긴 하지만 그들에게 영향을 미치는 유일한 정보원은 아니죠. 어떤 회사든 한 가지 서비스에만 의존한다면 어리석겠지요." 내털리 싱은 이러한 관점에서 더 나아가 왜 리바이스 같은 기업에서 내부적으로 예측 전문가를 고용하는지 설명한다. "우리는 비싼 가격에 서비스를 제공하고 있습니다. 그냥 누군가를 직접 고용해서 이 일을 시키면 훨씬 개인화된 견해를 얻을 수 있다는 걸 기업들이 언제쯤 깨닫게 될까요?"

그래도 아직까지 트렌드에 의존해 장사를 하는 기업들이 트렌드를 감시하고자 할 때 가장 많이 의존하는 네트워크는 트렌드 예측 전문 회사들이다. 트렌드가 이윤의 열쇠이고 예측가들이 자신들의 능력을 잃지 않는 한—아마도 그들이 미래를 만들기 때문에—그들은 계속해서 패션 산업에서 핵심적인 위치를 차지할 것이다.

3장

구매학

내 옷을 살 형편이 안 되는 여성들, 그중에서도 특히 내 옷을 사는 여성
들에게.[1]

—하디 에이미스

옷은 정치적 견해와 같다. 늘 더 새롭고, 더 짜릿한 방안이 곧 모습을 드
러낼 것만 같다. 특히 당파가 서로 갈등을 빚고 있을 때는 더 그렇다.[2]

—『옷 잘 입는 주부가 되는 기술』 중에서

어둡고 비 내리는 파리의 어느 거리. 한 여성이 욕망에 눈이 멀어 범죄를 저지른다. "거기 그게 있었어요. 나를 빤히 쳐다봤어요. 저는 그걸 가져야만 했어요." 세라 제시카 파커는 진열창을 깨고 상점에 침입한 죄로 수갑이 채워져 끌려가는데, 그 와중에도 향수병을 움켜쥐려고 발버둥친다. 그 향수를 딱 한 번만 뿌려보겠다고 경관에게 애걸하던 파커는 철창에 갇혀서도 뉘우치는 기색 없이 이글거리는 눈으로 "그걸 가져야만 했어"라는 말을 주문처럼 반복한다.

세라 제시카 파커의 향수인 코빗의 광고는 리버티 로스가 어느 상점에 침입해 향수를 훔친 후 경찰을 피해 비 오는 파리 거리를 달려가는 디오르 어딕트 향수의 예전 광고와 눈에 띄게 비슷하다. 물욕의 힘과 여성 쇼핑객의 이성 상실이라는 테마로 구성된 그 광고는, 패션을 추구하기 위한 범죄는 이해할 만하고 섹시하며 유머러스하다는 메시지를 전한다.

2011년 여름, 폭동이 영국 전역을 뒤흔들었다. 경찰이 토트넘에서 마크 더건을 살해한 것이 도화선이 되어 폭도들은 도심을 부수고 전국의 건물들에 불을 질렀다. 그 폭동의 원인—경찰의 폭력, 사회적인 소외, 빈곤—은 그후 뜨거운 논쟁거리가 됐지만 옷가게와 구두 가게의 약탈 역시 반복적으로 거론됐다. 자선단체인 키즈 컴퍼니의 창립자이자 사장인 카밀라 배트맹겔리지를 비롯한 많은 사람들은 이 현상을 사회 역기능으로 인해 젊은 세대가 "소유가 넘치는 세상에 살면서 지속적으로 박탈을 경험한"[3] 결과로 해석했다. 그 카오스 한복판에서 독특한 장면 하나가 미디어에 포착됐다. 스물두 살의 셰리카 리가 약탈당한 한 상점에서 구두를 훔치기 전에 발에 맞나 신어보는 모습이었다. 나중에 그녀는 겨우 몇백 파운드어치의 물품을 가져간 것이 발각되어 8개월의 금고형을 받았다.

그 폭동과 이어지는 가혹한 선고는 사회적 메시지 사이의 긴장된 단절을 예증한다. 사람들은 '나는 쇼핑한다. 고로 존재한다'라는 명제를 학습한다. 쇼핑은 곧 성공을 뜻하며, 소비를 하기 위해 온 힘을 다해야 한다. 쇼핑하고, 버리고, 갈아치우는 능력은 사회적 지위와 개인적 성공을 나타내는 으뜸가는 지표였다. 심지어 코빗 향수 광고와 어딕트 향수 광고 같은 것들은 범죄를 가벼워 보이게 하는 동시에 범인이 아름답고 부유한 백인 여성일 때만 절도가 용인된다는 언급은 쏙 빼놓는다. 그렇지 않을 경우 아이스크림을 절도한 죄로 16개월, 3.50파운드어치의 물을 절도한 죄로 6개월 복역을 예상할 수 있다.

사회적 불안의 원인은 해소되지 않았고, 사실상 심화되었다. 한편으로는 가난에, 다른 한편으로는 결코 손에 넣을 수 없는 이미지에 폭격당한 사람들은 급기야 끓는점에 이른다. 끓어넘치지 않을 거라고 생각하는 편이 오히려 어리석을 정도다. 저명한 사회학자인 지그문트 바우만의 다음과 같이 추론했다.

> 손에 넣지 못하면 가장 난폭한 불만을 부르는 욕망의 대상은 오늘날 많고도 다양하다. 그리고 그 수는 그것들을 가지고 싶은 유혹과 마찬가지로, 나날이 불어난다. 그리고 그것들을 가질 수 없다는 데서 오는 분노, 굴욕, 원한과 불만 역시, 손에 넣을 수 없는 것을 파괴하려는 욕구와 더불어 커져간다. 상점을 약탈하고 불을 지르는 행위는 그러한 충동에서 야기되고 그러한 열망을 충족시킨다.[4]

불평등한 패션

연간 이억 명 이상의 방문객들을 끌어모으는 런던의 웨스트엔드의 옥스퍼드 스트리트는 유럽에서 가장 붐비는 쇼핑가다. 쇼핑객들은 군중을 비집고 나아가면서 1년에 최고 오십 차례의 컬렉션을 내놓는 H&M의 몇몇 지점, 신발 수집광들이 밤새 줄 서서 기다리는 나이키 타운, 세일 기간이면 난투극이 벌어지는 프라이마크, 그리고 613가지 종류나 되는 양말을 보유한 일본계 의류 회사 유니클로를 지난다.

이 모두는 사회에 잉여물이 존재하기에 가능하다. 동물은 필요한 것만 생산하는 반면, 인간은 당면한 신체적 욕구 이상의 의식주를 비롯한 다른 물자들의 잉여물을 생산한다. 옥스퍼드 스트리트를 걷노라면, 사회적으로는 이미 모두에게 돌아가고도 남을 부가 생산되고 있음에도 그것이 평등하게 분배되지 않는다는 사실을 명확하게 볼 수 있다. 전 세계적인 명품 매출은 1500억 달러 선을 유지하는 반면,[5] 본드 스트리트 너머의 지하철역에서 노숙자들은 잔돈을 구걸하고 있다.

불평등이 이처럼 확연한데도, 이제 패션이 평등해졌다는 주장도 여전하다. 자선 가게들과 프라이마크 같은 저가 체인점은 패션 아울렛처럼 되었다. H&M과 타깃은 '디자이너' 협력 컬렉션을 출시하고, 곡 완■은 '싸구려 시크' TV 프로그램을 만들고, 잡지는 '졸라매거나 펑펑 쓰거나' 하는 내용의 칼럼들로 채워져 있다. 그러나 (품질은 의심스럽지만) 비교적 값싼 옷들을 구하기 쉬워졌다는 것이 패션의 민주화를 뜻하지는 않는다.

패션 소비에는 뿌리깊은 불평등이 존재하며, 소비자들에 관한 일반화는 오해를 야기한다. 학자이자 활동가인 줄리엣 쇼어는 단순히 '우리는 왜 그토록 많이 소비하는가?'가 아니라, 도대체 그 많은 소비를 누가 하는지 명확히 하는 것이 중요하다고 말한다.[6] 2009년에 북미에서 신발 3억 켤레를 폐기했다는 식의 통계[7]는 단순해 보이지만, 대략

■ 중국계 영국인 패션 컨설턴트.

오천만 명에 이르는 미국인들이 빈곤선 이하의 생활을 하며 그 외 일억 명은 저수입으로 근근이 살아간다는 사실을 흐린다. 세계에 미치는 패션의 영향에 관한 타당한 우려에 대해 우리 모두 "쇼핑을 줄이자"라고 두루뭉술하게 호소해봐야 도움이 되지 않는다. 구멍나지 않은 신발 한 켤레를 살 것인가, 아이들에게 먹일 따뜻한 음식을 식탁에 올릴 것인가 중 하나를 선택해야만 하는 가족들에게 이런 호소는 무의미하다.[8]

거짓된 평등의식을 만들어내기에 더해, 패션 소비와 계급 사이의 연결고리를 무시하는 것은 정체성 이론을 지지하고자 물질적인 상황을 모른 체하는 것과 다름없다. 패션 블로그인 사토리얼리스트에서 한 노숙자 남성의 사진을 올리며 "희망을 놓지 않음"이라는 설명을 달았다. 스콧 슈만과 그의 팬들은 그 노숙자가 파란 장화에 어울리는 파란 안경과 장갑을 착용했다는 사실에 놀라며 기뻐했다. 그들은 그 노숙자가 존엄을 잃지 않았고 '포기하지 않았음'을 보여준다고 결론을 내렸다. "굉장하다. 심지어 노숙자 같지도 않다. 파란색이 그에게 정말 잘 어울린다" "뭘 입어야 할지 잘 모를 때 나는 종종 노숙자들을 살핀다. 닳도록 입은 옷에는 어떤 부드러움이 있다" 같은 반응도 있었다.

학술적인 패션 블로그인 스레드베어드Threadbared에서는 옷과 스타일을 정체성의 표현으로 읽어내는 것이 왜 문제인지를 이런 접근법이 한눈에 보여준다고 주장했다. 사람들이 옷 같은 상품으로 자신을 표현한다고 해서, 어떤 사람의 옷과 그 옷의 정체성에 관한 판단이 곧 그 사람 자체에 대한 평가로 이어져서는 안 된다.[9] 만약 스타일이 곧 인간성이라면 그 역 또한 참일 수 있다. 그 노숙자가 옷을 '형편없게' 입었다면 사람들은 그에게 시간이나 관심을 쏟지 않았을지도 모른다. 이 '스타일 없이는 인간도 없다'라는 접근법은 외양을 통해 인간으로 취급될 권리가 있는지를 평가하는데, 노예무역에서 나치 이데올로기까지 이어지는 역사로 이미 그것이 얼마나 혐오스러운지를 볼 수 있다. 또한 계급적 요인을 무시하면, '형편없는' 옷을 입은 사람들은 '포기함으로써' 거기에 순응하는 사람이 될 수도 있다. 이러한 접근법은 가난을 만들고 사람들에게서 삶의 통제력을 빼앗는 계급, 인종, 젠더와 경제위기의 대혼란에 대한 언급은 쏙 빼놓는다. 1844년에 엥겔스가 지적했듯이, 경제 상황은 노동 의지, 근검, 인내 또는 옷을 잘 입는 것으로 이겨낼 수 없다.[10]

계급이 없다면 우리가 아는 패션 산업도 없을 것이다. 옷입기는 부자들이 자신의 권력을 드러내고 재생산하는 하나의 핵심방법이다.[11] 일단 대중이 엘리트 패션(또는 그 근사치)에 접근하면 부자들은 나머지를 따돌리기 위해 앞으로 나아간다. 노동자 계급이 가장 선호하는 브랜드가 되자 버버리는 최상층 지위에서 일시적으로 추락했다. 버버리의 탐욕으로, 한때는 배타적이었던 특유의 체크무늬에 대한 수백 종의 라이선스를 판매하여 이를 이용한 제품이 대량 생산되었기 때문이다. 급기야 버버리 체크무늬가 인쇄된 개옷까지 나올 정도였다. 18세기의 한 논평가는 이를 이렇게 비꼬았다. "상류층인 사람이 호사스러운 옷을 가장 경멸하게 만들려면 세상에서 가장 천한 자가 그 옷을 걸친 모습을 보여주면 된다."[12]

소비자는 왕이다?

『그린 이즈 더 뉴 블랙』 서문에서, 모델인 릴리 콜은 소비자들이 자신들의 구매에 책임감을 가져야 한다고 썼다. "자본주의의 무자비함은 곧 소비자들의 무자비함입니다. 결국 소비자가 왕이잖아요?" 소비자가 기업보다 더 막강하다는 주장은 패션 산업의 병폐를 소비자 탓으로 돌림으로써 책임감을 전가하는 양태를 보여준다. 앞선 장에서 보았듯 패션 기업들의 권력이 그 어느 때보다도 강해졌음에도 이데올로기는 그와 반대로 소비자가 왕이라고 주장하는데, 이러한 모순에 대해서는 줄리엣 쇼어가 적절히 지적한 바 있다.[13] 왕관을 쓴 것이 기업인지 소비자인지는 패션이 왜 생산되는가를 살펴보면 알 수 있다.

이 글을 쓰는 지금, 영국의 대부분 지역은 눈에 덮여 있고, 나는 어떻게 좀 따뜻해질까 싶어 옷을 열여덟 벌이나 껴입고 있다. 인류에게 옷이 필요하다는 사실은 누구나 안다. 초기 구석기 터에서 4만 년 된 바늘이 발견되었을 정도니 말이다. 물론 내 옷장에 걸린 옷들이 전부 다 필요한 것이라고 우길 수는 없다. 그렇다면 그 옷들은 대체 왜 거기 있을까? 왜냐하면 패션은 인간의 필요성에 대응하기 위해서가 아니라 기업 이윤을 생산하기 위한 것이기 때문이다. 『철학의 빈곤』에서 마르크스는 "세계 무역은 거의 완전히, 개인적인 소비의 필요가 아니라 생산의 필요에 따라 돌아간다"고 했다. 기업들은 돈을 벌기 위해 패션을 생산해야만 한다. 만약 모든 사람이 필요한 옷만 산다면 기업에게는 재앙이 될 터이므로, 그 대신 나를 비롯한 모든 이가 계속 쇼핑을 하게끔 '가짜 필요'가 만들어진다. 이러한 필요는 소비자가 아닌 제조업자들의 필요이기 때문에 가짜다.[14]

1690년, 경제학자인 니컬러스 바번은 패션을 "무역의 영혼이자 생명줄"이라고 일컬었는데 "가진 옷이 닳기도 전에 옷의 비용을 야기하기" 때문이다. 그는 "마치 영원한 봄에 사는 듯 옷을 입게 만드는, 결코 그의 옷에서 가을을 보지 않는"[15] 패션의 능력을 칭송했다. 필요해지기 한참 전에 옷을 갈아치우는 패션의 사이클 덕분에 "가을옷"―갈아치워야 하는 해진 옷―은 건들지 않게 된다. 패션은 단순한 옷 이상이다. 옷을 시대에 뒤처지게 만들고 소매업자들이 계속 장사하게끔 새로움이라는 상품 사이클을 이끈다. 그리하여 소비는 패션 생산의 최종 단계가 된다. 마르크스는 "상품은 오로지 소비를 통해서만 진짜 상품이 된다"고, "의상은 입는 행위를 통해서만 진짜 의상이 된다"고 썼다.[16]

따라서 소비자와 패션 산업은 공생관계다. 패션을 그저 높은 곳에서 사람들에게 내려오는 무언가라고 단순화할 수는 없다. 재빨리 편입되고 상품화되고 광고되기 전에, 많은 트렌드가 거리에서 시작되며 트렌드들 간 수분受粉이 이뤄지기도 한다. 사람들은 패션의 핵심 요소다. '르 모드'를 옷이라 하고 '라 모드'를 패션이라고 하면, 패션학자인 잉그리드 로쉑의 설명처럼 "르 모드가 거리에 다다르면 라 모드가 된다".[17] "거리에 도달하지 않는 패션은 패션이 아니다"라던 가브리엘('코코') 샤넬의 말은 바로 그 뜻이었다.

옷이 무언가 그 사용가치 ― 한 인간의 필요를 충족시키는 능력에 기초한 한 상품의 가치—이상으로 평가받는 것이 패션의 핵심이다. 사용가치 대신, 사랑, 부와 권력 같은 상징적 가치가 상품의 속성으로 간주된다.[18] 하루 종일 옷을 사고 그 결과물과 함께 집에 돌아오자마자 더 많은 옷을 원하는 일은 얼마든지 가능하다. 물건을 고를 때 상품가치만 따진다면 질리겠지만(그리고 아마 위축되겠지만), 우리는 상징을 찾기 때문에, 고대 그리스의 철학자인 에피쿠로스가 "무한으로 뛰어드는"[19]이라고 말한, 텅 빈 믿음에 근거한 탐색을 직면한다.

쇼핑은 감정적 고통에서 벗어나는 방식으로 꾸준히 권장된다. 그렇지만 실연이나 실직이나 무료함으로 인한 감정적 고통을 치유하고자 쇼핑을 한다면 공기로 구멍을 막으려는 것과 다름없다. 아무리 많은 옷을 사도 욕구라는 블랙홀은 사라지지 않는다. 충족 불가능한 현대 사회의 특성상, 많은 쇼핑이 행해지고, 많은 상품들이 헛되이 소비될 수밖에 없다. 쇼어는 이를 "물질성의 역설"이라고 불렀다. 현대 사회에서 비물질적인 의미에 대한 요구가 가장 강력해지는 시기는 물자의 소비를 극대화할 가능성이 가장 높아질 때다.

크리스마스 때면 옥스퍼드 스트리트에서 쇼핑객들이 1분에 1500만 파운드를 쓰는 광경을 볼 수 있다. 뉴욕의 패션 시장은 연간 150억 달러의 매출과 7억 6800만 달러의 세수를 발생시킨다. 전 세계적으로 패션은 1조 5000억 달러 규모의 산업이다. 자본주의에서는 침체가 곧 재앙이므로 정부와 기관에서는 생산된 만큼 소비되고 있는지 확인하기 위해 이따금 개입한다.[20] 애드버스터스 미디어 재단은 1997년에 '아무것도 사지 않는 날' 캠페인을 내보내기 위해 CBS의 방송 시간을 사려고 했지만, 국가의 현 경제정책에 위배된다는 이유로 퇴짜를 맞았다.[21] 2001년 세계무역센터 공격이 있고 그 며칠간 사람들이 쇼핑을 자제한 것조차 미국 경제에게는 근심거리였다. 부시 대통령은 소매 매출이 호조라고 말했다. "여러분 모두 쇼핑을 더 하시기를 권합니다." 부시는 2004년 6월 이를 다시금 강조했다. "여러분이 뭔가를 소유한다면, 우리나라의 미래에 대한 필수적인 지분을 가진 셈입니다. 미국에 더 많은 소유가 있을수록, 미국에 더 많은 활력이 있습니다." 이는 부를 축적하기 위한 기업의 필요에 인간의 욕구를 예속시키는 한 예다. 가상의 욕구와 거짓된 필요는 그게 진짜인지, 인간을 노예로 만드는지와는 상관없이 창조된다.[22]

내털리 싱의 말에 따르면 패션은 "여러분이 지금 가진 것이 무언가 잘못됐다고 느끼게 하는 것이 핵심이다. 궁극적으로 사람들을 불안하게 만들려는 것"이다. 패션은 미적 창의력과 즐거움의 배출구가 될 수 있지만, 패션 생산을 통제하는 시장의 명령에 지배받는다. 옷과 창의력을 향한 인간의 욕구는 이윤을 위한 패션 생산으로 상품화된다.

생존을 위한 쇼핑
—

'소비자는 왕' 이데올로기는 강렬한 경제적 필요성이라는 패션의 측면을 흐린다. 계속해서 변화하는 패션은 곧 현대적이고 경쟁력 있다는 뜻으로 받아들여져왔다. 패션에 발맞추는 것은 일자리와 살 집과 사회적 지위를 찾고 이를 유지할 수 있느냐를 결정할 수 있다. 미적 노동―그 종사자들의 외양이 일자리를 결정하는―이라는 개념은 대개 모델, 배우 혹은 음악업계 사람들에게 적용된다.[23] 그렇지만 모든 노동자는 필수적으로 특정 방식으로 외양을 유지할 것을 요구받는다. 따라서 패션은 뒤처지지 않기 위해 소비해야만 하는 경제적 필요성이다. 『보그』는 이를 다음과 같이 묘사한다. "여러분이 이제 가을/겨울에 입을 옷―튜닉(체크 완료), 시스 드레스(체크 완료), 털 니트(체크 완료), 미디 스커트(체크 완료), 레이스 블라우스(체크 완료―많은 찬사를 받음)―은 다 정해졌다고 생각하는 바로 그때 완전히 새로운 선택지의 조합이 상점에 들어온다."[24]

　요즘 같은 불황기에 가장 오래가는 트렌드는 출근복 트렌드다. 실직률과 일자리의 불안정성이 높아질 때, 사람들은 고급스러운 옷 같은 것으로 외양을 바꿔보라는 말을 듣곤 한다. 〈타임스〉는 "실제로 먹고살기 위해 일하는 사람처럼 보이는 옷차림이 유행으로 되돌아오는 듯하다"라고 보도했다. 재키 뉴콤브는 이런 변화를 강조하면서 "직장 내 경쟁이 갈수록 치열해지는 것을 느낀 사람들이 그럴싸한 외양을 갖추는 데 신경쓰면서 출근복의 중요성이 점점 더 커지고 있습니다"라고 언급했다. 또다른 논평가는 불황기의 패션에 대해 "정리해고를 당하는 것은 괜찮습니다. 하지만 정리해고된 사람처럼 보이는 것은 괜찮지 않습니다"라고 정리했다. 이런 식으로 패션은 약속하면서 동시에 협박한다. 구매를 하면 해를 입지 않지만 그러지 않으면 재앙을 불러온다고 말이다.[25] 극단적인 예를 하나 들자면, 어떤 잡지 기사에서는 독자들에게 터무니없이 비싼 목걸이를 소개하면서 "확실히 불황이지만 여러분은 아직 죽지 않았잖아요!"라고 부추겼다.

구직하는 데 옷이 그처럼 중요하다보니, 면접 의상을 지원하는 자선 단체가 수두룩하다. 드레스포석세스Dress for Success는 '빈곤한 여성들이 노동자가 되려 할 때 마주하게 되는, 일자리가 없어서 정장을 못 사고, 정장이 없어서 일자리를 못 구하는 딜레마를 해결'해주고자 세워졌다. 그와 유사하게, 자선 단체인 커리어기어Career Gear의 뉴욕 지부에서는 2011년에 1192명의 빈곤층 남성 실직자들에게 정장을 한 벌씩 제공했다. 이 '정장 기부 운동'에는 UBS, 시티은행, J.P. 모건 체이스, 그리고 프라이스 워터하우스 쿠퍼스 같은 회사가 참여했는데, 애초에 금융위기를 초래해 그 많은 사람들이 일자리를 잃게 만든 바로 그 기업들이었다.

일자리를 확보하려면 외양을 갖춰야 한다는 얘기는 새롭지 않다. 1954년, 한 신문에 화장을 해야 한다는 사실에 불평하는 어느 공장 노동자의 편지가 실렸다. "심지어 공장에 일자리를 구할 때도 제가 얼마나 피곤한지를 그대로 보여줘서는 안 됩니다. 화장품은 지친 얼굴을 밝게 해주고 없어서는 안 될 생기와 젊음의 환상을 줍니다."[26] 다른 여성도 비슷한 내용의 편지를 썼다. "개인적으로, 화장을 하는 수고와 비용을 포기할 수만 있다면 무척 마음이 놓이겠지만, 자본주의는 제가 그러도록 놔두지 않아요. 미용 광고에 혹하지는 않지만, 경제적 압박―저는 생계를 위해 일해야 해요―때문에 그 우라질 것들을 사서 쓰지 않을 수가 없어요."[27] 생계를 위해 돈을 벌 필요가 없다면 오늘날 얼마나 많은 사람들이 화장이나 패션 모두를 기꺼이 포기할까?

급진적인 여성 인권 운동가인 에벌린 리드는, 1954년에 쇼핑을 좋아하고 패션을 즐긴다는 이유로 사람들을 비판하는 것과 끊임없이 새 옷을 사라고 사람들에게 강요한다는 이유로 자본주의를 비판하는 것은 다르다고 설명했다. 패셔너블한 옷을 입고 즐기는 것이 자유라면 그러지 않을 자유 역시 존재해야만 한다. 만약 우리가 자본주의의 강요를 비판하지 않는다면, 헬레나 루빈스타인 같은 화장품업계 거물들의 주장("못생긴 여자는 없어요, 게으른 여자가 있을 뿐이죠")은 사람들의 불안을 착취해 수십억 달러를 벌려는 탐욕스러운 시도가 아니라 그저 뻔한 소리일 뿐이다.

페미니스트 학자인 샌드라 리 바트키는 비록 총구에 등 떠밀려 강제로 전기 분해 요법을 받으러 끌려가는 사람은 없지만, 여성들은 여전히 특정한 미의 이상에 순응하도록 강요당한다고 썼다. 만약 화장이 여성들의 개성 표출을 돕는 창의적인 활동이라면, 왜 매일같이 혁신이나 상상력의 여지가 없는 대동소이한 그림만 그리겠는가? 얼굴에 분을 칠하지 않는 여자는 "종이에 그림을 그리지 않기로 결심한" 사람이라면 결코 당할 일이 없는 제재를 당한다.[28]

나를 악으로 생각해?
—

G. K. 체스터턴은 이렇게 선언했다. "가난한 사람들이 돈을 구걸하는 광경보다 부자들이 돈을 더 벌려고 아등바등하는 광경이 훨씬 역겹

다. 그리고 부자가 돈을 구걸하는 것이 광고다."[29] 광고는 소비자에게 이르기 위해 기업이 사용하는 다리로, 최대 이윤을 얻기 위해 상품을 팔고자 하는 것이다. 그러다보니 광고 산업은 그저 우리가 살아가는 시스템의 한 징후일 뿐, 그 자체로 주된 문제는 아니다. 그러나 광고는 매년 미국에서만 1000억 달러가 소비되는, 막대한 낭비의 대표격이다.

지금으로부터 100년 전, 선구적인 소비학자인 소스타인 베블런은 감춰진 판매 비용이 생산 비용을 압도한다고 말했다. 오늘날엔 (다른 형태의 마케팅은 배제하고) 광고 하나만 해도 비누부터 청바지까지 모든 상품의 가격에서 최고 12퍼센트까지 차지한다.[30] 사람들은 매일 최고 삼천 편의 광고를 보고, 뉴로마케팅*이 흥하며, 요즘엔 심지어 아이들까지도 걸어다니는 광고판이 되었다. 우리가 광고비를 이중으로 지불하고 있다면, 그리고 "무언가가 우리를 그토록 끈질기게 따라다닌다면, 그 속셈이 뭔지 알아두는 편이 더 낫다."[31]

환경 오염과 빈곤을 가중시킨다는 비난에 대해, 광고대행사들은 자기들이 '물건'에 대한 사람들의 욕심을 증대시키는 게 아니라 기존에 존재하던 욕구를 재분배할 뿐이라고 항변한다. 새로운 흡연자를 늘리는 게 아니라 기존의 흡연자를 다른 브랜드에게서 빼앗아올 뿐이라는 주장은 담배 광고주들이 애용하는 주장이다. 그와 유사하게,

---

■ 뉴런과 마케팅의 합성어로 무의식과 같은 두뇌활동을 분석해 이를 마케팅에 접목하는 기법.

패션 기업들은 그저 인간의 욕구에 대응해 기존 시장과 경쟁하기 위해 광고를 이용할 뿐이라는 주장—쓰레기장에 쌓인 수백만 톤의 섬유에 대한 책임에서 그들을 벗어나게 해주는—을 내세운다. 그렇지만 그것이 사실과 정반대임을 보여주는 증거가 있다. 광고에 더 많이 노출될수록 사람들은 더 많이 소비한다. 세계자연보호기금과 공익연구센터를 위해 만들어진 보고서인 『나를 악으로 생각해?—광고에 윤리적 논쟁 제시하기』에서는 광고가 늘면 총 물질 소비가 증가한다는 사실이 광고가 경제에서 지속 가능성이 가장 낮은 부분을 움직이는 하나의 엔진임을 입증한다고 주장했다.[32]

일부 자유주의 경제학자들은 하루 삼천 편의 광고를 보는 것은 건강한 경쟁과 선택의 신호라고 말한다. 그러나 경쟁사는 이미 사유재산 독점의 일부다.[33] 일하는 사람들이 생산하는 재산에 대해서는 어떤 종류의 소유권도 박탈당해왔다. 그 대신 공장부터 농장과 사무실까지, 모든 것은 기업 소유다.[34] 1장에서 논의했듯, 대다수의 브랜드를 한줌의 다국적 기업이 소유한 패션업계에서는 특히 독점화 문제가 심각하다.

또한 광고들은 똑같은 메시지를 쏟아내기 위해 총력을 기울인다. 방금 가진 돈을 다 써버린 우리에게, 그 메시지는 우리가 쇼핑하는 옷이 우리를 부자로 만들어줄 거라고 말한다. 소비 선택이 실질적 선택을 좀먹고 밀어내왔다.[35] 자신이 낸 세금이 암 치료법 연구에 쓰일지 F16 전투기에 쓰일지 소비자는 선택할 수 없고, 자신이 일하는 회사가 공공 주택을 지을지 아프리카에서의 기아 발생 원인인 밀값에 투자할지를 선택할 수 없지만, '터프 걸' 트렌드와 '플러티 베이비flirty babe' 트렌드 사이에서 어떤 봄옷을 입을지는 선택할 수 있다.

우리는 광고를 언제 접할지도 선택할 수 없다. 텔레비전은 전원을 끄면 되지만, 광고판이나 대중 교통수단에 걸린 광고는 그럴 수 없다. 런던 지하철의 광고 공간 대부분을 장악한 CBS는 통근자들의 64퍼센트가 지하철 광고를 보고 거기서 직접적인 영향을 받아 무언가를 사거나 시험해보았다고 주장한다. 『나를 악으로 생각해?』의 저자는 광고의 영향력에 대한 신념이 확고하기에, 모든 광고판에 이런 경고문을 부착할 것을 권한다.

이 광고는 여러분이 의식하지 못하는 방식으로 여러분에게 영향을 미칠 수 있습니다. 소비재를 사는 것은 여러분을 더 행복하게 만들어줄 가능성이 적고, 소비재를 사기 위해 대출을 받는 것은 현명하지 않을 수 있습니다. 빚은 여러분을 노예로 만듭니다.

빚의 구렁텅이

1966년, 미국의 한 패션 평론가는 다음과 같이 예언했다. "신용카드는 소속감을 나타내는 배지가 되어왔다. 그것은 처음에는 미풍이었다. 하지만 이제는 강풍이다. 그리고 우리 경제를 날려버릴 허리케인이 될 수도 있다."[36] 2012년 무렵, 미국의 신용카드 빚은 1조 달러에 이르렀다.[37] 빚쟁이 감옥은 19세기에 폐지되었지만, 2011년 〈월스트리트 저널〉은 임금 하락과 역자산 효과로 집값이 폭락하면서 빚 때문에 수감된 사람이 오천 명을 넘었다고 보도했다. 이는 무책임한 소비자들의 잘못이 아니다. 시스템은 높은 수준의 빚을 지게끔 적극적이고 공식적으로 사람들을 부추긴다. 실질임금이 계속 떨어지는 와중에도 점점 비싸지는 상품들을 계속 구매하도록, 이자율은 낮게 유지된다. 일어나야 마땅할 생활 수준의 하락을 빚이 상쇄해준다.[38] 빚이 없다면 경제는 소스라치며 멎어버릴 것이다.[39]

2000년에서 2007년 사이 영국의 채무는 115퍼센트 증가했고 2007년 10월, 담보 대출은 1조 2000억 파운드이고 무담보 채무는 2220억 파운드로 개인의 총 융자액이 1조 4000억 파운드였다. 수백만 명의 사람들이 최저 소득 기준 이하로 생활하고 세계가 경제위기로 점점 깊게 가라앉는 와중에, 영국의 주요 부채 상담 조직인 스텝체인지는 2008년에서 2010년 사이에 도움을 요청해온 사람들이 21퍼센트 증가했다고 보고했다.

패션과 빚의 연관성은 악명 높다. 소비자들, 특히 젊은 여성들이, 패션을 따라잡느라 빚에 발목 잡히는 일은 흔해졌다. 이것은 TV 시리즈 〈섹스 앤드 더 시티〉의 주인공인 캐리 브래드쇼가 구둣값으로만 아파트 계약금과 맞먹는 돈을 소비했다는 사실을 깨닫는 에피소드에서 잘 그려진다. 신발에 4만 달러를 쓰고 노숙자가 될 상황에 처하자 그녀는 '말 그대로 자신의 신발에 살았던 늙은 여자가 될' 처지임을 깨닫는다.

소비자들이 자기 돈이 아닌 돈으로 쇼핑을 계속하게 하고자 빚은

'신용'이라는 이름으로 쇄신되어왔다. 드레스를 계산하러 계산대로 간 쇼핑객은 종종 회원 카드 발급을 권유받는다. 2011년 영국에서는 약 천삼백만 명이 상점 카드를 보유했고, 그 카드의 매출은 도합 183억 파운드에 이르렀다. 스텝체인지에 따르면, 상점 카드를 지닌 독신 여성의 비율은 독신 남성보다 세 배나 높았고, 평균 빚은 1301파운드로 추정된다. 스텝체인지는 이 빚의 큰 부분이 옷의 충동구매 때문이라고 믿는다.

상점 카드는 품격이나 럭셔리의 간판 뒤에 금융화의 현실을 숨긴다. 고객들은 친숙한 로고가 박힌 카드로 친숙한 점포에서 구매를 한다. 그러나 그 카드를 운용하고 돈을 빌려주는 것은 산탄데르 같은 제3자 대부업체들로, 하우스 오브 프레이저, 로라 애슐리와 데븐햄스 상점 카드가 모두 그 업체의 소유다. 심지어 산탄데르는 오랜 기간 카드를 미사용중인 고객들에게 벌금을 매김으로써 응징하기까지 한다. 신용 카드의 연 이자율은 대체로 15퍼센트에서 18퍼센트 사이인 반면, 상점 카드의 연 이자율은 최고 30퍼센트까지 오르는 일도 흔하다. 소비자 단체인 위치Which?는 비밀 쇼핑 실험을 실시해 수입이 없고 부채상황이 심각한 대학원생이 상점 카드로 얼마나 많은 빚을 낼 수 있는지를 확인해보았다. 그는 이틀 만에 2750파운드의 빚을 졌다.

패션으로 인한 빚의 또다른 심각한 원인은 카탈로그다. 예를 들어, 온라인 쇼핑과 카탈로그 쇼핑을 모두 제공하는 스튜디오 카탈로그 사는 저소득층 가정을 겨냥해 "지금 구매하시고, 돈은 다달이 나누어 내세요"라며 할부 구매를 광고한다. 이만 일천 개의 단어로 이루어진

스튜디오 거래약관 문서 맨 끝에는 쇼핑객들에게 44퍼센트라는 눈물겨운 연 이자율이 부과될 수 있다고 쓰여 있다. 또한 대금이 연체되어 소비자에게 독촉장을 보낼 때마다 20파운드의 벌금이 발생할 것이라고도 적혀 있다. 그리고 그들은 "만약 귀하가 당사의 지불 기한을 어긴다면, 귀하의 상세 신원 정보는 외부 채무 회수 대행업체에게 양도될 것이며, 대행업체에서는 당사를 대신해 연체 대금을 방문 회수할 수 있습니다"라고 위협한다. 메이시의 최고경영자가 이미 50년 전에 인정했듯이, "신용 카드 시스템을 사용하는 소비자들은 그 대가를 치른다."[40]

페티시, 엉터리 물건, 그리고 소외

루이비통의 한 익명의 경영진이 회사의 성공을 두고 "뱀기름[■] 이후 가장 교묘한 속임수다. 캔버스 리넨천에 플라스틱 코팅을 하고 가죽 테두리를 좀 둘렀을 뿐 아무것도 아니라는 게 상상이나 되는가?"[41]라고 한 말은 자주 회자된다. 어쩌다 캔버스와 가죽을 꿰맨 쪼가리에 그토록 많은 의미가 부여되었을까? 왜 그것들은 수천 파운드에 팔릴까? 마르크스는 이러한 이상 현상을 '상품 페티시즘'이라고 명명했다. 이 용어는 부적이나 작은 장식물을 페이티소라고 일컫은, 초기 포르투갈 인류학 문헌에서 유래했다. 부적들은 마력을 가진 예술작품

[■] 사이비 약물이나 엉터리 물건 등을 의미하는 영어 관용 문구다.

으로 묘사되는데, 부적을 지닌 사람은 특별한 힘을 가진다고 믿어졌다.[42] 이처럼 사물에 그 구성 요소를 넘어서는 힘을 부여하는 현상은 오늘날에도 일어난다.

매년 겨울이면 핸드백이 계절정서장애를 고쳐줄 수 있다고 말하는 듯한 광고가 등장한다. 광고들은 이렇게 약속한다. "액세서리계의 거물인 롱샴과 제러미 스콧의 컬래버레이션 상품으로 1월의 우울증에서 벗어나세요. 한줄기 햇살을 비춰드려요!" "이 밝은 노란색 사첼백은 지금 즉시 여러분의 기분을 확 바꿔드립니다." 국민건강보험에서 계절정서장애의 치유책으로 구매를 권하는 것은 라이트박스뿐이다. 패션 산업은 이 사실을 무시할 뿐만 아니라, 그것이 다른 병증도 치유할 수 있다고 암시한다. 원더브라: '당신만 모르는 비밀병기', 아디다스: '불가능, 그것은 아무것도 아니다', 디젤: '성공적 삶을 위해', 프렌치 커넥션: 'FCUK 광고'■ 등이 그 예다.

엥겔스는 자본주의하에서 경쟁과 사유재산이 "모두가 자신의 미숙한 고독에 고립되게 한다"[43]라고 고찰했다. 시장화된 사회에서 사람들은 물질적 가치로 평가된다. 디자이너 핸드백은 지불된 비용을 상징함으로써 그 주인에게 지위를 준다. 자본주의하에서 사람들은 존재보다 소유를 더 중시하는 마음가짐에 얽매인다. 우리는 자신 안에서, 노동을 통해, 사회 또는 자연에서 행복을 찾기보다는 직접 소유할 수

■ 프렌치 커넥션 UK의 앞글자를 딴 FCUK와 욕설인 FUCK이 글자 순서만 다른 것에 착안해 광고에 대한 욕설처럼 읽히도록 의도하여 충격을 준 광고.

있는 사물만을 귀히 여기라고 배운다.

사람들이 소외되기 때문에 상품은 의미를 얻는다. 마르크스주의자인 존 버거는, 사람들이 짜릿한 선망의 대상인 소비를 꿈꾸면서 끝없이 길고 무의미한 노동 시간을 버틴다고 말한다. "현재가 더 단조로울수록 상상력은 미래를 더 인질로 잡아야 한다."[44] 아서 밀러 역시 1968년 발표한 희곡『더 프라이스』에서 쇼핑이 어떻게 공허함에 대한 치유책이 되는가에 주목했다. "예전에는, 불행한데 뭘 해야 할지 알 수 없을 때 교회에 가거나 혁명을 일으키거나 하여튼 뭔가를 할 수 있었다. 오늘날 여러분은 불행한가? 왜인지 모르겠는가? 그 해법은 무엇인가? 쇼핑을 하라."

'임금 노예'[45]로서의 삶은 대다수 사람들에게 친숙한 단조로움이다. 소설가 패트릭 해밀턴은 런던을 통근자들을 빨아들였다 토해내는 "웅크린 괴물"로 묘사했다.

매일 아침 (그들은) 기차와 종착역들로 이루어진 대단히 복잡한 호흡기를 거쳐 터지기 직전인 폐까지 빨아올려지고, 거기서 몇 시간 동안 붙잡혀 있다가, 저녁이면 동일한 경로로 난폭하게 토해진다.[46]

이 시스템하에서 사람들은, 자신들이 생산하는 것에 관해 그리고 그것을 어떻게 생산하는가에 관해 아무런 통제력을 갖지 못한 채 노동력을 팔도록 강요당한다. 자신의 완전한 잠재력을 발휘하는 것은 고사하고 그게 뭔지 상상할 기회를 얻는 사람조차 극히 드문데, 그들 역시 상품이 되어버리기 때문이다. 그들은 그 자체로 목적이 되는 대신, 다른 누군가에게 이윤의 수단이 된다.

데이나 토머스의 『럭셔리』에 나오는, 모리셔스의 한 섬유 공장에서 일하는 중국인 노동자에 관한 묘사를 들어보자. 휴식 시간 동안 노동자들은 "편물기 앞에서 팔짱을 낀 채 잠을 잤다. 휴식 시간이 끝나고 거칠게 깨워진 중국인 소녀들은 곧장 일을 재개했다. 그들의 얼굴은 공허했고 눈은 텅 비었다. 아무도 말을 하지 않았다. 들리는 것이라고는 귀를 먹먹하게 하는 철컥대는 편물기 소리뿐이었다."[47] 이것이 마르크스가 말한, 사람이 관념적 활동과 하나의 위장으로 축소되는 광경이다.[48]

공장 노동자들만 소외를 경험하는 것은 아니다. 비제조업 노동 또한 개인적인 창의성이나 판단보다는 관리 명령에 따라 수행된다. 이러한 경향은 미래에 더 심해져, 겨우 10~15퍼센트의 사람만이 일터에서 '생각하도록 허락'을 받으리라 예측된다.[49] 전자혁명은 분할하고 부호화하고 디지털화하는 기술로 제2의 산업혁명을 일으키리라고 예상된다. 마르크스에 따르면, 소외란 한 사람이 오로지 "자신의 노동 밖에서만 자신을 느끼고, 자신의 노동에서는 자신이 아닌 것처럼 느낀다"[50] 뜻이다.

이 지독한 소외는 사람들이 자기 자신뿐 아니라 상품으로부터도 소외됨을 의미한다. 이러한 거리는, 상품이 특별한 힘을 가질 수 있다는 생각을 가능케 한다. 소비자들은 신발, 핸드백 혹은 옷 같은 제품의 생산에서 멀리 떨어뜨려진다. 상품들은 제조과정의 흔적을 지운 채, 겉보기에는 사람들과 무관한 모습으로 상점에 등장한다. 이는 인간의 노동과 분리된 부의 원천이 존재한다는 환상을 가져온다. 구슬로 장식된 이브닝드레스나 견고한 부츠를 보고 감탄하면서 그것을 생산한 노동자에 대해서는 떠올리지 않을 수 있다. 상품의 이러한 신비화는 주장하건대 우리 사회가 충분히 물질적이지 않다는 의미다.[51] 여기서 물질적이란 물건을 더 많이 산다는 말이 아니다. 그보다는 신발과 핸드백 같은 상품들을 자연과 노동에 의존한 것으로, 사상과는 무관한 물리적·물질적 존재로 인식해달라는 요청이다.[52] 끝없는 상징적 가치보다 사용가치를 봐달라는 요청이다.

패션 산업은 인간 노동을 현란한 간판 너머로 숨기는 데 능숙하다. 티셔츠 한 장을 만드는 일조차도 일련의 디자이너, 면화 따는 사람, 스웨트숍 노동자, 염료 기술자, 그리고 화물차 운전수가 필요하다. 광고들은 마찬가지로 그들의 생산수단들을 감춰버린다. 모델 에이전시, 사진작가, 스타일리스트, 메이크업 아티스트, 청소부와 요리사, 암투, 셀룰라이트, 따분함, 굶주림과 포토샵은 모두 숨겨져 있는데, 소비자들이 결코 그 이면을 보아서는 안 되기 때문이다.[53]

이런 규범은 잉여가치를 만들어내야 한다는 필요에서 나온다. 자본주의의 고유한 한 축인 잉여가치는, 노동력의 가치와 노동력으로 생산하는 상품의 가치 간의 차이에서 생겨난다. 디즈니의 한 하도급 업체의 노동자들은 디즈니 티셔츠를 각자 하루에 오십 장씩 만든다. 이 티셔츠들은 장당 10.97달러 또는 한 묶음에 548.50달러로 팔린다. 노동자들은 여덟 시간 근무로 2.22달러를 번다.[54] 2.22달러와 548.50달러 사이의 차액이, 티셔츠가 판매되었을 때 디즈니가 가져가는 잉여 가치다.

명품 또한 진정한 노동 비용을 눈에 보이지 않게 감춘다. 데이나 토머스는 자신의 책에서 이 점을 되짚는다. "그렇다, 명품 가방들은 중국에서 만들어진다. 최고의 브랜드들도."[55] 기업으로서는 '명품' 핸드백이 중국 공장에서 만들어진다는 사실이 널리 알려졌을 때보다 그것을 제조하는 데 드는 실제 노동 비용과 방법이 감춰질 때 높은 가격을 매기기가 더 수월해진다. 이런 신화화 과정을 통해 상품은 그것을 만드는 노동과 별개의 존재로 보이게 되고, 따라서 독립적인 힘을 갖게 된다. 이상적인 세계라면 그 상품뿐 아니라 그걸 만드는 사람들이 더 가치 있게 여겨지고 존경받을 것이다.

쇼핑은 실연의 아픔부터 낮은 자존감까지 모든 것을 위한 치유책으로 두루 제시된다. 지그문트 바우만은 그 방식을 이렇게 설명한다. "요람에서 무덤까지 우리는 평생 동안 상점을 우리 삶의 모든 병증과 고통을 치유해주거나 최소한 완화해줄 약들이 넘쳐나는 약국으로 여기도록 훈련받는다."[56] 현실에서, 새 드레스는 실연의 아픔을 달래줄 수 없고, 새 가방은 글자 그대로가 아니라 은유적으로만 허기를 채워준다.[57] 사유시장화된 사회에서 돈과 상품들의 '눈에 보이는 신성함'이 실연의 아픔을 치유해준다는 주장은 그리 놀랍지도 않다. 우리의 실제 욕구들은 무시당하고, 그 대신 우리는 자본주의 사회에서 창조되는 인공적인 욕구들을 경험한다.[58] 이런 방식으로 우리는 이중으로 패배한다.

화가인 롭 몽고메리는 다음 메시지로 한 광고판을 '기습 점령'했다.

광고의 스펙터클이 만드는 거짓 아름다움의 이미지들은 너무나 다정하고 손닿지 않는 너무나 먼 곳에 있어서, 여러분은 내면에 상처를 입지만 그 아픔이 어디서 오는지조차 끝내 알지 못한다……[59]

패션 소비자들은 시장을 통제하는 '왕'은커녕, 가짜 욕구들을 만들어내는 기업들에게 방대한 이윤을 낳아주는 수단으로 이용된다. 우리의 삶은 계급과 경제적 상황들과 불가피하게 관련된다. 패션 민주주의란 그리고 공평한 경쟁의 장이란 존재하지 않는다. 우리 모두가 돌아야 하는 멈추지 않는 쳇바퀴가 있을 뿐이다.

4장

꿰매기

펄 강 삼각주에서는 노동 관련 사고로 매년 대략 사만 개의 손가락이 잘려나갔다.[1]

전현직 목사들, 전현직 의회 의원들, 육군 장성들, 민간 단체 임원들, 심지어 대학교 부총장들이 공장 소유주다 ― 이들은 주의 운영에 막대한 영향력을 미치는 사회의 엘리트들이다.

— 방글라데시 전국의류노동자연맹NGWF 의장 아미룰 하크 아민

2013년 4월 24일 아침, 방글라데시 다카에 위치한, 수많은 의류 공장이 입주한 상업용 건물인 라나 플라자 앞에서 한 무리의 의류 노동자들이 관리자들과 말다툼을 벌였다. 의류 노동자들은 건물이 안전하지 않다고, 건물 콘크리트에 생긴 금이 점점 벌어지고 있다고, 생명의 위협을 느낀다고 항변했다. 이미 그 전날 건물에서 대피했었는데 그런 죽음의 덫에 어떻게 제 발로 도로 들어가란 말인가?

관리자들은 누구든 건물에 들어가지 않겠다는 사람은 임금을 삭감하겠다고, 그날 하루치가 아니라 한 달치 봉급을 몰수하겠다고 대꾸했다. 방글라데시에서 한 달치 임금을 못 받는다는 것은 곧 굶어 죽어야 한다는 뜻이기에, 의류 노동자들은 마지못해 작업장으로 향하는 계단을 올랐다. 바닥에 생긴 금을 밟지 않게 조심조심 피해가면서.

한 시간 후, 8층짜리 건물이 폭삭 내려앉았다. 빈번히 일어나는 정전에도 공장을 계속 가동하기 위해 불법적으로 옥상층을 짓고는 거기에 대형 발전기를 뒀는데 그 무게를 이기지 못한 것이다. 수천 명의 노동자가 바닥을 뚫고 추락했고, 떨어지는 기둥과 기계에 짓뭉개졌다.

생존자들은 생매장당했다. 로지나 파이둘이라는 한 젊은 여성은 재봉틀에 팔이 깔린 채 사흘간 잔해 속에 묻혀 있었다. 구조요원들에게 발견되었을 때 그녀는 빠져나가기 위해 팔을 잘라야 했다. 공식 사망자 수가 1133명에 이르는 라나 플라자 사고는 의류 공장에서 일어난 역사상 가장 끔찍한 재앙으로 기록되었다. 거기에 더해 부상자 수는 이천오백 명이었고 영구장애를 입은 사람들도 많았다.

라나 플라자 공장을 이용했음을 인정한 소매업체로 베네통, 봉마르셰, 망고, 마탈란, 프라이마크와 월마트가 있었지만, 그 외에도 아르마니, 랄프 로렌, 마이클 코어스와 휴고 보스 같은 고급 브랜드들을 비롯한 수백 곳 이상의 기업이 값싼 방글라데시 공장을 이용한다.

∾

의류업은 가장 오래됐고, 가장 크며 전 세계적으로 가장 일반적인 수출 산업으로, 대다수 국가들이 국제 시장에서 판매하기 위한 의류 제품을 종류가 뭐든 한 가지는 생산하고 있다.[2] 의류 산업은 인간의 노동력에 의존한다. 로봇들이 화성 표면을 걸어다니는 시대지만, 여러분이 입는 속옷은 인간의 손으로만 만들 수 있다. 이 때문에, 패션과 인간의 노동력은 불가분한 관계다. 우리가 입는 모든 것은 세세하고 반복적인 인간 노동의 직접적 결과물이다.

패션 산업은 어마어마한 이윤을 축적한다. 2011년에 자라의 이윤은 총 7억 5900만 파운드, LVMH의 이윤은 25억 파운드였다. 만약 이윤이 재투자되고 우선순위가 조정만 된다면, 모든 노동력에 합리적인 임금과 공정한 처우를 제공하고도 남을 만한 돈이 있다. 그러나 시장의 불가피한 논리에 따라 임금, 즉 삭감 가능한 기초 비용은 가능한 한 낮게 유지된다.[3] 오늘날 패션은 인간의 노동력뿐만 아니라 그 극심한 착취와도 뗄 수 없다.

당연하게도, 셀 수 없이 많은 책, 영화, 그리고 캠페인에서 패션 공장의 끔찍함이 부각된다. 프라이마크는 노동자들에게 한 시간에 고작 5펜스씩 주면서 일주일에 여든 시간씩 부려먹고, 2006년에는 단 두 달 동안 공장에서 백 명 이상 죽어나가면서 악명을 떨쳤다. 노동 착취 행위가 들통난 브랜드들의 목록은 끝도 없다. 저가 브랜드만의 이야기가 아니다. H&M, 나이키, 리복, 아디다스, 컨버스, 갭, DKNY, 리바이스, 막스 앤 스펜서, 카렌 밀렌, 랄프 로렌, 버버리, 그 외 수백 개의 브랜드를 포함해 그 목록은 늘어만 간다. 여기서 핵심 단어는 '들통난'인데, 인간의 노동력을 착취하지 않고 만들어진 옷이란 존재하지 않기 때문이다.[4] 가격 후려치기가 만연한 농업, 화학, 공장과 상점에서의 노동을 포함한 공급 체인에서 그런 일은 불가능하다. 라나 플라자의 재앙은 지구의 목덜미를 오래전부터 무겁게 옥죄고 있던 산업적 비극을 보여주는 사슬의 한 고리일 뿐이었다.

현대의 노예제, 스웨트숍

스웨트숍은 흔히 그나마 용인할 만한 합법적 형태의 저임금 노동과는 도덕적·정치적으로 구분되는, 유독 혐오스러운 노동 형태로 생각된다.[5] 나는 '스웨트숍'이라는 용어를 착취 정도가 심하고 대체로 위험한 의류 제작 작업장들을 지칭하는 말로 사용한다. 규모와는 상관없이 작업장과 대형 공장도 모두 포함할 것이다. 마르크스주의에서 '착취'란 사람들이 자신의 노동에 대해 제대로 가치를 보상받지 못하는 상황을 뜻한다. 노동자들은 일을 하고 대가를 받지만 그것은 그들의 '노동력'—업무 능력—에 대한 것은 아니다.[6] 스웨트숍들은 특히 극심한 착취 형태로, 디즈니 노동자들이 548.50달러 가치의 상품을 생산하고 2.22달러를 버는 것이 한 예다. 그렇지만 고액 연봉을 받는 사무실 노동자들도 자신이 받는 금액보다 더 많은 가치를 생산한다면 마찬가지로 착취당하는 것이다.

최근 수십 년간 패스트 패션, 즉 트렌드 중심의 단기적이고 신속한 생산과 유통을 특징으로 하는 소매양식이 흥했다. 단기적이라는 것은 이월 상품의 판매 가능성이 낮다는 뜻으로, 그렇게 되면 빨리 사야 한다는 압박이 더 커진다.[7] 높은 가격에 적은 양보다는 낮은 가격에 많은 양의 재고를 처분하기 위해, 패스트 패션은 필연적으로 공격적인 가격 전략을 채택한다. 이는 월마트와 테스코 같은 할인 의류 소매업체가 처음 고안한 전략이었지만, 할인업체들의 위협을 받은 전통적인 소매업자들도 이를 채택했다.[8] 짧은 회전과 낮은 비용은 생산 체인에 대한 착취로 이어졌다. 그렇지만 패스트 패션 이전에도 착취는 존재했다. 생산 시스템이 아무리 혐오스럽대도, 진짜 문제는 자본주의 그 자체다.

영국에서 면 같은 원료는 산업혁명기에 공장 생산되었다. 산업용 기계가 등장하기 전에는 각자 집에서 실을 잣고 천을 짜서 옷을 만들었다. 1764년에 북랭커셔에 살던 직조공 제임스 하그리브스는 한 사람이 동시에 여덟 개의 방추를 돌릴 수 있어 생산 가능한 방적실의 양을 엄청나게 늘린 다축 방적기를 발명했다. 이후 개선을 거쳐 한 번에 여든 가닥의 실을 뽑아내게 되었다. 이는 방적사의 가격을 떨어뜨렸고, 그 결과 수요가 많아졌다. 지배 계급의 부자들은 다축 수력 방적기를 여러 대 갖춘 공장들을 세웠다. 자동화된 기계에 노동자는 덜 필요했고, 이는 방적사 가격이 더 싸진다는 의미였다.

기계 발전이 가속화되면서 가내 노동자들은 생산 속도를 따라잡기 위해서 낙후된 기계들을 더 자주 갈아치워야 했다. 그것은 불가능한 경주였기에 하찮은 자본을 보유한 노동자들은 점차 독립 운영을 포기하고 공장 일자리를 찾을 수밖에 없었다. 1804년 카트라이트 박사가 역직기를 출시하면서 기계는 노동자를 완벽하게 따돌렸다. 가내 작업장에서는 더이상 방적사나 천을 양이나 가격 면에서 공장만큼 생산할 수 없었다. 엥겔스는 그 상황을 다음과 같이 적었다. "영국에서 프롤레타리아의 역사가 시작된다…… 증기기관과 방적기의 발명과 더불어."9

독일의 부유한 집안 출신인 '졸부' 프리드리히 엥겔스는 그의 급진적 성향이 완화되길 바란 가족 때문에 스물두 살 때 집안 소유인 맨체스터의 방직 공장으로 보내졌다. 그러나 맨체스터 생활은 엥겔스에게 정반대로 작용해 그로 하여금 『영국 노동 계급의 상황』이라는 혁신적인 책을 쓰게 했다. 또한 엥겔스는 맨체스터로 이주한 덕분에 그의 인생에 남을 두 연인인, 급진적 사상을 가진 공장 노동자 메리 번스, 그리고 그녀가 죽은 후에는 그 여동생인 리지를 만나게 됐다. 부자 외국인이면서 겁도 없이 슬럼가에 발을 들인 그를 강도질과 폭행에서 구해주고 맨체스터 안내를 해준 게 바로 이 두 여성이었다.

엥겔스가 기록한 면화 수입량의 막대한 증가를 통해 산업혁명의 규모를 살필 수 있다. 1775년에 500만 파운드의 생면화가 영국으로 수입되었는데, 1844년 무렵에는 그것이 6억 파운드로 늘었다. 이 면화는 아프리카 노예들이 재배해 딴 것이었다. 패션 산업의 기원과 노예무역 사이에는 충격적인 접점이 몇 군데 있다. 1750년 무렵 맨체스터에서는 아프리카 사람들의 취향에 부합하도록 프린트와 무늬를 조정한 천들을 생산했다. 캐런 트랜버그 한센이 자신의 책 『살라울라』*에서 요약한 대로, 영국에서 아프리카로 향하는 배의 수하물은 흔히 옷이었는데, 새 옷도 있었지만 중고도 있었다. 일단 아프리카에 도착한 옷들은 루아풀라의 왕 카젬베 3세 같은 아프리카의 통치자들에 의해 노예와 교환되었다.[10] 서양의 산업혁명은 노예들의 노동력을 얻기 위해 북대서양 노예무역을 이용하고, 옷을 팔 시장으로 이용함으로써 아프리카에 이중으로 학대를 저질렀다.

엥겔스는 산업혁명으로 인해 "생산된 모든 상품들의 가격이 급락하고, 상업과 제조업이 번영했으며, 보호받지 못하는 외국 시장들은 거의 다 정복"[11]당했다고 보고했다. 그러나 새로운 '국부'는 부자들의 배만 불렸다. 노동자들이 토지에서 쫓겨나 다시 산업화된 도시에서 일자리를 찾아야 하는 처지가 되었을 때, 도시 인구는 그 인프라가 감당 가능한 것보다 더 빨리 성장했다. 영국에서는 '슬럼화'가 시작되었고, 19세기 말엽에는 영국 전체 인구 가운데 사분의 일 이상이 슬럼화된 지역에 거주하거나 최저생활 수준 미만으로 살아가는 것으로 추정되었다. 1833년의 공장법은 상황이 얼마나 나빠졌는지를 보여준다. 아홉 살 미만 아동들을 직물 공장에서 일하지 못하게 하고, 9세 이상 13세 이하 아동들은 하루에 열두 시간까지만 일하게 허용한다는 규제가 큰 논란을 불러일으켰을 정도다. 13세부터 18세까지의 아동들은 법적으로 일주일에 69시간까지 일할 수 있었다. 산업 소유주들은 스웨트숍을 운영하는 한편, 공장 임금 절감을 위해 규제가 미치지 않는 궁핍한 가내 노동자들에게 일감을 분배했다.[12]

■ '중고 의류'라는 뜻.

의류 산업이 미국으로 건너가면서, 현대적인 스웨트숍도 따라갔다. 사회사업가인 찰스 베른하이머는 필라델피아의 상황을 이렇게 묘사했다.

> 방은 악취가 나고 환기가 안 되기 십상이다. 그 결과, 보통 사람들은 견디기 힘든, 비정상적으로 나쁜 공기가 폐를 드나든다. 따라서 그 이민자는 경제적으로 살아남으려고 노력함으로써 결핵을 비롯한 여러 질병들을 얻게 된다.[13]

그 때문에 결핵은 '재단사의 병'으로 알려졌다. 거대한 세탁 공장들이 생겨났는데, '스웨트숍'이라는 명칭은 아마 그 후텁지근하고 불결한 환경에서 유래하지 않았을까 싶다.

그것이 도입된 이래, 패션 생산의 비인간적인 노동 상황들은 한편으로는 산업적 비극을, 그리고 또 한편으로는 산업적 투쟁을 진정 심상찮은 규모로 야기해왔다. 뉴욕 주 트로이의 이런 세탁소에서 케이트 멀레이니가 혁신적인 칼라 세탁소 노동조합을 출범한 것은 우연이 아니다.

투쟁

의류 노동자들은 늘 억압에 대항해 자기 결정권의 자유를 확보하고자 싸워왔다. 미디어에서는 스웨트숍에 대해 기술할 때 흔히 의류 노동자들을 전형적인 희생자로 그려내면서 아시아인이나 이민자 여성들의 수동적인 전형을 강화한다. 그러나 주로 여성들로 이루어진(의류 산업에서는 여전히 여성 노동자가 90퍼센트를 차지한다) 의류 노동자 단체가 국제 노동 운동사에서 가장 치열하고 격렬한 전투들에 참여했다는 사실은 명확하다.[14]

세기가 바뀔 무렵, 미국에서 이러한 산업 투쟁을 이끈 것은 클라라 렘리히 같은 젊은 여성 이민자들이었다. 1909년 11월 22일, 렘리히는 뉴욕 쿠퍼스노동조합 모임에서 총파업을 제청했다. 이튿날 그녀는 만 오천 명의 의류 노동자들과 함께 거리로 나섰다. 이만 인의 봉기로 알려진 그 투쟁은, 임금 인상과 노동 조건 개선을 위한 투쟁을 진행해 결국 승리를 거두었다. 두 달 넘게 지속된 이 투쟁은 1909년부터 1915년 사이 뉴욕에서부터 필라델피아, 클리블랜드, 시카고, 아이오와와 미시간까지 번진 여성 파업의 물결을 일으켰다.

집단 학살을 피해서 가족과 함께 제정러시아를 떠난 렘리히는 1903년 미국에 도착했다. 그녀는 자신과 동료들이 '기계의 지위로' 강등되었다고 묘사했다. 그녀는 운명을 받아들이기를 거부하고는 새롭게 조직된 국제여성의류노동자조합ILGWU에 가입했다. 집행부에 적극적으로 참여하는 것은 위험한 행동이었다. 쿠퍼스노동조합에서 연설했을 때, 렘리히는 피켓라인에서 경영진이 고용한 폭력단에게 심한 폭행을 당하고 채 완치되기도 전이었다.[15]

그렇지만 변화를 위해 투쟁하지 않는다면 더 큰 위험을 감수해야 했다. 1911년 3월 25일, 뉴욕의 트라이앵글 셔츠웨이스트 공장에 재앙이 덮쳤다. 화마가 건물을 휩쓸어 146명의 노동자가 목숨을 잃었는데, 그 대다수는 젊은 유대계 및 이탈리아계 여성들이었다. 화재 안전 예방책의 부재와 잠겨 있던 화재비상구 때문에 사망자 수는 엄청나게 불어났다. 절도 사건이 일어날 경우 피고용인들을 수색하려고 문을 잠갔다는 주장도 있었지만, 그보다는 공장에서 노동쟁의가 지속적으로 벌어졌기 때문에 조합 조직원들의 출입을 막고자 그랬을 가능성이 더 높았다.[16]

며칠 후, 노동자 중 한 사람인 로지 사프란은 인터뷰를 통해 조합 측이 제대로 된 화재 방지책을 요구중이었다고 설명했다. "윗사람들이 우리를 이기는 바람에 친구들이 죽은 거죠."[17] 공장 소유주인 맥스 블랑크와 아이작 해리스는 한 부패한 판사의 도움으로 책임을 피했다. 그 비극은 노동자들의 권리를 위한 투쟁의 도화선이 되었고, 가정과 업장에서 화재 규약이 점차적으로 시행되는 결과로 이어졌다.

한 화재의 후일담

그로부터 100년도 더 지나 이 책을 쓰는 지금, 뉴욕에서 그토록 많은 사람들의 목숨을 앗아갔던 바로 그 탐욕이 또다시 화재를 일으켰다. 이번에는 사망자 수가 두 배나 더 많았다. 2012년 9월 12일, 파키스탄 카라치에 위치한 알리 엔터프라이즈에서 일어난 화재로 약 289명의 의류 노동자들이 목숨을 잃었다. 파키스탄 역사상 최악의 산재인 이 사건의 정황들은 트라이앵글 셔트웨이스트 공장 화재와 끔찍할 정도로 겹친다. 화재비상구 없음, 과밀화, 잠기거나 막힌 문들, 그리고 쇠창살 달린 창문.

파키스탄에서 의류 산업은 수출의 절반 이상을 차지하며 전국 노동 인구의 38퍼센트가 이에 종사한다. 노동자들의 임금은 세계에서 가장 낮은 축에 속하는데, 알리 엔터프라이즈의 노동자들은 평균적으로 대략 한 달에 80달러를 받는다. 파키스탄의 건강과 안전 관련 법안들은 부유한 기업가들의 입김에 뒤로 밀렸고, 그 결과 공장 화재는 예삿일이었다. 알리 엔터프라이즈 화재가 발생한 바로 그날, 라호르의 한 신발 공장에서 일어난 화재로 스물다섯 명이 숨졌다.

〈뉴욕타임스〉에는 한 유명한, 뉴욕에 본사를 둔 공장 모니터링 회사에서 최근 알리 엔터프라이즈를 검사해 국제 인정 기준에 부합한다는 인증서를 발급했다는 기사가 실렸다. 두 명의 검사관이 나흘간 그 공장을 방문한 후 신뢰받는 SA8000인증을 발급했다고 전했다. '전 세계 노동자들의 인권 증진'을 목표로 내세운 사회적책임국제기구SAI에서 위탁받아 수행한 검사였다. 언론인들이 SAI를 조사하자 기업 자금의 그림자에 가려졌던 세계가 드러났고, SAI 유의 인증이 그저 '기업의 실상을 감추기 위한 눈가리개'일 뿐이라는 비난이 제기되었다.

알자지라에 따르면 SAI는 연간 1만 달러에서 6만 5000달러에 이르는 회비를 갭, 구찌와 카르푸 그룹을 포함한 스무 곳의 기업 '프로그램 회원들'에게 받는다. SAI의 이사회에는 토이저러스에서 20년간 일한 의장과, 갭 주식회사의 사회적 책임 본부 부회장을 겸직하는 이사가 포함되어 있다. 노동자들의 생명을 보호해야 할 '감시탑'이 알고

보니 사업의 방패막일 뿐이었다.

SAI가 검사를 위탁한 리나 그룹은 540개의 공장을 인증했는데, 그 중 백여 곳이 파키스탄 소재였다. 수백 명의 노동자들이 죽고 나서야, 이 인증서가 그들이 자율 규제한 종이 이상의 가치가 없다는 사실이 드러났다. "SAI처럼 기업 자금으로 운영되는 모니터링 체제는 노동자들을 보호할 수 없고 그럴 의지도 없습니다." 노동자권리컨소시엄WRC 의 스콧 노바 상무는 이렇게 말했다. "시스템 전체가 결함투성이입니다."[18]

제1, 제2, 제3, 제4…의 라나 플라자

방글라데시에서 의류 산업은 전체 수출의 대략 80퍼센트를 차지한다. 방글라데시는 중국에 이은 세계 2위의 의류 생산국으로, 그 수출 가치는 190억 달러에 이른다. 방글라데시의 주요 시장은 유럽으로, 주문의 60퍼센트가 유럽 국가들에서 들어온다. 방글라데시는 미국에서 두번째로 큰 의류 공급자다.

이처럼 생산량이 크게 도약하면서, 방글라데시 의류 공장에서 일어난 비극의 목록 역시 길어졌다. 라나, 스펙트럼, 타즈린, 스마트, 그리고 그 외 더 많은 곳들. 그러나 라나 플라자 참사는 순전히 그 규모만으로 끔찍한 분수령이 되었고, 소비자들은 이를 계기로 자신들의 옷에 달린 '메이드 인 방글라데시' 라벨 이면의 암울한 현실을 완전히 이해하게 되었다.

이 사건 이후, 아무리 경고해도 통하지 않는 것에 진력난 전 지구적 유니언들, 그러니까 UNI글로벌유니언(150개국 구백 개의 조합에 속한 이천만 명의 조합원들)과 인더스트리올IndustriALL은 소매업자들에게 최후통첩을 보내는 것으로 분노를 표출했다. NGO들과 방글라데시의 전국의류노동자연맹NGWF, UNI글로벌과 인더스트리올은 '방글라데시 화재 및 건축 부문 안전 협약'의 초안을 잡고 소매업체에 이렇게 말했다. "이번에는 당신들이 우리 제안에 서명하시지." 2013년 9월 말, H&M과 자라, 그리고 심지어 프라이마크까지 포함해 아흔 곳의 글로벌 브랜드들이 조합과 사회적 압력에 떠밀려 그 협약에 서명했다.

그 협약을 강력하게 반대한 사람들이 있다. 월마트와 갭은 잇따라 자발적인, 기업 주도적 계획을 수립했는데, 물론 노조의 개입은 배제했다. 노조를 배제하는 이 자발적 자체 감사 모델은 근본적으로 결함이 있다. 워온원트▪는 서구 브랜드들이 라나 플라자를 두 차례나 감사했으면서도 놀랍게도 그 8층 건물에서 위험 요소를 전혀 밝혀내지 못했음을 지적한다. 그 결과 1133명의 사람들이 깔려 죽었다.

UNI글로벌의 사무총장인 필립 제닝스에 따르면, "그 협약은 분쟁이 일어날 경우 법적 구속력이 있고, 천오백 곳의 공장들을 대상으로 하며, 국지적, 지역적, 그리고 전 세계적으로 노동자들과 관계를 맺으므로 기존과 다르다".[19] 그 협약하에서 의류 노동자들은 안전하지 않은 공장에서 일하기를 거부할 권리가 보장된다. 게다가 금상첨화로,

---

▪ War on Want, 영국의 빈민 구조 단체.

위험한 노동 조건이 해결될 때까지 노동자들에게 급여가 계속 지급되어야 한다. 그 운명의 4월 아침, 관리자들에게 자비를 애원했던 라나 플라자 노동자들에게 이러한 협약이 있었더라면 상황이 어떻게 달라졌을지 상상해보라.

방글라데시에서 노조 만들기

협약이 있어도, 방글라데시의 노동법이 국제 표준 수준에 이르려면 갈 길이 엄청나게 멀다. 압박 때문에 어떤 내용에 서명을 했건, 기업은 믿을 수 없다. 그들이 방글라데시에 온 것은 애초에 지독하게 착취적인 공장 시스템에서 이윤을 얻기 위해서다. 1980년대 방글라데시에는 수출가공지구EPZs가 설립되었다. 노조 결성 금지와 더불어, 다국적 기업을 끌어들인 요소가 바로 이 수출가공지구였다.

NGWF의 아미룰 하크 아민 의장은 내게 '계약 종료 조항'—조합 활동에 참여하는 노동자를 공장주 재량으로 해고할 수 있도록 법적으로 명시된—과의 투쟁사를 들려준다. 법적으로 공식 노조가 되려면 30퍼센트의 노동자에게 서명을 받아야 한다. "상상해보십시오. 이 공장에는 노동자가 만 명이에요."[20]

"정부측에서는 결코 노동자들을 보호하지 않습니다." 아미룰 하크 아민은 말을 이었다. "정부 내에는 섬유 산업과 직접적으로 얽힌 사람들이 상당수 있습니다. 그들은 노조가 공장의 비인간적 노동 조건에 초점을 맞출까봐 두려워하기에 노조 결성을 극렬히 반대합니다." 사람들은 높은 실직률 때문에 조합 결성을 두려워하기도 한다. 공장에서는 언제든 오백 명의 노동자를 해고하고 방글라데시의 산업 예비군 가운데 새로이 오백 명을 뽑을 수 있으니 말이다.

여기에 여전히 인권을 위한 지속적인 투쟁에 앞장서는 노조들이 있다. 2010년에 대규모 파업과 시위를 겪은 후, 정부(노동자들과 방글라데시 의류 제조업자들과 수출협회 사이에 낀)는 최저임금을 시간당 21센트로 올렸다. 2012년 무렵에는 인플레이션 때문에 실질임금이 14.7센트로 내려앉았다. 이에 오십만 명의 의류 노동자들은 6.3센트 인상해 시간당 최저임금 27.3센트를 얻어내거나 실질임금을 다시 21센트로 올리고자 파업했다. 라나 플라자 사건의 여파로 의류 노동자들은 죽거나 부상당한 사람들에 대한 정당한 처우, 그리고 임금 인상과 노동 조건 개선을 요구하며 더 많은 시위를 벌였다. 2013년 9월에는 이십만 명이나 되는 노동자가 거리로 나섰다.

파업하는 노동자들은 반역자라고, 방글라데시에 국제적인 오명을 안겨줬다고, 그리고 해외 계약을 수주하는 국가의 능력을 위태롭게 했다고 비난받았다. 이들은 노동자의 권리를 위해 조합을 결성하려하는 사람들을 적으로 돌리고, 고무탄, 최루탄, 그리고 폭력을 동원해 그들을 진압하려 했다. 노동 운동의 중요 인물들은 납치, 고문 그리고 살해를 당했다. 미국 조합들의 후원을 받는 방글라데시노동자연대센터의 주요 조직자인 아미눌 이슬람은 2012년에 변사체로 발견되었는데, 그의 몸에는 고문의 흔적이 남아 있었다.

노동권컨소시엄에 따르면 방글라데시에 위치한 사천오백 군데 공장을 표준에 맞게 개선하려면 5년간 30억 달러가 필요하다. 월마트를 지배하는 월튼 집안의 다섯 형제에게 각각 180억 달러의 개인 재산이 있음을 떠올려보자. 그들이 가진 부의 단 3.5퍼센트면 그들을 위해 노예처럼 일하는 사람들이 그 과정에서 끔찍하게 죽지 않게 할 수 있다.

브라 전쟁

1920년대에 맨해튼을 비롯한 산업 허브에서 노조의 힘이 커지면서 임금과 노동 조건이 개선되었다. 그러나 이윤 감소를 우려한 공급자들은 조합을 따돌릴 방책들을 찾았다. 노조의 손이 닿지 않는 더 영세한 업체들에게 하도급을 주는 것이었다. 업체 간의 구식 경쟁이 재개되었고 기준은 바닥도 없이 떨어졌다.[21]

어디서 많이 듣던 이야기 같다면, 이 패턴이 그후 줄곧 의류 산업의 특징이 되었기 때문이다. 의복 산업은 노동과 자본 사이의 끊임없는 투쟁의 장이다. 하도급 체제는 이 갈등을 더욱 복잡하게 만드는데, 다른 산업 분야와 달리 패션업계의 소매업자들은 제품의 생산 공장을 직접 소유하지 않기 때문이다. 소매업자들은 제조업자들을 고용하고, 제조업자들은 도급업자들을 고용하고, 도급업자들은 하도급업자들을 고용하고, 하도급업자들은 의류 노동자들을 고용한다. 이 연쇄고리 덕분에 소매업자들은 의류 노동자들에 대해서 자신들의 책임이 없다고 주장할 수 있다. 소매업자들이 공장들에게 밑바닥 가격을 받아들이도록 강요함으로써 의류 노동자들의 임금과 노동 조건을 사실상 철저하게 통제하지만 말이다.

　1970년대 무렵, 하도급의 '외주 생산'은 국외 생산을 뜻하게 되었다. 그것은 국내의 노동 운동이나 법률에서 영향을 받지 않는 새로운 시스템이었다. 그후 기업들이 조직적으로 가장 많은 이윤이 남는 생산 부지를 찾아 나서는 현상을 '글로벌 스캐닝'이라고 일컫게 됐다.[22] 일반적으로 그런 부지들은 도시 노동력을 헐값에 이용 가능하고, 연금과 건강보험을 비롯한 보험 가입이 의무가 아니며, 노조가 없어 쟁의나 파업이 발생하지 않고, 민주주의가 거의 또는 전혀 자리잡지 못했으며, 국가 기구가 저항을 엄중히 탄압할 준비와 의지를 갖췄다는 특징이 있다.[23] 그 결과, 라틴아메리카, 아시아, 동남아시아, 북아프리카, 사하라 사막 이남의 아프리카, 터키와 동유럽은 모두 값싼 의류 생산의 부지가 되었다.

　값싼 수입품은 소매업자들에게 이윤을 남겨주지만, 미국과 영국 같은 국가의 국내 제조업자들을 파산시키기도 한다. 세탁소에서 사용하는 철제 옷걸이가 값싼 중국산으로 대체되면서 미국 내 회사들은 엄청난 압박을 받았다. 2004년 미국 내에는 대형 제조업체가 여덟 곳 있었다. 3년 후 그중 단 한 곳만 남았다. 산업의 다양한 부문들 간에 발생하는 경쟁을 보면 지배 계급이 동질적인 연합이 아니라 '전투원들의 한시적 연대'[24]임을 알 수 있다.

　하도급은 제조업 분야의 세계 지도를 뒤바꿔놓았다. 21세기의 처음 10년간, 의류 제조업에는 두 가지 격변이 일어났다. 그 첫째는 2005년 일어난 다자간섬유협정MFA의 폐지였다. MFA는 1970년대에 미국, 캐나다, 그리고 유럽의 의류와 섬유 수입에 대해 쿼터제를 두고 특혜 관세를 매기기 위해 맺어진 협정이다. 대다수 산업들은 갈수록 자유화되는 추세지만, 의류와 섬유 부문은 그렇지 않았다. MFA는 개발도상국에 다양한 영향을 미쳤다. 일부 작은 나라들은 수입 쿼터를 보장받았다. MFA는 수입품의 가격이 아니라 물량을 기준으로 삼기 때문에, 한국을 비롯한 다른 나라들은 수출품의 품질을 다각화하고 증가시키는 우회로를 택했다. 한국은 또한 쿼터가 없는 나라에 하도급을 줬다가 쿼터가 부과되면 다른 곳으로 옮기는 방법을 이용했다.

다각화하기에는 너무 가난하고 기술도 없는 방글라데시 같은 나라에 MFA는 치명적이었다.[25] MFA는 개발도상국에게서 수백만 개의 일자리와 수십억 달러어치의 수출을 빼앗아갔고, 그로 인한 전 세계적 복리후생비는 1980년대 중반에 매년 73억 달러에 달했다고 추정된다.[26]

MFA가 2005년에 종료되고 30년 동안 이어진 제한된 접근이 사라지자 패션의 전반적인 지리학에 엄청난 지각변동이 일어났다.[27] 사이판은 북태평양에 있는 북마리아나 제도에 속한 열네 곳의 섬 중 하나다. 사이판은 미국령이므로 '메이드 인 사이판'은 곧 '메이드 인 유에스에이'로 인증받을 수 있었고, 둘 다 관세와 쿼터가 면제였다. MFA의 효력이 발휘되는 동안, 사이판은 수만 명의 노동자들—대체로 젊고, 여성이고, 중국인으로 구성된—을 거느린 거대한 단지로 성장했다.[28]

쿼터가 해지되면서, 공장들은 사이판을 떠나 더 싼 노동력이 있는 동남아시아로 옮겨갔다. 의류 공장은 끽해야 재봉틀로 꽉 채워진 방이라 옮기기가 쉽다. 2005년 사이판에는 매년 10억 달러어치의 제품을 생산하는 의류 공장이 서른네 곳 있었다. 하지만 2013년에는 한 곳도 남지 않았다. 습기로 무너져내리는 벽, 먼지로 뒤덮인 바닥, 그리고 옷에 달렸어야 할 라벨로 가득찬 쓰레기봉투만 덩그러니 남은 버려진 공장들은 버려진 산업을 말없이 증명한다. 고향으로 돌아갈 여비조차 없는 젊은 여성 노동자들은 이제 사이판의 섹스 관광 산업에 종사하고 있다.

MFA 이후 섬유와 의류는 세계무역기구의 관할권에 들어갔다. 예상대로 중국과 유럽연합 간에 한 차례 결전이 재빨리 벌어졌고, 그로 인해 2005년 여름 유럽 항구들의 물류창고에는 대략 총 사천팔백만 벌의 스웨터, 천팔백만 벌의 바지, 팔백만 벌의 티셔츠와 천백만 벌이 넘는 브라가 억류되어 있었다. 이 '브라 전쟁'은 중국에 새롭게 관세가 부과되면서 결국 타협을 보았다.

MFA가 종료된 직후인 2008년에 경제위기가 발생했다. 경제위기가 의류 생산에 미치는 영향을 과소평가해서는 안 된다. 2009년 무렵 미국으로의 수입은 15.7퍼센트 감소했고, 전 세계의 모든 대형 의류 공급업자들이 하락세를 보였다.[29] 생산이 더뎌지면서 중국에서는 전 세계 삼천만 명의 섬유와 의류 분야 노동자 중 삼분의 일에 해당하는 천만 명이 일자리를 잃었다. (전 세계의 삼십오분의 일에 해당하는) 백만 인도인 의류 노동자 또한 일자리를 잃었고, 캄보디아 의류 노동자의 약 20퍼센트(삼십오만 이천 명 중 칠만 오천 명) 역시 같은 처지였다.[30]

월드뱅크 소속 경제학자들은, 비록 공장 폐쇄와 사회적 소요를 겪긴 했지만 "지난 15년간 벌어진 전 지구적 의류 수출 경쟁에서 명백한 승자"[31]는 중국이라고 선언했다. 2009년 중국의 수출 규모는 1224억 달러에 이르는 것으로 평가되었다.[32] 이로 미뤄볼 때 중국에 뒤이은 여섯 개 수출국(터키, 방글라데시, 인도, 베트남, 인도네시아, 그리고 멕시코)의 수출액을 다 합쳐도 중국의 겨우 절반밖에 안 된다.[33] 광저우의 블루칼라 노동자들의 임금과 복리후생비가 1년에 약 12퍼센트까지 오르면서, 중국이 더이상 상품 생산비가 극도로 싼 나라가 아님에도 말이다.[34]

임금 인상이 중국 제조업의 종말을 알리는 신호라고 생각한다면 오산이다. 중국은 첨단 기술 상품의 생산 비중을 높이면서 어느 정도 가치사슬을 변화시켰다. 방글라데시처럼 더 싼 곳, 또는 터키나 북아프리카처럼 유럽에 더 가까운 곳들로 옮긴 의류 제조업자도 있지만 품질 보장 때문에 여전히 중국에 남아 있는 업자들도 많다. 성장하는 국내 시장, 기업에 대단히 협조적인 정부, 잘 갖춰진 공급망과 실로 어마한 노동력 또한 중국의 이점이다. 중국에서 임금만 급상승중인 게 아니다. 생산성도 마찬가지로 상승한다. 중국 노동자들은 더 많이 생산하기 위해 더 많은 임금을 받고 있다.

적기의 한 땀

경제학자들은 패션의 생산방식을 그 과정별로 깔끔하게 분류했다. 우선 CMT라는 과정이 있는데, 'Cut Make Trim(재단 재조 마름질)'의 약어다. 이는 가장 기본적인 형태의 의류 조립과정으로 디자인 작업과는 아무 관련이 없다. 보통 빈곤국의 수출가공지구에서 이루어지는 이 과정에는 수입 배송된 직물을 재단하고 재봉하고 마무리해 수출하는 작업이 포함된다. 보통 각 노동자들은 뒷주머니나 단춧구멍을 꿰매거나 늘어진 실밥을 정리하는 식으로 하루 열여섯 시간 내내 의류 생산의 한 공정에만 집중한다. 수천 곳의 공장들이 서로 경쟁하므로 가격은 낮게 유지된다.

CMT 외에 제한적인 생산력을 갖춘 지역으로는 의류 부문이 수출의 85퍼센트를 차지하는 캄보디아, 그리고 사하라 이남 아프리카와 베트남이 있다. CMT는 수백만 명의 노동자를 착취하는 데 의존하는, 극히 저가의 생산 시스템이다. 그러나 수송과정이 복잡하기에 곧 시대의 뒤안길로 사라질 전망이다.

1970년대 들어 동아시아의 일부 공급업체들은 CMT방식에서 OEM—주문자 상표 부착 생산—방식으로 발전했다. OEM(기술 제조업에서 가져온 방식)은 디자인보다는 제조에 초점을 맞추지만, 공급업체는 원단과 자금을 공급하고 고객이 선택한 디자인과 직물로 마감한 제품을 포장해 소매상에 배달한다.[35] CMT에서 OEM으로의 전환은 흔히 해당 국가의 섬유 산업의 발달과 궤를 같이한다.[36]

가장 큰 제조 이윤은 OEM과 CMT의 위쪽으로, 막대한 자본이 요구되는, 그리하여 가난한 나라로서는 접근하기 힘든 산업 영역에서 발생한다. 그 결과, 진입장벽을 뛰어넘기에는 역부족인 가난한 나라들은 CMT처럼 노동집약적인 부문에 특화되고, 반면 부유한 나라들은 합성 섬유 생산(중국)과 기계 제조(일본) 같은 자본집약적 부문에 특화된다.

의류 생산에서 가장 이윤이 남는 영역은 디자인, 브랜딩, 그리고 마케팅 같은 무형의 영역이다. 이는 유형의 생산 양상에서 무형의 생산 양상으로 가치가 이동하는 최근의 현상을 보여준다. 제조자개발생산ODM은 OEM에 디자인 능력을 가미한 비즈니스 모델이다. 유럽연합, 터키, 인도 그리고 중국에서는 이런 모든 서비스를 제공할 수 있다. 자가브랜드생산OBM은 디자인이나 제조보다는 브랜딩에 더 초점을 맞춘다. OBM은 내수 시장이나 지역 시장을 대상으로 하는 브랜드 생산의 출발점이기도 하다. 중국제 남성복 브랜드인 보시덩이 그 예인데, 보시덩은 중국 내에서 다국적 브랜드들과 경쟁중이다. 경제위기 탓에 미국과 유럽연합으로의 수출이 더뎌지면서 중국과 인도 같은 나라들은 내수 시장에 좀더 초점을 맞추리라 예상된다.

일단 OBM 단계까지 이르면, 공급업자들은 선도 기업—그 규모와 매출로 인해 막대한 시장지배력을 소유한 소매업자, 브랜드, 마케터, 그리고 브랜드 제조업자—으로 올라서는 데 주력할 수 있다. 월마트, 타깃과 테스코는 자사 라벨이 붙은 상품들과 타사 라벨이 붙은 상품들을 나란히 쌓아놓고 파는 '대량 도소매업체'의 대표적인 예다. H&M, 갭, 베네통은 상점명과 라벨명이 일치하는 '의류 전문 소매업체'다. 한편, 나이키, 휴고 보스와 구찌는 고유 브랜드를 가졌지만 다양한 소매점에서 판매된다. 그들은 "공장이 없는 제조업자"들이다. 프루트 오브 더 룸과 (자라를 소유한) 인디텍스는 보통 그 브랜드와 제조 시설을 소유하는 '브랜드 제조업체'다.[37]

선도 기업이 되어 저가 생산된 옷으로 가득한 상점을 손에 넣었대도 넘어서야 할 몇 가지 시스템적 요구가 아직 남아 있다. 옷들은 돈으로 바뀌지 않으면 아무 쓸모가 없다. "물건들은 팔리기 위해 생산된다. 생산자들이 노력에서 이윤을 얻으려면 먼저 '상품들'의 교환이 이루어져야 한다."[38] 소매업자들은 경쟁자보다 더 많이 팔려고 애써야만 한다. 이 '분야 내intra-sectoral' 경쟁은 회사를 지속적으로 압박한다. 게다가 '분야 간inter-sectoral' 경쟁에서 오는 위협도 있기 때문에, 의류 회사들은 자동차, 휴가, 혹은 컴퓨터 같은 다른 상품보다는 옷에 돈을 쓰도록 소비자들을 설득해야만 한다.[39]

발전으로 가는 길?

'선의'의 스웨트숍 지지파들은 막노동이나 성매매, 또는 하수구 청소 같은 일보다는 공장 일자리가 낫다고, 사람들이 공장 일자리를 얻지 못해 안달하는 게 그 '증거'라고 주장한다. 개발도상국 사람들이 공장 일자리를 선호한다는 데는 반박의 여지가 없는데, 그편이 확실히 다른 호구지책보다는 낫기 때문이다. 그렇지만 스웨트숍 지지파의 주장은, 사람들을 스웨트숍으로 몰아넣는 빈곤이 식민지적이고 신자유주의적인 전략이 낳은 최근의 현상이라는 사실을 무시하기 일쑤다.

식민 권력이 대중적인 빈곤을 야기하려는 수법으로 흔히 빈곤 임금을 이용한 탓에 사람들은 어떤 대가를 감수하더라도 일자리라면 덥석 받아들일 수밖에 없는 처지가 되었다. 이러한 패턴은 IMF와 월드뱅크가 구조조정을 밀어붙이면 어업과 소규모 농업 같은 지역 산업이 무너지는 현상과 더불어 신자유주의에 수반된다. 그 결과 수많은 사람들이 일자리를 찾아 도시로 몰려올 수밖에 없었다. 이런 일자리에 대한 수요를 보호 무역, 관세 면제 그리고 노동법의 부재와 함께 고려하면 나이키나 프라이마크 같은 회사가 왜 제3세계를 착취하려고 몰려오는지가 명확해진다.

자본주의하에서는 실직했거나 비정규직이거나 임시직이거나 일자리가 위태로운 다수가 존재한다. 마르크스는 그들을 '산업예비군'이라 불렀다. 존 스타인벡의 『분노의 포도』를 읽은 사람이라면 자본가인 지주들이 굶주린 노동자끼리 경쟁을 붙여 임금을 더욱더 깎으려 했던 상황이 떠오를 것이다. 1930년대의 대공황 이래 산업예비군은 전 지구적 현상이 되었다. 이 예비군은 자본가들이 '바닥치기 경쟁'[40]이라는 전 지구적인 게임을 하게끔 용의주도하게 유지된다.

따라서 스웨트숍 일자리는 시스템 때문에 존재한다. 이런 일자리의 수요가 있을 수 있지만 그것이 사람들에게 가난과 학대의 족쇄를 채우지 않는다거나, 파괴적 시스템의 결과가 아니라고 할 수는 없다. 중국의 수출 공장에서 40세 이상의 여성은 찾기 힘들다. "그들은 여성들을 쓰고 버리고 다른 사람에게 옮겨"[41]가니 말이다.

이른바 선의의 스웨트숍 지지파의 또다른 주장을 간략히 살펴보고 싶다면 〈뉴욕타임스〉에 실린 「스웨트숍에 보내는 두 번의 갈채」라는 몰염치한 기사를 참조하자. 그 기사는 딱정벌레를 잡아먹는 태국 노동자들에 대한 묘사로 시작된다. "음식뿐 아니라 바람직한 노동이 무엇인가에 관해서도 우리와는 관점이 다른" 동남아시아에서는 스웨트숍이 그리 못 견딜 것도 아니라고 전제한다. 기사는 이렇게 이어진다. "스웨트숍에 대한 태도야말로 동서양의 사고방식 차를 가장 잘 포착하고 있다."[42]

이 '문명의 충돌' 식의 주장이 뭐가 틀렸는지 일일이 짚자면 책 한 권도 쓸 수 있다. 우선, 만약 스웨트숍이 이 허위의 '아시아적 사고방식'에 적절하다면, 왜 최근 수십 년간 아시아에서 산업 투쟁이 수없이 일어났겠는가? 1990년대 나이키의 노동자들은 수차례 쟁의를 벌였다. 인도네시아에서는 만 명의 노동자들이 저임금과 임금 체불에 맞서 싸웠고, 베트남 나이키에서 근무하는 천삼백 명의 노동자들이 시급 1센트를 인상하기 위해 투쟁했으며, 중국 나이키의 노동자 삼천 명은 위험한 노동 조건과 저임금에 맞서 파업했다. 좀더 최근인 2012년에는 방글라데시에서 오십만 명의 노동자가 거리로 나왔고, 캄보디아에서는 한 회사의 노동자 오천 명이 임금 인상을 위해 파업에 돌입했다.

억압이 있는 곳에 저항이 있고, 스웨트숍이 있는 곳에 개선을 위한 투쟁이 있다. 그 투쟁은 NGO 운동가들만 벌이는 것이 아니라 "딱정벌레를 먹고 사는 태국인 노동자들에게는 매혹적"이라고 묘사된 노동 조건에서 일하는 바로 그 사람들도 투쟁한다. 또한 그 기사는 왜 사람들이 딱정벌레를 먹는가라는 근본적인 질문을 놓치고 있는데, 당연히 가난해서다. 부유한 태국인들의 식탁에는 딱정벌레가 오르지 않는다. 요는 '사고방식'의 차이가 아니라 빈곤 대 생명을 위협하는 극빈곤의 차이다. 식단이나 피부색 같은 표면적인 차이점으로 착취를 합리화해서야 되겠는가.

스웨트숍은 아시아에 국한되는 현상이 아니라 "애플파이만큼 미국적"이다.[43] 우리가 보아왔듯, 스웨트숍 공장들은 오늘날에도 여전히 영미 양국에 존재하는 앵글로 아메리칸 방식의 발상이다. 스웨트숍은 보통 새로 이민 온 노동자들로 채워지는데, 이는 이민자들이 '벌레나 잡아먹는 게으름뱅이들'이라서가 아니라 그들이 노동 인구 가운데 극빈층이기 때문이다. 민족, 계층, 성별과 언어의 장벽 때문에 그들에게는 가장 적은 기회가 주어진다. 어느 모로 보나 갈채를 보낼 일이 아니다. 두 선택지 중 어느 한쪽이 미미하게나마 더 낫다는 이유로 그 선택지에 갈채를 보내는 것은 위험한 일이다. "노예로 지내는 게 죽는 것보다는 낫다." 그렇다고 노예제가 갈채받을 일인가?[44]

스웨트숍 지지파는 스웨트숍들이 국가를 빈곤에서 구제해준다고도 주장한다. 이 주장은 다국적 기업과 착취적 공장주를 후원자로 보이게 하는 기이한 효과를 불러일으킨다. 현실에서 이런 공장들은 노동자의 권리에 관해서 뒷걸음질치기 일쑤다. 이런 방면에서는 나이키가 으뜸이지만, 다른 많은 기업들 역시 나이키가 인도네시아에서 그랬듯 법의 제재를 받지 않으면서 최저임금을 피하기 위해 '수습 임금'을 허용하게끔 개발도상국 정부를 설득한 전력이 있다. 아이티의 국회의원들은 도커스, 노티카, 헤인스와 리바이스를 포함한 브랜드들의 의류 공장 노동자들의 최저 시급을 0.31센트 이상 인상하지 못하게끔 적극적으로 방해했다. 아이티 의회가 2009년에 최저임금을 시간당 0.62센트 인상하는 법안을 통과시켰지만, 미국국제개발처를 등에 업은 공장주들이 이를 저지하기도 했다. 노동자권리협회에서는 2008년에 성인 한 명과 아동 두 명으로 이루어진 아이티 가정이 생계를 유지하려면 하루에 최소 12.50달러가 필요하다는 연구 결과를 발표했지만 대부분의 의류 노동자들은 하루에 3.70달러를 받고 있다.[45]

논평가들은 스웨트숍 덕분에 수천만 중국인들이 가난에서 벗어났다고 주장하면서 중국을 스웨트숍의 성공 사례로 종종 인용한다. 하지만 한 경제학자가 설명했듯이,

절망적인 가난에서 가난으로 넘어갔다고 다가 아니다. 중국의 생산성이 증가한 것은 사실이지만, 이러한 증가의 혜택은 일하는 사람들이 아니라 사회의 최상류층에게로 곧장 향했다. 그 결과 중국은 현존하는 가장 불평등한 사회다.[46]

중국 공장들의 환경 비용 또한 재앙급이다.

만약 실제로 발전이 이루어진대도, 다국적 기업들은 기여 요인이 아닌 저해 요인일 뿐이다. 기업들은 작정하고 최저임금제나 노동법, 노조 등이 없는 국가들을 찾아 나서고, 거기서 변화를 저지하는 데 일조한다. 독재자들이 그 자리를 차지하게 해준 독재 체제와 외국 기업

사이에는 수많은 연결고리가 있다. 카렌 밀렌, 엘케이베넷과 라이스를 포함한 수많은 패션 브랜드가 군사 독재하의 버마에서 제조되었고, 그 사실을 부인하지도 않아 욕을 먹었다. 한 기사에 따르면, "버마는 노동력이 매우 싸고 노조 결성이 금지되어 있으며 보건 및 안전 관련 법이 미흡해 제조업자들에게 매력적이었다. 공장 임금은 시간당 최저 5펜스까지도 내려간다".[47]

경제 성장이 곧장 발전으로 이어지지도 않는다. 독재자들은 노동자 보호의 핵심인 법률 제정과 노조를 격렬히 거부하고, 기업들은 그 독재자들을 떠받친다. 신자유주의와 경쟁이라는 피할 수 없는 흐름과 전 지구적인 산업예비군 현상이 결합해 스웨트숍들을 자본주의에서 불가피한 일로 만든다.

스웨트숍 지지파는 또하나, 기업들이 공장에서 생산된 부를 몽땅 빨아먹고 숙주 국가에는 거의 아무것도 남기지 않는다는 사실을 무시한다. 2010년, 가뜩이나 가난한 아이티에서 지진이 일어나 삼십만 명의 목숨을 앗아가는 바람에 인구수가 격감했는데, 나오미 클라인의 말에 따르면 이를 계기로 '쇼크 독트린'이 시작되었다. 아이티를 카리브 해의 스웨트숍으로 바꾸려던 미국의 기존 계획들은 아리스티드 대통령과 아이티 노동 운동계(를 비롯한 다른 사람들)의 저항에 부딪혔다. 지진 후, 경제통합지구IEZs라는 거대한 공장 단지에서 노동이 시작되었다. 그중 한 곳은 북부 아이티의 오아시스라고 불렸는데, 그곳에 아이티의 다른 지역에는 존재하지 않는 포장도로와 의료 서비스가 갖춰졌기 때문이었다. 카라콜 산업 공단은 워싱턴에서 자금을 받아 지어졌지만, 정작 첫 4년 동안 무료 임대 혜택을 누리면서 이만 명의 아이티인 노동자들을 노예 수준의 임금으로 고용한 것은 갭, 타깃, 월마트에 납품하는 한국의 섬유 기업 세아라는 뒷이야기가 있다. 본질적으로, 미국의 납세자가 한국 회사들의 이익을 위해 아이티에 산업 공단을 짓는 셈이다.[48]

아이티는 농업을 희생해가며 외국인 투자자들을 위한 면세 지구로 탈바꿈하고 있다. 그들은 수입 원료에 대해 중앙 정부에 세금이나 관세를 한푼도 지불하지 않는다. 수백만 달러가 투자됐음에도, 2011년 아이티의 1인당 세입은 사하라 이남 아프리카보다도 더 적었다. 정부가 운영하는 사회 기반 시설과 복지 정책이 절박하게 필요한 상황에서, 모든 '원조'는 베네피트 기업에게 돌아갔고, 임금은 쥐꼬리 수준이며, 그나마 얼마 안 되는 세금은 아이티의 국고로 들어간다.

최저 생활 임금

스웨트숍 지지파들이 내세우는 마지막 '선의의' 주장은, 임금을 인상하면 제조업자들이 개발도상국에서 썰물처럼 빠져나가리라는 것이다. 임금 인상은 옷값 인상을 야기하고, 그것은 소비자들을 떨어져나가게 하므로 기업들이 달아난다는 논리다. 아시아최저임금연합Asia Floor Wage Alliance 같은 단체들은 공장 폐쇄의 위협을 피하기 위해 지역별 임금 인상을 시도한다. 아시아최저임금연합의 권고사항을 전 지구적 규모로 적용한다면 의류 노동자들이 직면한 가난을 어느 정도 구제할 수 있을 것이다.

그러나 기업들이 달아날 거라는 그 주장은 한 가지 핵심 사실을 흐린다. 의류 노동자들의 임금을 두 배로 올려도 옷값에는 별 변화가 없다는 것이다. 옷값에서 의류 노동자들의 임금은 1~3퍼센트 비중이다. 경제학자인 로버트 폴린이 2002년 실시한 연구 결과에 따르면 1.8퍼센트다.[49] 일부 전문가들은 "일반적인 스포츠웨어 의류에서, (임금을 두 배로 높임으로써) 노동 비용을 두 배로 높이면 소매가는 약 1~3퍼센트 인상될 것이다. 임금을 세 배로 높이면 가격은 2~6퍼센트 인상될 것이다"[50]라고 말한다.

캐서린 미들턴이 백악관에 갈 때 입은 살빛 드레스는 루마니아의 스웨트숍에서 한 달에 겨우 168파운드(시급 99펜스)를 받는 여성 노동자가 만든 것임이 밝혀졌다. 그 드레스는 스웨트숍을 애용하는 라이스에서 175파운드를 주고 산 것이었다. 임금이 두 배로 오른대도 그 드레스는 겨우 178.15파운드일 것이다. 소비자에게는 미미한 정도의 가격 인상이다.

여기서 대다수의 소비자들이 뭔가를 살 때 가격만 보지 않는다는 점을 짚고 넘어갈 필요가 있다. 소비자들은 가능한 한 저렴한 옷을 사는 게 아니라, 다른 고려사항에 추가 요금을 지불하는데, 그 으뜸가는 예는 신발에 새겨진 나이키 로고다. 가방에 각인된 루이비통 로고, 셔츠에 새겨진 랄프 로렌이나 맨체스터 유나이티드라는 글자 혹은 소프트 캐시미어 소재인지 가죽 소재인지, 어떤 색상인지, 내구성이 좋은지, 좋아하는 브랜드인지, 정체성을 드러내주는지, 혹은 요즘 유행하는 것인지 등도 예로 들 수 있다. 소비자들이 가능한 한 저렴한 옷을 찾기 때문에 스웨트숍들이 존재한다는 주장은 사실이 아니다.

옷값이 소비자들의 잘못이 아니라면, 그리고 임금을 두 배로 인상해도 옷값에 미치는 영향이 극히 미미하다면, 왜 기업들은 수백만 명의 고통을 덜어주는 그 일을 '그냥 좀 하지just do it' 않는 걸까? 자본주의하에서는 고통이 덜어지지 않으며 앞으로도 결코 그러지 않을 것이다. 임금을 가능한 한 가장 낮게 유지하는 데에는 그 사슬의 맨 위를 차지하는 나이키, 테스코 혹은 이 경우 라이스의 기득권이 걸려 있기 때문이다. 루마니아 의류 노동자들의 임금을 한 시간에 1.98파운드로 두 배 인상하면 최고경영자인 데이비드 라이스가 축적하는 1억 2500만 파운드의 재산에서 결국 그만큼이 감소한다. 자본주의하에서 기업들은 반드시 이윤을 최대화하기 위해 서로 경쟁해야 하고, 주주와 투자자들을 만족시켜야 한다. 따라서 비용은 가능한 한 절감된다.

자본주의하에서 기업들은 사력을 다해 수십억 명의 빈곤을 완화시키기를 거부한다. 사회 변화는 감질날 정도로 가까이에 있다. 라이스의 드레스 한 벌이 3.15파운드 오르는 그 정도 차이뿐이다. 그렇지만 자본주의하에서 이런 일은 결코 일어나지 않을 것이다. 심지어 그 쥐꼬리만한 임금이 인상됐다고 해도, 역사는 사회 진보를 향해 일직선으로 나아가지 않기 때문에 위협은 사라지지 않는다. 1930년대에 미국 노동부 장관을 지낸 프랜시스 퍼킨스는 이렇게 경고했다. "상점 진열창 너머로 보이는 할인 딱지가 붙은 붉은 실크 드레스는 위험을 알리는 신호다. 그것은 우리가 스웨트숍으로 되돌아갈지도 모른다는 경고이자, 지금까지 얻어낸 이득을 굳건히 하기 위해 모두가 맞서야 할 도전이다."[51] 그간 우리는 사람들을 계속 착취하려 하는 이들에 맞서 싸우며 조금씩 앞으로 나아가야만 했다. 『사회 개혁이냐 혁명이냐』에서 로자 룩셈부르크는 개혁을 위한 투쟁을 가파른 언덕 위로 계속해서 바위를 굴려 올리는 형벌을 받는, 등을 돌리는 순간 다시 돌이 굴러 내려오는 시시포스의 신화에 빗댔다.

산업 개혁을 위한 노력은 여전히 매우 중요하다. 임금 인상이나 더 나은 조건을 위한 모든 투쟁에는 반드시 국제 사회의 지원이 필요하다. 변화를 추구하는 이들은 노조, 시위, 보이콧, 연대 운동, 그리고 파업을 전 세계적 규모로 지속해야 한다. 그렇지만 근본적으로 사회 구조가 변하지 않는다면 패션 공급 사슬에서 노동자의 권리라는 이슈를 해결할 수 없다는 사실 역시 잊어서는 안 된다. 패션 노동 시스템의 지속적이고 진정한 변화는, 자본주의의 경쟁과 이윤보다는 평등과 정의, 인간과 지구라는 원칙에 기반한 세계를 창조하고자 하는 전 세계적인 투쟁 없이는 일어나지 않을 것이다.

5장

쓰디쓴
수확

우리는 좋은 것을 요구할 의지나 전망을 잃어버리고 열등하고 해로운

것을 마치 불가피한 것인 양 받아들이는 최면 상태로 전락했는가?

—레이철 카슨,『침묵의 봄』

어딘가의 사막을 떠올려보자. 바람이 불면 인후암과 폐결핵을 유발하는 발암물질 먼지가 마을로 날리는, 인적 없이 병균만 들끓는 암염 사막. 살충제에 오염된 이 사막은 버려진 선박들을 위한 무덤과도 같다. 어부들은 사라졌고 그들의 아이들은 영양실조와 높은 유아 사망률에 시달린다. 여름은 더 덥고 겨울은 더 춥다. 몰려다니는 물고기떼 대신 관목을 뜯어먹는 낙타들과 소 몇 마리가 녹슬어가는 선체의 그늘에서 더위를 피하고 있다. 이 사막은 한때 세계에서 네번째로 큰 호수였고, 24종의 물고기와 번창하는 어업 공동체의 근거지였으며, 야생동물들과 희귀 산림자원으로 구성된 비옥한 습지에 둘러싸였던 아랄 해였다. 이들은 모두 사라졌다. 이제 이 함수호의 물은 겨우 15퍼센트밖에 남지 않았고, 염분 수치는 600퍼센트로 상승해 생물이 살 수 없는 웅덩이가 되었다. 축구장 육백만 개와 맞먹는 2만 5000마일의 면적이 바닥을 드러냈다.[1]

그로부터 동쪽으로 2000마일 떨어진, 강과 호수에 연간 25억 톤의 독성 폐수를 쏟아내는 수많은 하수도관을 지닌 한 나라를 떠올려보자. 강, 호수, 그리고 저수지의 70퍼센트가 오염되어 맑은 물을 구할 수 없는 삼억 명의 사람들을 상상해보자. 오염된 물이 전체 질병의 75퍼센트와 연간 십만 명의 사망자를 유발한다고 상상해보자. 중국의 '암마을'과 매년 중금속에 오염되는 1200만 톤의 곡식을 상상해보자. 죽은 물고기, 죽은 새들, 그리고 형형색색의 폐기물로 뒤덮인 강에서 요리를 하고 몸을 씻기 위해 그나마 덜 더러운 물이라도 찾으려고 안간힘을 쓰는 여자들을 상상해보자. 이 모든 일이 거대한 공장들의 그림자 속에서 일어나고 있으며, 그 공장주들은 비난에도 아랑곳하지 않고 계속해서 고의로 위반을 저지르고 있다.[2]

다음으로, 오스트레일리아 오지의 한 뜨거운, 먼지투성이 농장을 상상해보자. 줄지어 늘어선 거대한 콘크리트 탱크에 태양이 내리쬐고, 그 안은 몸부림치는 악어들로 가득하다. 파충류 칠만 마리를 공장식 사육중인 그 탱크들은 끝도 없이 늘어서 있는데, 악어들은 유럽의 핸드백 제조업자들이 만족할 정도로 자라면 머리에 총알을 한 방씩 맞을 것이다. 2억 년도 더 전부터 야생에서 살아왔지만 이제는 탱크 안에 빼곡히 갇혀 사는 악어들을 상상해보자. 싸워서 상처가 나고, 걸을 수도 헤엄을 칠 수도 없게 불구가 된 그 몸뚱어리를 그려보자. 박테리아 균형이 어긋나 상처를 감염시키는, 지저분하고 빈틈없이 꽉

찬 물을 그려보자. 야생에서라면 악어들은 70세까지 살지만 공장식
농장에서는 세 살이면 총을 맞는다.

마지막으로, 겨우 한 티스푼만 피부에 닿아도 성인의 목숨을 앗아
갈 만큼 독성이 강한 화학물질을 생각해보자. 수 갤런의 이 화학물질
이 미국 면화 농장에 뿌려진다고 상상해보자. 이런 밭에서 흘러나온
화학물질이 식량원으로 유입되어 이천 명의 사람들을 중독시킨다고
상상해보자. 미국의 한 생산 공장에서 화학물질이 유출되어 인근 거
주자 수백 명이 병원 신세를 지는 상황을 상상해보자. 그리고 이 화학
물질 40톤이 인도 보팔에서 누출돼 가스가 도시를 뒤덮어 최소 만 오
천 명의 사람들의 목숨을 앗아간 상황을 그려보자.

그 독구름은 너무 짙고 매캐해서 사람들은 거의 앞을 분간할 수 없었다.
숨을 쉬려고 애쓸수록 더 숨이 막혀왔다. 가스는 눈과 폐의 조직을 태우
고 신경계를 공격했다. 사람들은 신체 통제력을 잃었다. 대소변이 다리
를 타고 흘러내렸다. 임부들은 도망치는 도중 아이를 사산했는데, 자궁
이 저절로 열려 피와 함께 태아가 쏟아져나왔다.[3]

이런 환경 재앙들 중 '자연적인' 것은 단 하나도 없다. 모두 자본주
의가 패션 산업에 영향을 미친 결과다. 흙, 공기, 동물, 물과 인간의 건
강, 모든 것이 패션의 씁쓸한 수확물에 예속된다.[4] 아랄 해는 우즈베

키스탄의 면화밭 147만 헥타르를 관개하는 데 그 물을 이용했기 때문에 말라버렸다. 소비에트 체제 때 시작된 이 일은 현재의 독재 체제에도 계속되고 있다. 면화 한 송이에 3.4리터의 물이 필요하고, 면 티셔츠 한 장을 만드는 데는 2000리터가 들 정도로 면화 농사에는 엄청난 양의 물이 필요하다. 우즈베키스탄은 이제 세계 4위의 면 수출국으로, 연간 80만 톤의 물량 대부분이 유럽으로 수출된다. 해마다 가을이면 학교는 휴교하고, 학생과 교사들이 면화 수확에 강제로 투입된다. 교장들에게는 면화 수확 할당량이 떨어지고, 이에 따르지 않는 학생들은 처벌을 받거나 심한 경우 퇴학까지 당한다.

우즈베키스탄 면화 농장주들에게는 면화값의 겨우 삼분의 일만 돌아가지만, 야만적 독재자 이슬람 카리모프는 엄청난 수출 이익 중 대부분을 면화에서 얻는다. 우즈베키스탄에는 시민의 자유가 존재하지 않고, 카리모프는 2005년에 안디잔에서 팔백 명을 학살한 것을 비롯해 언론인과 저항자들을 야만적으로 대량 살상해왔다. 그의 딸인 굴나라는 자칭 사교계 명사로, 위키리크스에 유출된 미국의 외교 문서에 따르면 "전 국민의 미움을 한몸에 받는 사람"이다. 그녀는 2011년 뉴욕 패션 위크 때 패션쇼를 진행하려 했으나 인권 운동가들의 반대에 부딪혀 사유지인 치프리아니 레스토랑으로 장소를 옮겨야 했다. 영미 양국은 카리모프를 비판하지 않으면서 계속해서 가까운 관계를 유지하고 있다.

중국은 2012년 일사분기에 1억 9700만 달러 가치의 의류를 생산했다.[5] 중국의 서른아홉 개 산업 중 섬유 산업은 수질 오염원 순위 3위를 차지한다. 물 부족은 한편으로는 가뭄 그리고 다른 한편으로는 오염이라는 두 가지 함정에 사람들을 꼼짝 못하게 가둔다. 섬유 산업은 어떤 산업보다도 더 많은 물을 사용하고 그렇게 사용하는 모든 물을 오염시키기 때문에, 엄청나게 비능률적으로 수질 오염의 큰 몫을 차지한다. 전체 물 사용량의 80퍼센트는 염색과 마감에 이용되고, 12퍼센트는 섬유 처리에, 그리고 8퍼센트는 공급 체인의 다른 부문에 쓰인다. 베이징에 기반을 둔 비영리 단체인 공공환경문제연구소IPE는 중국의 수질 오염과 대기 오염에 기업이 어떤 영향을 미치는지 연구한다. 이 단체는 「패션 산업 정화하기」라는 보고서를 통해 국제적으로 유명한 대형 브랜드들이 극심하게 환경 규제를 위반하는 공장들과 계약을 맺는다는 사실을 폭로했다. 환경 규제 위반으로 '레드' 등급이 매겨진 판유 캄킹 염색 회사는 갭, 디젤, 이브 생로랑, 리바이스와 DKNY를 비롯한 수많은 브랜드의 공급사다.

나이키, 리복, 타미 힐피거와 아베크롬비 앤 피치는, 몰래 폐수 파이프를 설치해 색도 수치가 허가 기준치보다 19.5배나 더 높은 흑적색 미처리 폐수를 강으로 쏟아낸 대형 기업 파운틴 셋 홀딩스의 고객이다. 2만 톤의 독성 폐수를 방류하고 물 사용량을 조작한 사실이 발각되었는데도 중국의 다른 지방으로 회사를 이전하는 것 선에서 제재가 마무리됐다. 이전한 곳은 심지어 물 부족이 더 심각한 지역이었다.

IPE는 그 연구의 후속 조치로 마흔여덟 개의 브랜드들에 서한을 보내 '그들의 공급 체인에 대한 오염 의혹'을 정면으로 제기했다. 자라가 이용하는 공장들에서는 대규모의 오염 규제 위반이 일어났고, 자라의 공급업체로 추정되는 한 공장에서는 폐수처리장을 청소한 노동자들이 사망했다. 이에 자라의 반응은 어땠을까? "유감스럽지만 당사는 학교, 대학들, 그리고 당사의 업무와 관련된 전문가들이 제시한 개별적 정보 요청에 응할 수 없습니다."[6]

지저분한 환경에 갇혀 있던 악어들은 에르메스 같은 의류 회사의 수요에 맞추기 위해 총에 맞거나 매 맞아 죽는다. 경제위기는 빈자를 더 가난하게 만들었지만 부자들은 더 부유하게 만들었다. 그 결과, 2009년 에르메스는 터무니없이 비싼 가죽가방에 대한 수요를 공급하기 위해 오스트레일리아의 악어 농장들과 독점적 협력관계를 맺겠다고 발표했다.

보통 악어는 2센티 두께의 두개골 안에 손가락 크기만한 뇌를 가지고 있다. 그 때문에 전기충격을 가해 인도적으로 도살할 수가 없다. 오스트레일리아에서는 농장 사육되는 악어의 머리를 총으로 쏴 도축하지만 미국에서는 끌로 척추를 끊어 도축하기도 하는데, 나무망치로 다섯 번에서 여덟 번까지 때려도 안 죽고 기절만 하는 경우가 흔해서다. 그 외에 칼을 휘둘러 목을 베거나 야구 방망이나 나무망치로 두개골을 부수는 방법도 사용한다. 파충류학자인 클리퍼드 워릭 박사는 한 농장에 조사관으로 갔다가 목격했던 잔인한 방법에 대해 이렇게 말했다. "악어가 머리가 잘리고도 의식을 잃기까지 한 시간이나 살아 있다는 걸 아는 사람은 아마 거의 없을 겁니다."[7]

악어를 오래 살려둘수록 농장의 수익은 적어지므로, 악어의 배 너비가 필요한 만큼 자라나면 지체 없이 죽인다.[8] 악어를 도살하고 나면, 배와 목과 다리의 가죽을 벗기고, 물 분사기를 쏘아 남은 살점을 마저 제거한다. 그다음 그 가죽을 화학약품에 담갔다가 물을 빼고 염장한 후, 차가운 냉동고에 넣어 동남아시아의 무두질 공장으로 배송한다. 에르메스는 베트남의 한 무두질 공장에서 그 가죽을 펴고, 기름칠하고, 광내고, 염색한다. 그 '명품' 회사는 핸드백 하나를 만드는 데 서너 마리의 악어를 이용한다. 20만 달러쯤 되는 이 가방을 사려면 대기자 명단에 몇 년이나 이름을 올려놓아야 한다. 에르메스가 2011년에 4억 9500만 파운드의 총수익을 올릴 수 있었던 것은, 공장식 사육의 산물이지만 소위 '명품'으로 불리는 원료의 실제 비용과, 완제품 핸드백의 높은 가격 간의 차액 덕분이었다.

알디카브(통상 테믹으로 알려진)는 미국에 등록된 농약 중 가장 독성이 강한 축에 속하는 것으로 유럽연합에서는 2003년 금지되었다. 알디카브는 알디카브 옥심과 염화메틸렌과 결합된 이소시안산메틸 MIC로 만들어진다. 1987년까지, 유니언 카바이드(현 다우케미컬)가 알디카브의 유일한 제조사였다.

유니언 카바이드는 인도가 아직 개척 여지가 남은 거대 시장이라고 믿고서 보팔에 대규모 공장을 지었다. 그렇지만 인도 농부들이 그들의 농약도 못 살 정도로 가난하리라고는 미처 예상치 못했다. 보팔 공장은 1980년대 초 생산을 중단했지만, 방대한 양의 독성 화학물질이 그대로 남은 채 썩어가도록 버려졌다. 공장이 황폐해지면서, 유출을 방지했어야 할 안전 시스템이 유지되지 않았다. 그리하여 1984년

12월, 폭발이 일어나 40톤의 이소시안산메틸이 보팔의 대기중으로 퍼졌다. 삼천팔백 명에서 만 오천 명에 이르는 사람들이 즉사했고, 최고 이십만 명의 사람들이 그후 발병하거나 사망했다. 조산, 부분장애 또는 완전장애도 있었다.[9] 보팔 사람들은 유니언 카바이드로부터도, 다우케미컬로부터도 정당한 보상을 받지 못했다.[10] 그 재앙이 일어난 후 28년이 지났지만, 생존자들은 암과 월경 이상 그리고 한 의사의 말을 빌리자면 '기형아 출산' 같은 병에 널리 시달린다.

농약 산업은 인명 살상용 화학물질의 성능을 시험하고자 곤충을 죽음의 매개체로 이용했던 제2차 세계대전의 부산물이다.[11] 그러니 그런 야만적인 대학살이 폭발로 이어진 것도 놀랍지 않다. 보팔 참사와 패션의 접점은 알디카브가 (콩과 땅콩과 더불어) 주로 면화용 살충제로 사용되었다는 데 있다. 면화는 과거 미국 내 알디카브 사용량의 83퍼센트를 차지했다.[12] 미국 내 알디카브 제조사가 단 한 곳뿐이던 1984년, 미국은 세계 제2위의 면화―입고 버리는 옷과 상품들로 변한 치명적인 수확물―생산국이었다.[13]

보팔 재앙이 있고 겨우 1년 후, 알디카브는 미국 내 최대 규모의 식중독 사건을 일으켰다. 캘리포니아에서 주민 이천 명이 유독성 수박을 먹고 병이 났는데, 면화 농장에서 흘러나온 농약이 그 원인으로 추정되었다. 여섯 명이 사망하고 두 명이 사산했다고 피해가 보고되었지만 검시 보고서에 농약은 사인으로 기록되지 않았다. 같은 해 여름, 웨스턴 버지니아에 위치한 유니언 카바이드 소유의 한 공장에서 알디카브 옥심과 메틸렌 클로라이드의 혼합물이 유출되면서 135명이 병원 신세를 졌다.[14] 유니언 카바이드는 논란에 휩싸인 자산을 털어버리려 웨스트 버지니아 공장을 롱프랭 사에 매각했는데, 공장은 2002년에 다시 현 소유주인 베이어 크롭사이언스에 넘어갔다.

2008년에는 캘리포니아의 작물들에 약 3만 4000킬로의 알디카브가 쓰였는데, 대부분이 면화였다. 그해 베이어 크롭사이언스에서 폭발 사고가 일어나면서 비극은 되풀이됐다. 공장 노동자 두 명이 목숨을 잃었는데, 국회 감사원에서는 하마터면 "인도에서 일어난 1984년 재앙을 능가할 뻔한"[15] 재앙을 가까스로 피했다는 이야기가 나왔다. 폭발 현장에서 겨우 24미터가량 떨어진 곳에 5900킬로가량의 MIC ─ 24년 전 보팔에서 폭발을 일으킨 것과 동일한 화학물질─가 든 탱크가 있었던 것이다.

2011년, 지역 주민들이 합심해 캠페인을 펼쳐 베이어 크롭사이언스가 웨스트 버지니아 공장에서 알디카브의 생산을 재개하지 못하게 막아냈다. 그 회사는 이에 좌절하지 않고 163명의 노동자를 해고한 후 그 치명적인 화학물질의 생산 공장을 중국으로 옮겼다. 베이어 크롭사이언스─여전히 미국 유일의 알디카브 제조사─는 미국 환경보호국EPA과 2015년까지 알디카브의 전 세계적 생산을 종료하고 2017년까지는 유통을 중단하기로 협약을 맺었다. 그 중지 명령을 두고, 북미의 국제농약행동망은 이렇게 논평했다. "1970년부터 애초에 인가되지 말았어야 했습니다. 시장에서 몰아내야 한다는 사실을 보여주는 충분한 데이터도 1980년대 중반에 있었습니다. 하지만 시스템 구조상, 이런 것들은 시장에서 쉽게 사라지지 않습니다."[16]

환경 위기

극적인 변화가 시급하다. 중국 마오주 강에 의존해 살아가는 마을 사람들이라면 이미 잘 알고 있겠지만 공짜는 없다. 누군가 또는 무언가가 반드시 대가를 치른다. 강, 맑은 공기, 표토에는 한도가 있다. 패션 산업은 어째서 이 행성에 그토록 심각한 환경 파괴를 초래하지 못해서 안달인가? 짧게 답하자면 그래야 하기 때문이다.

기업들은 이윤을 극대화해야 한다. 그러려면 그들의 생산품의 구성 요소를 가능한 한 싸게 얻어야만 한다. 노예제도하가 아니라면 노동에 대가를 지불해야 하지만, 자연은 공짜로 이용할 수 있을 것 같다. 지속 가능한 패션연구소Center for Sustainable Fashion의 소장인 딜리스 윌리엄스는 현재의 시스템이 "자원을 헐값에 구할 수 있고, 석유가 무척 싸며, 물 등이 무제한적으로 공급된다는 사실을 토대로 한다"고 말한다. "그래서 그것은 손쉬운 경제적 모델이었다." 비록 그것은 내내 "쉽고" "풍부"했지만, 윌리엄스는 이 경제 모델이 "자원의 관점에서만이 아니라 인간의 성취라는 관점에서도 무척 근시안적"이라고 말한다.[17]

환경 위기는 나쁜 기업이나 나쁜 경영진이 아니라 나쁜 시스템의 결과다. 마르크스의 말에 따르면 자본주의의 주문은 "축적이 아니면 죽음을"[18]이다. 파운틴 셋 홀딩 사는 경쟁 논리 그리고 경쟁사보다 더 많은 이윤을 얻을 가장 싼 방식을 찾아낼 필요에 얽매였기 때문에 독성 폐기물을 방출했다.[19] 그래서 비용을 삭감하고, 안전 절차를 무시하고, 오염물질을 강에다 쏟아버렸다. 단순히 사회 꼭대기에 위치한 이들을 설득해 그들의 방식을 바꿔야 한다는 도전에만 직면한 게 아니다. 우리는 중대한 순간에 직면해 있다.

자원이 줄어들면서 상황은 더 일촉즉발로 치닫는다. 전 세계적으로 이상기후와 흉작 등 환경 문제가 증가하고 있다. 만약 패션 산업, 또는 일반적인 자본주의가 그것이 야기하는 물, 공기, 토양 그리고 동물들에 대한 모든 사회적·환경적 비용을 부담한다면 곧 파산하고 말 것이다.[20] 따라서 자본주의는 미지급된 경제로 생각해야 한다.[21] 인류는 이제 자연에 막대한 생태적 빚을 지고 있으며, 아무것도 변하지 않는다면 결국 무시무시한 상환액을 치러야 할 것이다.

피할 수 없는 자본주의의 명령을 따를 뿐이라 해도, 패션 산업은 유독 오염과 폐기물을 심하게 발생시키는 듯하다. 중국 내 39종의 산업 중 섬유 산업의 수질 오염 순위는 3위를 차지한다. 1977년 전 세계적으로 3100만 톤의 직물이 생산되었는데, 2007년 무렵에는 8000만 톤까지 증가했다. 그중 막대한 수량이 패션 산업으로 향한다. 이 많은 직물을 옷으로 바꾸는 데 시간당 1조 740억 킬로와트의 전력과 1억 3200만 톤의 석탄 그리고 최고 9조 리터의 물이 필요하다. 『투 다이 포』의 저자인 루시 시글은 이런 자원들을 합치고 여기에 살충제, 산성 염료, 동물 제품, 라벨, 실, 지퍼와 금속 단추까지 몽땅 더하면, 패션의 환경 발자국으로 지구가 까맣게 뒤덮인다고 결론 내린다.[22]

무엇이 패션을 그토록 낭비가 심한 산업으로 만들었을까? 3장에서 우리는 사용가치, 상징가치와 고삐 풀린 소비주의 사이의 중요한 연결고리에 대해 이야기했다. 패션은 규제에서 자유롭고 하도급으로 생산되며 트렌드를 기반으로 한 산업으로, 매 시즌 수명이 짧은 수십억 벌의 옷을 팔아 이윤을 극대화하는 데 의존한다. 브랜드들은 옷을 고품질로 만들지 않는데, 그래야 싸게 제조할 수 있고 쉽게 해져서 새 옷을 사게 할 수 있기 때문이다.

교환가치가 사용가치를 지배하는 현상은 패션 산업의 쓰고 버리는 문화를 강력하게 뒷받침한다. 자본은 상품을 팔고 남아도는 부를 축적함으로써 확장되는 것을 유일한 목표로 한다. 어떤 상품이 어떤 요구를 충족시키는지, 또는 내구성이 얼마나 좋은지는 중요하지 않다. 그것이 얼마에 팔릴 수 있느냐만이 중요하다. 이러한 주문은 환경에 있어서는 재앙이며, 마르크스로 하여금 "세계의 피를 빨아먹으며 유지되는 산송장"이라는 표현으로 자본이 자연의 피를 빼는 흡혈귀 같다고 묘사하게 했다.[23] 그저 교환가치에 기반하는 것이 아니라 사용가치를 철저히 잊게 하는 것이 패션의 적극적 목표다.

자연으로부터의 도피

소외 개념은 패션이 자연에 미치는 영향을 이해하는 데 특히 유용하다. 사람들은 그들이 입는 옷들의 생산과 동떨어져 살아간다. 시내 중심가의 일반적인 쇼핑객은 숨막히는 더위 속에서 20년간 면화를 따거나 중국 저장 성의 폴리에스테르 공장에서 절대 일하지 않을 것이다. 이는 옷이 사람 그리고 자연과 독립되어 있다는 인상을 준다. 패션 산업은 그 부와 권력 뒤로 인간의 노동을 감추는 일에 능숙하다. 우리의 옷을 생산하는 데 드는 원료를 숨기는 일에는 그보다도 더 능숙하다.

패션 제품 생산에 사용되는 살아 있는 동물들의 이야기를 해보자. 악어는 물론이고 밍크, 개, 여우, 그리고 뱀까지 모두 지나치게 비싸게 팔린다. 아직 살아 있는 비단뱀의 입에 호스를 삽입한다. 물을 먹은 뱀은 부풀어오르고 그 가죽은 팽팽해진다. 그렇게 부풀어오르면 정육점용 갈고리에 매달아 산 채로 가죽을 벗긴다. 여우와 밍크와 개는 대부분 중국에서, 일부는 핀란드와 미국을 포함한 전 세계에서 대규모로 농장식 사육을 당한다. 영국에서는 잔인하다는 이유로 모피 생산이 금지됐지만, 중국에는 (멸종 위기 종에 대한 것만 제외하고) 동물권리법이 전혀 없다.

모피의 85퍼센트는 공장식 사육으로 생산되는데, 그 사업은 말로 표현할 수 없이 잔인하다고 알려져 있다. 동물들은 좁고 더러운 우리에 욱여넣어져 있다가 때가 되면 감전시키거나 목을 매달거나 피를 빼내는 방식으로 죽임을 당한다. 공장은 그들의 모피를 이용해 이윤을 증대할 방법이라면 수단을 가리지 않는다. 모피가 윤리적이라거나 지속 가능하다는 생각은 거짓이다. 공장식 사육으로 모피 코트를 만들려면 인조 모피 코트를 만들 때보다 스무 배나 더 많은 에너지가 소모된다. 모피 옷은 모피와 가죽이 옷장에서 썩지 않도록 화학약품 처리를 거치는데, 이는 세계적으로 독성 금속 오염 수준이 높은 사업 중 상위 5위 안에 든다.[24] 모피는 이윤을 복지보다 우선시하는 현상의 대표 주자다. 모피가 근래 다시 인기를 끄는 것은, 제조업자들이 가난한 학생들과 졸업생 디자이너들에게 무상으로 사용하게끔 해준 덕분이다.[25] 자연을 해치고 동물을 상품화하면서 거기에 '명품'이라는 꼬리표를 붙이는 능력은 기업을 위해 막대한 이윤을 만들어내는 자본주의의 교묘한 속임수를 잘 보여준다.

자본주의하에서 자연은 그 자체보다 상품과 더 쉽게 관련된다. 우리는 더이상 자신을 자연의 일부라고 보지 않으며, 그보다는 자연이 이윤을 얻기 위한 영예로운 정복의 대상이라고 본다.[26] 모든 것이 재산이 된다. 토지는 부동산이 되고, 동물은 모피가 되고, 레이크 디스트릭트■는 핵폐기물 처리장이 되고 대양은 어류의 원천이 된다. 모든 것에는 쥐어짜낼 이윤이 있어야만 한다.[27]

인류는 서로와, 지구와 조화를 이루며 살아가기보다, 나머지 인구로부터, 그리고 자연 자체로부터의 거리를 기준으로 자신을 규정하는 법을 배운다.[28] 베르텔 올만은 소외란 "인간 본성이 수많은 잘못된 부분들로 분열되는" 것이라고 묘사했다.[29] 인간이 자연의 일부라는 관점을 잃었다는 것을 두고 생태학자들은 이제 모든 착취가 더 수월해졌다는 의미와 다름없다고 주장한다. 닥치는 대로 자연을 착취하는 것은 인류를 착취하는 것과 마찬가지다. 환경의 퇴화는 곧 인간관계의 퇴화다.[30]

스웨트숍에서 노동자들의 착취를 야기하는 것과 동일한 규범이 지구의 착취를 야기한다. 양쪽 모두 자연으로부터 소외된 결과다. 만약

■ 영국 북서부의 호수 지방.

우리가 소외되지 않았다면, 지구를 학대한다는 생각조차 못했을 것이다. 인간과 지구가 속속들이 얽혀 있다는 사실을 인식하지 못하는 것이 우리의 파멸의 출발점이다.

흔히 마르크스는 어떤 대가를 감수하고서라도 산업화를 옹호하는 프로메테우스주의자라며 비난받곤 한다. 사실 그는 인류와 자연의 일원성을 깊게 신뢰했고, 그 둘이 왜 하나인지가 아니라 왜 하나가 아닌지 설명해야 한다고 말했다.[31] 자연으로부터의 도피는 인간과 자연(동물을 포함해서)의 일원성이 아니라 이원성이라는 개념을 부추긴다. 우리가 자연에 대해 잔인함과 힘을 가졌음을 보여주는 지배 계급의 상징들, 그러니까 모피나 가죽을 선망하도록 교육받는 것은 우연이 아니다. 가죽 핸드백이 자연을 휘두르고 파괴할 만큼 부유하고 강력하다는 신호가 아니라면 뭐겠는가? 치장과 쾌락을 위해 생명체를 죽게 할 수 있다는 신호가 아니라면 도대체 뭐겠는가?

덜 사고 더 써라?

우리는 전례 없는 소비의 시대에 살고 있다. 영국은 연간 140만 톤의 섬유를 매립지에 폐기한다. 패션 산업의 이런 양상은 소비자들의 탓일까? 패션이 지속 가능한 산업이 되려면 우선 사람들의 쇼핑 습관이 바뀌어야 할까? 녹색 패션에 대한 책인 『에코 시크』에 따르면, "의제는 명확하다. 적게 사는 대신 오래가는 옷을 사는 게 성공의 지름길이다". 결론적으로 "더 잘 만든 옷을 더 적게 사면 돈은 더 들어도 장기적으로는 더 이로울 것이다". 『그린 이즈 더 뉴 블랙』도 비슷한 노선을 취한다. "오트 쿠튀르는 개중 가장 윤리적인 패션이라고 할 수 있다."[32] 그 책은 맞춤 정장을 사 입고, 대기자 명단에 이름을 올려 한 달 만에 질리지 않을 발렌시아가 핸드백을 사는 것이 '윤리적'이라고 권고한다.

"덜 사고 더 써라"라는 논리는 쉽게 흔들린다. 계획적 지출이 가능하다는 것은 계급의 척도일뿐더러, 굶어 죽는 사람들이 있는 상황에서 수천 파운드를 들여 오트 쿠튀르를 사는 것은 대다수 사람들의 윤리 개념에 들어맞지 않는다. 현재 오트 쿠튀르를 사 입을 형편이 되는 사람들은 기껏해야 세계에서 몇천 명 정도다. 그것은 부의 대대적인 재분배로만 바로잡을 수 있는, 속속들이 불평등한 사회적 환경에 뿌리를 둔다. 또한 거액의 가격표가 옷을 윤리적으로 만든다는 보증서인 것도 아니다. 디자이너 라벨들도 값싼 제품들처럼 환경을 오염시키는 중국 공장에서 만들어지는 경우가 흔하다. 다나 토머스의 말을 되풀이하자면 이렇다. "그래요, 명품 핸드백들은 중국에서 만들어져요. 최고의 브랜드들도 마찬가지죠."[33]

경제위기로 가용 수입이 줄어든 수백만 명의 사람들이 의도치 않게 옷을 덜 사게 되자 무슨 일이 일어났는지 또한 상기해볼 만하다. 미국에서 수입 물량이 15.7퍼센트 감소하자, 중국 노동자 천만 명, 인도 노동자 백만 명, 그리고 캄보디아 의류업계 노동력의 약 20퍼센트(삼십오만 이천 명 중 칠만 오천 명)가 일자리를 잃었다.[34] 이런 현상은 소비가 급감했을 때 일어나는데, 지역 노동자들에게는 재앙과도 같다. 신자유주의가 농업과 어업 같은 전통적인 지역 산업을 몰살시켜버리자 공장 일자리가 절박하게 필요해졌다. 그러므로 거대 기업들과 IMF가 공동체의 생존력을 파괴하지 못하도록 시스템 전반을 정비하는 조치가 필요하다.

"덜 사고 더 써라"라는 주장은, 값비싼 옷을 사는 사람들이 남들보다 옷을 더 적게 산다는 사실을 전제로 한다. 그러나 사실 오트 쿠튀르를 사 입을 형편이 되는 사람들은 그 외 모든 사람들보다 더 많은 옷을 구매하고 탄소발자국을 더 많이 남긴다. 세계 인구는 현재 약 칠십억 명에 이르렀다. 그중 겨우 8퍼센트(오억 명)가 온실가스의 50퍼센트를 배출한다. 캐나다에서는 상위 10퍼센트가 하위 10퍼센트보다 아홉 배나 더 많은 생태발자국을 남겼다.[35] 미국의 슈퍼리치들은 사회 맨 밑바닥의 사람들보다 최고 천 배 많은 생태발자국을 남겼는데 이런 생활양식은 '죽음의 스타일'이라고 부르는 편이 더 어울릴 법도 하다.[36] 설교를 늘어놓기에는 가난한 사람들이 더 만만하겠지만, 구두 사천 켤레를 가졌다거나(안나 델로 루소) 소유한 버킨백 가격을 다 합치면 100만 파운드는 될 거라고 주장하는(빅토리아 베컴) 사람들은 프라이마크를 이용하는 십대 소비자가 아니었다.

경제위기의 한복판에서, 그리고 많은 월급 생활자들의 통장 잔고가 간당간당한 상황에서, 패션이 사람들의 삶을 얼마나 압박하는가를 좀더 현실적으로 분석해야 한다. 빚과 패션이 그렇게나 밀접함에도 사람들에게 값비싼 옷을 구매해 빚을 늘리라고 권하는 것은 비윤리적으로 보인다. "소비자는 생산자보다 부자유하다"라고 마르크스는 썼다. "그의 판단은 그의 수단과 필요에 의존한다······ 둘 다 그의 사회적 지위에 의해 결정되는데, 이는 다시 전체 사회구조에 의존한다. 세계 무역은 필요를 개인적 소비의 필요가 아니라 생산의 필요로 완전히 뒤바꾼다."[37]

패션 환경주의자들은 엘리트주의자인데다 기후 변화를 패스트 패션을 이용하는 사회 최하층 구성원들의 탓으로 돌린다는 비난을 자주 듣는다. 패스트 패션이 저가 항공권과 마찬가지로 노동 계급의 삶을 향상시켰으니 성역으로 둬야 할까? 간단히 대답하자면 그렇지 않다. 패스트 패션은 전 세계 노동 계급에게 재앙인 거짓 해방이다. 노동 계급은 스웨트숍의 포로로, 그들의 노조는 월마트에게 짓밟히고 그들의 고향은 기후 변화로 물에 잠기거나 황무지로 변했다. 쉽게 해지고 유행에 뒤처졌다고 금세 경멸당하는 저품질 의류를 입는 것은 노동 계급이다. 하이 스트리트의 균일화로 인해 프라이마크 같은 싸구려 가게에서 쇼핑을 하거나 적은 임금을 받으며 일을 해야만 하는 것은 노동 계급이다.

또한 패션을 못 따라잡는다는 이유로 불안해하고 자괴감에 시달리는 이 역시 노동 계급이다. 페미니스트 학자인 샌드라 리 바트키는 빈곤한 여성들이 당하는 이중 굴욕, 즉 외모 요건들을 따라잡을 능력이 부족해서 겪어야 하는 굴욕과 사회적으로 만들어져 부여된 '가난의 굴욕'에 관해 썼다. 이는 단순히 심리적 부담이 아닌데, 허용되는 의복과 외양의 기준에 따르는 능력이 사회적 유동성의 핵심이기 때문이다.[38]

무언가를 사는 능력이 자유와 혼동되어서는 안 된다.[39] 이는 자유를 상점마다 제각각인 스타일 사이에서 선택할 편협한 권리로 깎아내린다. 지구에 어떤 대가를 치르든 무제한적으로 옷을 사는 권리가 자유와 동급이라고 생각한다면 자유의 진짜 의미를 모르는 것이다. 패스트 패션은 노동 계급의 벗이 아니다. 패스트 패션을 가난한 사람들의 탓으로 돌릴 것이 아니라 이윤을 노린 기업의 산물이라고 비판해야 한다.

그렇다고 지금 이대로 계속되어도 된다는 말은 아니다. 환경주의자들은 그 점을 더없이 명료하게 표현했다. "인간 사회가 지구의 기후와 생물군을 파괴하고 미래 세대에게 황폐해진 세계를 남기고 싶다면 바로 지금처럼만 계속하면 됩니다."[40] 패스트 패션이 노동 계급의 잘못이 아니라는 주장을 현상황이 정상이라는 뜻으로 받아들여서는 안 된다. 만약 현상황이 계속된다면, 노동 계급은 상승하는 해수면 아래로 함께 가라앉을 것이다.

환경 파괴를 멈추려면 모두의 소비 습관이 바뀌어야만 한다. 일부 사람들, 말하자면 아주 가난한 사람들은 지금보다 더 많이 소비해야 한다. 그 외 다수는 지금보다 훨씬 덜, 또는 지금과 다르게 소비해야 한다. 이것은 두려워할 일이 아니다. 환경 보호를 하려면 무언가를 잃게 될 거라는 생각은 현실의 전도다. 여기서 '현실의 전도'라는 말은 지구와 인류를 구조하기보다는 자본주의의 유지에 더 열을 올리는 듯한 환경주의자들을 꼬집기 위해 만들어진 말이다.[41]

많은 사람들이 패션 산업의 종말이나 자본주의의 종말보다 세계의 종말을 더 쉽게 상상하는 것은 우연이 아니다. 자본주의 체제에서 이득을 보는 사람들은 자본주의가 대안이 필요 없는 자연스러운 상태라는 관점을 유지하기 위해 열심히 노력한다. 대안은 생각조차 할 수 없어 보이기에, 자본주의는 이따금씩 우리가 사는 지구보다도 더 현실적으로 보인다. 그러나 패션 산업이나 자본주의의 수호는 지구를 지키는 것과 비교하면 무의미하다. 인류의 존망을 결정하는 것은 후자다. 우리는 자본주의를 종식시켜야 한다. 그 이야기를 꺼낼 엄두를 못 낸다면 환경 파괴를 옹호하는 것이나 다름없다.

기업 변화?

기업의 사회공헌활동CSR은 최고경영자가 어차피 해야 했던 일을 하고 생색내는 것으로 여겨왔다.[42] 4장에서 살펴봤듯이, 다국적 패션 기업에 막대한 이윤을 안겨주는 것은 끔찍한 노동 조건 속에서 일하는 수백만 명의 사람들이다. 현재 기업들은 서로 공모해 스웨트숍에서 '환경 문제들'—스웨트숍 문제와는 달리 적어도 뭔가 나아지는 척을 할 수 있는—로 눈길을 돌려보려고 애쓰고 있다.

구찌는 2009년 환경친화적인 사회공헌 활동을 하나 시작했는데, 인도네시아 열대우림과 아시아 펄프 앤 페이퍼처럼 논란이 있는 공급업체에서 만든 종이를 사용하지 않겠다고 약속한 것이었다. 보도자료에서는 이렇게 선언했다.

신발 포장용 플란넬을 두 장에서 한 장으로 줄이겠습니다. 선물용 상자는 요청할 때에만 제공하겠습니다. 구찌는 모든 마네킹을 프리다 지아니니가 디자인하고, 충격 흡수 폴리스티렌 재질—내구성이 강하고 백 퍼센트 재생 가능한 원료—로 만들어 이탈리아에서 제조해 수성 페인트로 마감하는 환경친화적인 새로운 제품으로 교체할 것입니다.

그 외에 약 1만 톤의 이산화탄소 배출과 400만 리터의 경유 소비 절감을 포함해 에너지를 절약하겠다는 공약도 있었다.

그렇지만 그런 에너지와 비용의 절감은 누구에게 득이 되는가? 환경학자인 웨스 잭슨은 "전 세계 월마트가 전구를 바꾸고 트럭의 연료 사용량을 절반으로 줄이겠다고 한다면, 그렇게 절약한 돈으로 뭘 할까요? 다른 지역에 또다른 대형 상점을 열겠죠. 그냥 헛소리일 뿐입니다"라고 지적했다.[43] 주로 가죽 제품으로 구성된 구찌의 제품들은 환경에 많은 영향을 미친다. 축산업은 탄소집약도가 높고 엄청난 양의 메탄을 발생시킨다. 메탄은 기후 변화의 주된 요인으로 이산화탄소보다 킬로당 스물다섯 배나 높은 영향력을 가진다. 가죽을 가공하고 염색하는 데에도 고도의 유독성 화합물이 사용된다.

그린피스는 H&M이 미처리된 화학물질을 강에 폐기하는 중국 공장들을 이용하고, 아동복까지도 호르몬 교란물질로 알려진 노닐페놀 에톡실레이트NPEs 같은 화학물질에 찌든 천으로 만들어 판다며 강하게 비판해왔다. NPEs는 아주 낮은 농도라고 해도 해로운 독성 노닐페놀NP로 분해된다.[44]

주요 환경 오염원이라는 평판을 얻고 환경 운동가들이 상점에 스티커까지 붙이자 H&M은 위험한 화학물질의 사용을 줄이고, 다양한 종류의 '지속 가능한 레드카펫 드레스'를 출시하고, '모든 상점의 계산 영수증을 FSC(산림관리협의회) 인증지로 제작'하겠다는 서약을 포함하는 환경 프로젝트를 착수했다.[45] H&M은 2013년 컨셔스 컬렉션▪을 통해 상상력이라고는 없는 뻔하디뻔한 '정글과 새들' 프린트를 선보였다. 티셔츠에 큰부리새 프린트를 넣으면 사람들이 기후 문제를 잊으리라 생각한 것일까. 녹색으로 염색된 수백만 장의 가방을 쏟아내면 환경친화적인 기업이 될 수 있다고 생각한 것일까.

그런 환경과 관련한 맹세들은 누구나 알지만 거론하고 싶어하지 않는 문제, 즉 윤리적 패션이란 그 자체로 모순이라는 문제의 해법이 될 수 없다.[46] 1년에 최고 오십 번씩 신상을 내놓고 수십억 벌의 옷들을 쏟아내는 산업이 어떻게 윤리적이겠는가? 환경 프로젝트들은 기후 변화와 환경 쇠퇴에 대한 광범위하고 진지한 공적 우려의 결과다. 그렇지만 기업들이 자행하는 '그린워싱'은 이런 우려를 이용하려는 조악한 시도일 뿐이다. 오늘날에는 그린워싱으로 감정에 호소하는 기업에 기만당할 위협이 그 어느 때보다도 더 높다.

▪ H&M은 의류 수거 캠페인을 통해 옷감을 수거해 이를 재활용한 소재로 컨셔스 컬렉션을 선보인다.

기술-변화?

과학과 기술은 기후 변화의 해법으로 자주 제시된다. 그러나 알베르트 아인슈타인은, 과학이 "목적을 창조할 수 없고, 인간에게 목적을 주입하기란 더더욱 역부족이다. 과학은 기껏해야 특정 목표를 달성할 도구를 제시할 뿐이다"라고 일갈했다.[47] 기술을 통제할 수 있을 때에만 비로소 기술을 어떻게 이용할지를 결정할 수 있다—인류를 위해서 이용할지, 아니면 이윤을 위해서 이용할지. 예를 들어, 왜 일부 과학자들은 HIV/AIDS 치료법 개발이 아니라 배 비늘을 늘리기 위해 악어의 DNA 지도를 그리는가? 왜 기술은 한참 전에 했어야 할 보팔의 정화 작업이 아니라 알디카브의 효율적인 생산 증대에 이용되는가?

기술은 중립적이지 않기에 이런 오용이 일어난다. 기술은 중립적이라기보다 자본주의의 권력 구조를 반영한다.[48] 마르크스주의 학자인 이스트번 메자로스는 과학과 기술이 장기적으로는 우리의 모든 문제를 해결해줄 거라고 믿는 것이 마법을 믿는 것보다 훨씬 나쁘다며, 그러한 믿음은 과학과 기술을 누가 통제하느냐를 무시하기 때문에 생긴다고 지적한다. 우리는 어떤 기술이 지구상의 문제를 푸는 데 도움을 줄 것이냐가 아니라, 이윤 극대화에만 좁게 초점을 맞춘 기술의 방향을 어떻게 다른 곳으로 돌리느냐를 물어야 한다.[49]

재활용 같은 기술 혁신은 필수적이나, 변하지 않으려는 정부와 기업에게는 변명거리가 될 수 있다. 순환적인 패션 경제라는 개념에 회의적인 딜리스 윌리엄스는 과연 에너지 고리를 끊고 새로운 자원을 사용하지 않으면서(재생 가능한 에너지를 사용하더라도) 낡은 옷들을 재활용해 무언가 새로운 것을 만들 수 있는지 확신할 수 없다고 한다. 그녀는 재활용이 쓰고 버리는 문화를 영속화할까봐 우려한다. "다쓴 상품들은 그냥 재활용하면 되니까 뭘 하든 상관없다는 생각이 널리 퍼지는 것은 실제로 매우 위험합니다."[50] 일부 옷들을 재활용할 수 있다고 더이상 아무 활동도 안 해도 된다거나, 기업들이 지금처럼 그냥 넘길 수 없는 속도로 생산을 계속해도 된다는 의미는 아니다.

종종 과학은 패션 산업의 지속 가능성과 환경 문제들에 대한 해답이라면서 '기적의' 섬유를 생산해 출시한다. 2003년 카길 다우는 인지오 섬유라는 제품을 출시했다. 카길 다우는 1997년에 다우케미컬(보팔 재앙에 책임이 있는)과 카길 주식회사가 반씩 합작 투자해 세운 기업으로 모기업들의 상품을 판매할 새로운 시장 개척을 목표로 삼았다. 카길은 세계에서 가장 큰 곡물 거래상이므로, 인지오 섬유의 원료가 옥수수인 것은 놀랍지 않다. 2005년 카길은 카길 다우로부터 다우케미컬을 매입하며 회사명을 네이처웍스 LLC로 변경했다.

그들은 PLA(폴리락트산)가 석유가 아니라 옥수수에 든 당분으로 만들어진다는 점, 그리고 그것이 생분해된다는 점, 크게 이 두 가지 근거로 인지오 섬유를 환경친화적이라고 주장한다. 이런 주장들은 즉시 사실이 아니라고 판명되었다. 카길 다우는 상품 출시를 위해 파타고니아라는 아웃도어 의류 회사와 협력하려 했다. 그 프로젝트는 카길 다우가 유전자 조작GM 옥수수로 인지오 섬유를 생산한다는 사실을 파타고니아가 알게 되면서 파탄 났다. 파타고니아는 역사상 가장 큰 환경 재앙을 일으킬 잠재력을 지닌 GM 작물에 반대하는 캠페인을 광범위하게 펼쳐왔던 터였다. 카길은 GM 작물들이 거부감 없이 받아들여지는 비식용 '친환경' GM 상품 판매를 위한 시장을 확장하려 한다는 혐의를 받고 있다. 이는 패션 환경주의자들이 잊어서는 안 될 물밑 전략이다. 파타고니아는 공개적으로 인지오 섬유에서 손을 떼면서 이렇게 말했다. "진짜라기에는 너무 좋아 보인다 했습니다. 불행히도 역시나네요."[51]

플라스틱보다 PLA를 생산하는 편이 오염을 줄이긴 하지만, PLA가 생분해된다는 주장 또한 오해의 소지가 있다. PLA는 퇴비통에서 썩힐 수 없다. 온도 조절이 가능하고 소수만 접근 가능한 특수 산업 시설이 필요하다. 대량의 PLA가 유산으로 되돌아가면서 퇴비화를 저해할 수 있다. PLA는 매립지에서 플라스틱 페트병 못지않게 오래, 그러니까 최고 천 년까지 남아 있을 것이다. 또한 옥수수 재배에는 미국에서 재배되는 다른 어떤 작물보다도 많은 질소 비료와 제초제와 살충제가 쓰인다. 이렇게 쓰인 질소가 밭을 벗어나 개울과 강으로 흘러들면 토양 침식과 수질 오염의 원인이 된다. 마지막으로, 영양실조가 아동 사망 원인의 삼분의 일을 차지하는 현재, 옷과 포장을 위해 식량을 사용한다는 게 과연 윤리적일까?

산업용 화학제품을 생산하는 기업들이 패션 섬유를 생산한다는 이야기는 전혀 새롭지 않다. 제2차 세계대전 후 듀퐁과 임페리얼케미컬인더스트리스ICI와 코톨즈와 다우케미컬 같은 수많은 회사들이 나일론, 레이온 그리고 폴리에스테르 같은 옷감을 생산했다. 『에코 시크』

에서는 "『보그』 같은 잡지들의 광고를 통해 무기와 탄약 제조사에서 이지케어 블라우스와 드레스의 제조사로 브랜드 세탁 작업이 이뤄졌다"고 서술한다.[52] 브랜드 세탁은 오늘날에도 여전히 계속된다. 다우 케미컬은 인류 역사상 가장 큰 산업 재해인 보팔 사고에 책임이 있으면서도 그 뒤처리를 거부한다. 카길은 우즈베키스탄 면화의 주요 매입자이고 아프리카의 카카오 농장에서 아동 노예를 고용한다는 이유로 비난받는다. 두 회사는 모두 끔찍하게 반인류적이고 반환경적인 범칙들로 비난받는 터라 그 죄목을 일일이 나열하기에는 지면이 부족할 정도다. 그 어떤 의미로 해석한대도 환경친화적이라는 단어는 그들과 어울리지 않는다.

'녹색'이라는 말은 순진하다는 의미일 수도 있다. 우리의 이득을 가장 염두에 두는 척하는 기업들의 얄팍한 속임수를 두고보아서는 안 된다.

아인슈타인은 정신이상을 이렇게 정의했다. 똑같은 일을 거듭 계속하면서 다른 결과를 기대하는 것. 패션 산업은 우리의 세계를 황폐하게 만든다. 패션은 사람들 그리고 생물권에 심각한 해를 끼친다. 섬유 1킬로가 생산될 때마다 평균 10킬로의 화학물질이 사용된다. 심지어 다자간섬유협정MFA의 제약을 받던 2002년에도, 중국은 이백억 벌 이상의 옷을 생산했다—전 세계 인구 1인당 약 네 벌씩에 해당한다.[53] 이

176

것이 우리가 직면한 문제의 규모다. 그렇지만 현재로서는 옷을 덜 살 것, 재활용할 것, 기업들이 알아서 잘할 거라고 믿을 것, 기적의 섬유 개발 등이 바람직한 해법으로 제시될 뿐이다. 이 모든 해법은 지구를 구하는 것보다는 자본주의의 유지를 더 신경쓰는 듯 보인다. 이런 '해법들'을 20년간 실천해왔으면서도 자본주의—우리가 직면한 재앙들의 원인—가 지구를 살리는 열쇠라고 생각하는 것이 정신이상이 아니면 뭐겠는가?

자본주의의 전복을 바라는 사람들은 종종 몽상가라고 비난받는다. 그렇지만, 한 체제의 권력관계를 건드리지 않고도 그 체제를 근본적으로 바꿀 수 있다고 믿는 유토피아적 개량주의라는 망상보다 더한 망상은 없다.[54] 현재의 궤도를 멈추는 데 필요한 정도의 변화는 경쟁과 이윤이 지배하는 현체제하에서는 불가능할 것이다. 우리에게 필요한 시스템은 근본적으로 이 지구와 서로에 대한 존중을 토대로 하는 체제이며, 인간과 동물을 포함한 생물권은 약탈당하는 자원이 아니라 존중받는 공동체가 되어야 한다.

6장

패션과
사이즈

손에 닿지 않는 아름다움은 노력의 필요성을 일깨워주죠.

—칼 라거펠트(샤넬의 크리에이티브 디렉터)

방 두 칸짜리 아파트에서 여섯 명이 같이 살았는데, 그중에는 쫄쫄 굶는 아이들도 있었어요. 결국 한 명이 입원했는데, 위가 위를 먹었다더라고요. 땅콩만 먹는데, 그나마도 씹기만 하고 뱉어버리기 일쑤였어요.

—두냐 크네제비츠(모델 연맹 회장)

패션은 선택, 변화와 창의성의 창조
자로서 자신을 파는, 본질적으로 시각적인 산업이다. 그렇지만 패션
은 그 좁은 시각적 한계에 들어맞지 않는 모든 이를 보이지 않게 만드
는, 다양성이라고는 전혀 찾을 수 없는 세계다. 패션 산업이 여성 신
체의 사이즈와 형태를 대하는 방식에서 이 사실을 쉽게 엿볼 수 있다.
캣워크 이미지가 널리 퍼지고 패션모델이 아름다움의 롤모델로 자리
잡으면서, 패션의 영향력은 그저 사람들이 무엇을 입어야 하는가를
지배하는 정도를 넘어섰다. 이번 장에서는 주로 여성의 몸에 집중하는
패션 산업을 상기시킨다. 남성의 몸에 대한 불만도 확실히 증가했고,
남성 화장품, 식이장애, 그리고 몹시 마른 남성 모델도 더 보편화되었
다. 그러나 여자들이 받는, 특정 이미지에 순응하라는 압박의 강도는

남자들의 경우와는 비교할 수도 없을 정도다.

패션이 자아상에 영향을 미칠 수 있다는 생각에 대해 일부 여성들은 자신들의 지성에 대한 모욕이라며 거부감을 드러낸다.[1] 일부 여성들은 신체 사이즈와 아름다움의 기준에 부합하지 못한다는 데에 수치심과 죄의식을 느끼고, 또 한편으로는 거기에 부합하려고 노력하면서 '그게 옳지 않다는 것을 알기'에 다시 한번 수치심과 죄의식을 느낀다. 이 수치심과 죄의식의 순환고리, 그리고 틀에 어긋난다는 느낌을 인정하고 싶지 않은 마음은 날씬해야만 한다는 강박관념을 부지불식간에 표준화한다. 거기서 벗어나려면 그 첫걸음으로 자본주의적 삶의 현실에 맞서야만 한다.

따라서, 그 이미지로 지구를 온통 뒤덮은 1조 5000억 달러 규모의 산업이 영향력을 가졌다고 말하는 것은 패션에 대한 모욕이 아니다. 패션이 그 산업에 모델로 고용된 여성들에게 해로운 영향을 미친다는 압도적인 증거에 대해 이야기하는 것 역시 모욕이 아니다.

몸

인류사는 곧 신체 변화와 마케팅의 역사다. 신체는 늘 특정한 시기의 관능적·종교적·문화적 관습과 지형학을 표현하는 도구였다.[2] 그렇지만 지금처럼 변화를 널리 시도하거나, '이상'이 지금처럼 손닿지 않는 적은 없었다. 도저히 획득할 수 없는 아름다움의 형태에 대한 사회적인 만족도는 그것을 손에 넣지 못하는 모든 이들을 괴롭히고, 그것을 손에 넣었다는 이들마저 끊임없이 압박한다. 이는 신체에 대한 불만을 표준화해 심각한 결과를 초래한다. 외모에 자신이 없을 경우 젊은 여성들은 학교 활동에 소극적인 태도를 보인다. 폭식증과 거식증 같은 섭식장애가 증가해 전체 영국 인구의 1~2퍼센트에게 영향을 미치고 있다. 동시에 비만율—어느 정도는 신체에 대한 불만과 다이어트의 원인이라고 여겨지는—은 급상승하고 있다.

미의 균일화는 신체에 대한 불만도가 높아지는 전 세계적인 경향과 관련된다. 수지 오바크는 『몸에 갇힌 사람들』에서 이상화된, 날씬한, 서구적인 신체에 대한 욕망이 어떻게 세계화됐는지를 간략히 설명한다. 텔레비전의 보급 후 피지에서 섭식장애가 발생했고, 중국 여성들은 다리 길이를 늘이기 위해 뼈를 부러뜨리는 수술을 하고, 테헤란의 외과의사 삼천 명 중 일부는 코 성형수술을 하루에 다섯 건씩 한다. 사이즈는 인종과 밀접하게 관련된다. 서구의 이상은 '토착민의 육체'를 짓밟고 올라선다. 오바크는 이를 브랜드 도상학iconography이 종교적 도상학을 밀어내고 미의 표준을 결정하는,[3] 식민주의의 새로운 전장이라고 본다.[4]

디지털로 만든 아름다움
—

우리는 시각이 지배하는 세계에 살고 있다. 사람들은 매주에 이천 개에서 오천 개 사이의 신체 이미지를 본다. 이런 이미지들은 우리에게 미의 민주주의를 보증하는 동시에 손에 넣을 수 없는 무언가를 보여준다. 그들은 누구나 '멋져' 보이기 위해 노력할 수 있고 노력해야 한다는 메시지를 전한다. 미의 전도사들은 우리 몸에 끊임없이 주의를 기울여야 하고 길들여야 한다는 신화를 밀어붙인다. 삶은 '향상'을 위한 기나긴 전투가 된다. 광고 속 여자를 닮겠다는 헛된 희망을 품고서 털을 뽑고 광을 내고 염색하고 다이어트하고 각질을 제거하고 줄질을 하고 칠하고 특정한 형태에 들어맞도록 자신의 몸을 쥐어짠다. '광고 룩'에는 두 가지 핵심 기준이 있는데, 야윈 몸과 대칭적 이목구비다.

패션 산업은 염원과 판타지 간의 간격을 허문다. '선택'이니 '권력 부여'니 하는 그럴싸한 말들은 옷을 소비할 수 있는 능력과 결합해 사람들에게 그들도 그들이 보는 이미지와 같아질 수 있다는 인식을 심어준다. 그렇지만 이러한 미의 민주주의는 존재하지 않는다. 그것은 극복할 수 없는 장애물들—너무나 명백해서 오히려 보이지 않는 장애물들을 숨기는 망상일 뿐이다.

패션 산업에 고용되는 모델 같은 체형을 가진 여성들은 미국 내 여성의 겨우 5퍼센트에 지나지 않는다.[5] 애초에 그렇게 태어난 게 아니라면 무슨 수를 써도 그런 체형이 될 수 없다. 많은 여성들이 시간이나 자원 부족으로 영양가 있는 식단을 포함하는 건강한 라이프스타일을 누리지 못하는데, 하물며 톱모델 같은 라이프스타일은 어림도 없다.[6] 한 스타일리스트는 모델들의 모발 상태에 대해 이렇게 말했다. "기사에 얼마나 가짜가 많은지 모르는 사람들이 많아요."[7] 게다가 우리는 단순한 슈퍼모델들의 이미지가 아니라 디지털 기술로 향상하고 보정을 거친 슈퍼모델들의 이미지를 본다.

길 가다가 H&M 광고 모델들을 본 쇼핑객들은 쌍둥이 혹은 세 쌍둥이를 보는 듯한 기분을 느낀다. H&M의 수영복 모델들은 얼굴과 인종만 다를 뿐 배와 허벅지, 그리고 둥글게 구부린 팔까지 모두 기이할 정도로 닮아 보인다. 2011년, 노르웨이의 한 웹사이트에서 H&M이 속옷과 수영복 광고에 컴퓨터로 만들어낸 신체를 사용한다는 사실을 폭로했다. 모델들의 머리에 디지털 기술로 만든 몸통을 붙인 뒤 피부색과 맞춘다는 것이다. H&M은 업계에서 상례화된 일이라며 가짜 신체를 사용한 것에 대해 변명했다.

이런 위조는 하이 패션에서도 똑같이 일어난다. 2008년에, 『뉴요커』는 패션업계에서 가장 잘나가는 '포토샵 전문가'인 파스칼 댄진의 소개 기사를 실었다. 최근 그는 2008년에 발행된 미국판 『보그』에 실릴 사진 144장을 손봤다. 그중에는 광고 107편과 패션 사진 36장, 그리고 표지에 실린 드루 배리모어의 사진도 있었다. 패션업계에 없어서는 안 될 존재인 그는 불가피하게 '그림자 속' 인물로 불리며, 잡지에 이름이 실리지 않는다. 그는 "이 세계는 현실이 아닙니다. 사람들을 이상적인 환상으로 끌어당기는 것이죠"라고 인정한다. 댄진은 한 사진에서 "살짝 튀어나온 관자놀이를 집어넣고, 턱 쪽 피부를 당기고, 이마의 사마귀를 지우고", 여성의 발, 무릎, 그리고 쇄골을 손봤다고 설명했다.[8] 우리 사회는 현실을 눈에 거슬리게 만드는 중이다.

댄진은 도브의 '리얼 위민' 캠페인—체형, 사이즈, 나이 그리고 국적이 다른 '진짜 여자들'을 등장시킨—사진을 리터치했다고 말해 큰 논란이 일어났다. 댄진은 이렇게 말했다. "모든 사람의 피부와 얼굴에서 연륜을 지우지 않으면서도 매력적으로 보이게 하는 건 엄청난 작업이랄까, 일종의 도전이었습니다." 그러나 도브와 성차별을 노골적으로 하는 브랜드인 링크스를 소유한 유니레버는 그가 색상 보정과 잡티 제거 작업만 했을 뿐이라며 리터치에 대해서는 공식 부인했다.

신체는 아름다운가?

패션모델들은 '유전자 복권'에서 당첨된 여성들로 신격화되는 듯하다. 그러나 패션 산업은 이런 여성들의 삶과 육체에 어떤 영향을 미치는가? 패션 산업이 섭식장애에 어느 정도나 책임이 있느냐는 논란은 여전히 진행중이다. 심각한 심리 질환인 거식증은 광범위한 원인으로 유발되므로, 거식증이나 거식증 환자들을 함부로 일반화할 생각은 없다. 섭식장애와 거기에 기여하는 부정적인 신체 이미지는 성차별이 사라지고 여성에게 외모가 최우선이라는 생각이 사라지기 전까지는 해결되지 않을 듯싶다.

가족과 여성 롤모델들 또한 신체에 대한 자신감에 엄청난 영향을 미친다. '살 이야기'를 멈추고 자존감을 높이는 것은 비단 패션 산업만의 책임은 아니지만, 그렇다고 패션 산업에 무죄 판결을 내릴 수도 없다. 패션 산업이 그 피고용인들에게 특정 미학에 순응하도록 요구함으로써 심각하게 해를 입힌다는 점에는 의심할 여지가 없다.

2006년 8월, 스물두 살의 우루과이 출신 모델 루이셀 라모스가 캣워크에서 내려오자마자 숨졌다. 사인은 거식증으로 인한 심부전이었다. 몇 달 후 루이셀의 여동생인 열여덟 살의 모델 엘리아나 역시 영양실조로 인한 심장마비로 사망해 비극이 되풀이됐다. 브라질 출신 모델인 아나 카롤리나 헤스통 역시 2006년 병원에서 사망했다. 모델 소개소에서 "너무 뚱뚱하다"는 말을 들은 스물두 살의 헤스통은 약 173센티의 키에 몸무게가 겨우 38킬로밖에 안 될 지경까지 굶었다.

21세기 초 패션 산업은 아름다움과 마름을 동일시하고 모델들에게 마를 것을 강요한다. 오늘날 캣워크 모델들의 평균 연령은 겨우 열다섯 살이고, 2007년 런던 패션 위크의 전체 모델 중 80퍼센트는 외국인 노동자들이었다.[9] 어린 나이에 고향을 멀리 떠나온 이 모델들은 극심한 압박을 받으며 심각하게 착취당하고 있다.

패션계의 톱모델들도 가혹한 신체검사를 당하고 살을 빼라고 강요당하는 마당에, 무명 모델들에게 무슨 기회가 있겠는가. 모델연맹 자문위원회 소속 에이미 레몬스는 열두 살에 여성복 모델 일을 시작해 열네 살 때 이탈리아판 『보그』의 표지를 장식했다. 사춘기가 되어 몸이 성숙해지자 에이전트는 그녀에게 하루에 떡 하나만 먹으라고, 필요하다면 그것도 반으로 줄이라고 말했다. "그들은 내게 거식증 환자가 되라고 말했어요. 말 그대로요."[10] 모델 크리스털 렌은 체중의 40퍼센트를 감량하면 슈퍼모델이 될 수 있겠다는 말을 들었다. 그녀는 그렇게 했고 그 결과 몇 년간 거식증과 싸워야 했다.[11] 또다른 톱모델인 코코 로차는 열다섯 살 때 이런 말을 들었다. "올해의 룩은 거식증이야. 그렇다고 너더러 거식증이 되라는 건 아니고, 그냥 그렇게 보이기만 하면 돼."[12]

2013년 스웨덴의 한 섭식장애연구소는 보호자 없이 환자 혼자서 동네 산책을 가는 방침을 수정해야 했는데, 섭식장애를 가진 소녀들을 데려가려는 모델 스카우터가 있었기 때문이다. 어떤 스카우터는 병 때문에 휠체어 신세인 어린 여성에게까지 접근했다.[13]

줄어드는 산업

디자이너 엘사 스키아파렐리는 캣워크 쇼에 키 크고 마른 모델들을 처음 세운 인물로 여겨진다. 찰스 워스와 폴 푸아레 같은 다른 디자이너들은 다양한 여성들을 모델로 기용했다. 크리스토발 발렌시아가의 한 피팅 전문가가 고객들을 안심시키기 위해 "발렌시아가 씨는 배가 좀 나온 편을 좋아합니다"라고 했다는 건 유명한 이야기다. 다양한 치수의 여성들을 고려해 만들어진 발렌시아가의 옷은 '키 작고 통통한' 여성들을 모델로 자주 기용한다.[14]

1960년대에는 무척 마른 '영양실조' 모델들이 처음 등장했고, 1980년대를 지배했던 좀더 탄탄한 미의식이 '헤로인 시크'에 밀려난 1990년대에 패션 산업은 끊임없이 비판받았다. 모델스 1 에이전시의 디렉터인 조 폰세카는 1996년에 이렇게 말했다. "저는 뚱뚱한 것보다 더 나쁜 것은 생각도 할 수 없어요. 마른 여자들을 요즘 그렇게나 보기 힘든 건 뚱뚱한 사람들이 너무 많아서죠."[15] 그후 '사이즈 제로'가 등장했다. 2013년이 되자 캣워크 모델들은 이전보다도 더 말라서 허리 사이즈가 일곱 살 아동과 맞먹을 정도였다. 미국의 사이즈 제로는 영국 사이즈 4에 해당한다. 특히 북미 여성 가운데 절반 이상이 사이즈 14 혹은 그 이상임을 고려할 때 그 가냘픔은 제로라는 말의 어감 그대로다.

마름은 대단히 강요된다. 모델연맹 회장인 두냐 크네제비츠는 이렇게 설명한다. "그렇게 타고난 소녀들은 드물고, 대체로 아직 어려서 가능한 겁니다. 작정하고 굶지 않는 한, 스무 살이 되어 키가 180센티라고 했을 때 엉덩이는 일정 사이즈 이상일 수밖에 없어요. 엉덩이가 발달했기 때문에 그냥 불가능한 거죠."[16] 뉴욕의 한 모델 섭외전문가의 말에 따르면, "요즘의 마름에 대한 집착은 그전과는 비교도 안 됩니다. 모델업계에서 지금이 가장 마른 시대입니다. 우스꽝스러운 일이지요".[17] 크리스털 렌은 더욱 퉁명스럽게 이야기한다. "여기서 더 마르면 그냥 죽는 거죠."[18]

모델들은 체중을 빼라거나 지방흡입을 받으라는 얘길 듣곤 합니다. 아무리 말라도 말랐다고 생각하지 않아요. 엉덩이가 발달하지 않은 열다섯 살 소녀들을 에이전시에서 보내오는 일이 다반사죠. 그런데 그 아이들도 '체중을 좀 빼라'는 얘길 들어요. 그냥 **모두**가 살을 빼는 게 당연하거든요. '날씬해 보이기 위해 건강한 식사를 해라'도 아닙니다. 그냥 '먹지 마'예요. 물만 먹으라는 에이전시가 수두룩하죠. 그보다 더 권장하는 식단은 물, 커피, 담배고요. 영양사를 고용하는 에이전시들도 있지만, 거의 대부분 특히 패션 위크가 다가오면 그냥 '알아서 굶어라' 하는 분위기가 되죠. (두냐 크네제비츠)

여자들이 죽고 나서야 사이즈 제로의 위험이 심각하게 인식됐다. 루이셀 라모스가 죽은 후, 마드리드와 밀라노의 패션 위크에서는 사이즈 제로 모델들을 금지하고 체질량지수BMI가 최소 18은 되어야 한다는 데 합의했다.[19] 파리와 런던에서는 조치를 취하기를 거부했다. 영국판 『보그』 편집자인 알렉산드라 슐먼은 〈데일리메일〉에 「런던 패션 위크에서의 사이즈 제로에 대한 과잉반응」이라는 제목의 기사를 썼다. 그녀는 금지 요청을 일축했다. "우리 잡지에 사이즈 14를 입는 여성들의 사진만 채운다고 해서…… 과연 다들 그들처럼 보이고 싶어할까? 나는 그렇게 생각지 않는다."[20]

압박이 지속되자 2012년 콩데 나스트는 보그 헬스이니셔티브Health Initiative를 선언했다. 그 발안은 "우리가 보기에 건강하고, 건강한 신체 이미지를 전파하는 데 도움이 되는" 모델들을 고용할 것을 『보그』 편집자들에게 요청한다. 그렇지만 그 발안이 발표된 2012년 6월 국제판 『보그』의 표지에서는 아무런 변화도 찾을 수 없었다.

그 약속은 16세 이하 모델 기용도 금지했다. 『보그』는 그간 패션업계가 아니라 다른 업계에서 그렇게 했다면 분명 아동 포르노그래피로 쇠고랑을 찰 법한 패션 사진들을 찍기로 악명 높았다. 유독 불편한 사진 중에는 파리판 『보그』에 실린 열 살짜리 아이가 짙게 화장을 하고 성적으로 자극적인 포즈를 취한 것도 있었다. 두나 크네제비츠는 다른 분야에서라면 체포될 일들이 패션 산업에서 흔히 저질러진다는 데 동의한다. "성희롱, 아동 노동처럼요…… 사람들은 캠페인 속 이런 여자아이들이 겨우 열다섯 살밖에 안 된다는 걸 몰라요. 패션업계는 그냥 이런 식이에요. '그렇게 어려 보이지도 않는데 젖꼭지 좀 나오면 어때.'" 전설적인 모델인 케이트 모스는 한 흥미로운 인터뷰에서 소녀 시절에 자극적인 콘셉트의 사진들을 찍느라 신경쇠약에 걸릴 뻔한 일화를 들려주었다. 가장 많은 갈채를 받았던 이미지인 코린 데이가 찍은 상반신 누드 사진에 관해 이렇게 말했다. "그 사람들은 '네가 그걸 거부하면 다시는 너와 계약하지 않을 거야'라고 했어요. 그래서 저는 화장실에 들어가 문을 잠그고 한바탕 울고 나와서 찍었어요."[21]

신체 사이즈에 관해, 주목할 만한 변화의 순간들이 몇 번쯤 있었다. 디자이너인 자일스 디컨과 마크 패스트는 자신들의 캣워크에 훨씬 다양한 모델들을 고용했다. '캣워크를 넘어서All Walks Beyond the Catwalks'와 '애니보디AnyBody' 같은 조직들은 다양성 증대를 위한 캠페인을 펼쳐왔다. 2011년 6월호 이탈리아판 『보그』는 '플러스 사이즈' 판이었다. '플러스 사이즈' 모델 세 명이 속옷만 입은 채 스파게티가 차려진 카페 테이블 앞에 앉은 사진이 표지를 장식했다. 그러나 이런 시도는 시늉에 불과하며, 진정한 변화를 가로막고 다양성에 대한 상징적 대용품 노릇을 할 뿐이라는 비판이 제기되었다.[22]

"죽은 듯 차가운 눈과 영양 같은 다리를 가진" "스켈리터■의 사생아"[23] 운운하며 마른 모델들을 공격한 언론은 확실히 그 논쟁에 도움이 되지 않았다. 체중장애가 있는 사람에 대한 문제 제기에 있어서 수치심을 주는 것은 의도야 어떻든 가장 나쁜 방법이다. 〈데일리메일〉에서

■ 해골 얼굴을 한 만화영화의 악당.

191

몸매에 대해 비판받은 톱숍 모델 코디 영은 이렇게 말했다. "제가 모델이라고 해서 주저 없이 그냥 저를 공격해도 되는 건 아니잖아요."[24] 모델들은 '뚱뚱하다'거나 '말랐다'는 이유로 대중에게 비판당하고 그후 살이 찌거나 빠지면 더 많은 비판을 듣는다. 웹사이트인 패셔니스타에서는 여성의 육체를 스포츠처럼 관람하는 걸 그만두라고 요청하면서 이런 지당한 질문을 던졌다. "모델들—혹은 일반 여성들—이 체중에 관해 욕먹지 않을 방법이 있기는 한가?"[25]

왜 사이즈 제로인가?

패션업계에서는 옷맵시가 더 잘 산다거나, 옷이 가게에서 어떻게 보일지 바이어들이 더 상상하기 쉽다는 식으로 사이즈 제로의 '필요'를 위한 변명이 주기적으로 고개를 든다. '여성을 살아 있는 옷걸이 취급하는' 이러한 주장을 받아들여서는 안 된다. 인간 모델을 쓰는 이유는 옷을 살려주고 아름다워 보이게 하기 위해서다. 그게 아니라면 그냥 회전식 옷걸이에 옷을 진열하면 그만이다. 바이어들이 극도로 마른 모델들이 없이는 옷을 시각화할 수 없다거나, 디자이너들이 크리스토발 발렌시아가처럼 다양한 신체 사이즈에 맞춰 옷을 디자인할 수 없다면, 패션업계가 과연 창의적이라 말할 수 있을까?

애슐리 미어스는 『당신의 아름다움은 얼마입니까』에서 '튀어야 살아남는 살벌한 게임에서 편집제작자들이 충격을 주려 하는' 방식을 묘사한다. 디자이너들은 고급스러운 룩을 만드는 방법으로 성적인 무용성—섹스가 배제된 신체—을 높게 친다. 그녀는 한 디자이너의 말을 인용해 이렇게 말한다. "여러분은 이 늙지 않는, 얻을 수 없는 아름다움 위에 여러분의 옷을 전시하고 있습니다." 미어스는 또한 브랜드들이 뚱뚱한 여성들(그리고 유색 인종 여성들)이 존재하지 않는 '이상적인' 세계를 그려내려 한다고 말한다.[26]

샘플 사이즈에 자신을 맞추기 위해 극도로 말라야만 하는 모델들에 관해서도 말들이 많다. 일각에서는 작은 사이즈로 만드는 게 옷감이 덜 드니까 규모의 경제학 때문에 샘플을 작게 만든다고 주장한다. 하지만 수백만 달러의 이윤을 얻는 대기업이 옷을 몇 인치 늘린다고 파산할 거라는 주장은 어불성설이다. 샘플은 미국 사이즈 6 또는 다양한 치수로도 얼마든지 제작할 수 있고, 그렇게 되면 모델들이 받는 압박도 누그러져 사회 전체의 건강에도 득이 될 것이다. 두냐 크네제비츠는 다들 책임을 떠넘기려 한다고 말한다. "에이전시들은 디자이너를 탓해요. '그 사람들이 사이즈 6 모델만 원하는데 어떻게 사이즈 8 모델들을 갖추겠어요?' 그렇지만 디자이너들은 이러죠. '그들이 우리에게 작은 모델들만 데려오는걸요.'"[27] 업계에서 아무도 변할 의지가 없으니, 산업 규제를 가하는 것이 사이즈 제로와 작별하는 가장 효과적인 방법일 듯하다.

이런 변명들은 어린 (가난한) 사람들이 부자들의 시각적인 즐거움을 위해 스스로를 굶기다 죽여야 하는 이유를 정당화하거나 설명해주지 못한다. 그렇다면 무엇이 정말 사이즈 제로를 떠받치고 있을까?

현대적인 조건

카를 마르크스의 경제 이론들은 그가 실세계에서 관찰한 관계들을 반영하려는 시도였다.[28] 마르크스는 영국 빅토리아 시대의 노동자 계급의 신체 조건—자라다 만 키, 굽은 등, 옹이투성이 손가락, 잘려나간 팔다리와 죽은 듯 창백한 피부에 대해 묘사한다. 그는 이를 두고 노동자들이 노동에서 소외되고, 무슨 일을 하느냐, 어떻게 하느냐 혹은 무엇을 생산하느냐에 대한 선택권을 빼앗긴 결과라고 말했다.

노동할 때 노동자는 '자신을 긍정하지 않고 부정하며, 만족이 아니라 불행을 느끼며 육체적·정신적 에너지를 자유롭게 개발하는 것이 아니라 자신의 신체를 억제하고 정신을 망가뜨린다.'[29] 여기서 신체와 극도의 마름에 집중하는 21세기 자본주의의 실마리를 볼 수 있는데 이는 패션 산업에서 엄청난 다수의 여성 노동자들이 겪는 고난과 놀라우리만치 비슷하기 때문이다. 그들은 '살아 있는 기계 부속품'의 처지로 전락했다.[30]

극도의 가난이나 존재의 상실은 마치 동물처럼 신체를 제외하면 아무런 노동 수단도 없는 상태로 그려졌다. 이것이 프롤레타리아의 본래 정의였다.[31] 패션모델로 일하는 여성들 중 상당수가 바로 이런 상황에 처해 있다.

두냐 크네제비츠는 모델 일을 이런 식으로 설명한다. "우리는 기본적으로 작업이 가해지는 대상입니다. 그들은 우리를 하나의 상품으로 만든 후, 그들이 파는 상품처럼 우리를 촬영합니다."[32] 모델들이 어떤 취급을 당하는지를 보면 그들 역시 다른 노동자들과 마찬가지로 상품화된 노동자임을 알 수 있다. 패션의 제작은 상품에 의한 상품 제작일 뿐이다.[33] 이 젊은 여성들에게는 티끌만큼도 존중을 보여주지 않는다.

어느 날 오후, 한 에이전시에 그날 아침 시작된 촬영을 마무리할 모델을 보내달라는 전화가 왔는데, 매우 강한 조명을 사용하는 곳이었어요. 에이전시에서 파견한 모델은 그 조명 때문에 각막의 상피막이 타버렸지요. 그 모델은 급히 병원으로 실려갔습니다. 그날 아침에 원래 촬영했던 모델이 치료받던 바로 그 병원으로 말이죠! 그날 아침 한 모델의 각막이 타버렸는데도 조명은 물론이고 아무것도 바꾸지 않았어요. 그냥 전화로 다른 모델을 불렀어요. (두냐 크네제비츠)

극도의 마름을 유지한다는 것은 한 여성의 이십사 시간을 몽땅 잡아먹는 노동이다. 육체적으로든 정신적으로든 다이어트에 휴식은 존재하지 않는다. 이런 전통적 속담에서 보듯, 그것은 강박이다. "빵이 있는 사람에게는 많은 문제가 있지만, 빵이 없는 사람에게는 한 가지 문제밖에 없다." 이 일은 어린 모델들을 육체적으로, 정신적으로 고갈시킨다.

때때로 이런 여자아이들이 도대체 무슨 힘으로 움직이는 걸까 궁금해요. 아예 아무것도 먹지 않고, 온몸의 뼈가 다 튀어나오고, 얼마나 고생하는지 몰라요. 아무 모델 에이전시나 들어가보면 이런 여자아이들이

비몽사몽으로 그저 널브러져 있는데, 말을 걸어보면 그냥 눈만 껌벅대죠. (두냐 크네제비츠)

모델들의 노동은 캣워크와 사진 촬영에만 국한되지 않는다. 그들은 패션업계와 미용업계의 돈줄인 환상을 유지하기 위해 스스로를 굶기는 보이지 않는 노동 또한 한다. 모델들은 검은 가래를 뱉어내지는 않지만 망가진 그들의 몸은 작동중인 시스템, 그들을 통제하는 시스템의 징후다.

이따금씩 그들의 노동은 죽음을 부른다. 이는 어느 정도는 모델들이 엄청난 압박과 거대한 산업예비군의 불안에 사로잡혀 있기 때문이다. 그들이 '사이즈를 맞추지' 못한다면, 더 나쁜 조건과 더 적은 돈 그리고 더 적은 음식에도 그들을 대신할 수천 명이 대기중이다. "우리는 하루에 1만 달러 이하의 일은 거들떠보지도 않아요"라는 톱모델의 선언 뒤에는 그런 현실이 숨어 있다.[34]

강요된 마름—죽기 직전까지의 굶주림—은 인간과 지구를 대하는 패션 산업의 방식을, 그 모든 노동자들에게 가하는 압박을 보여준다. 그렇지만 그 외에도 한층 불길한 것이 작용한다. 부자연스럽게 획득하거나 유지되는 극한의 마름을 고용 조건으로 만드는 것은 피고용인에 대한 통제를 유지하고 그들의 주체성을 빼앗기 위해 패션업계가 이용하는, 반발을 불러일으키지만 효과적인 수단이다.

두냐 크네제비츠는 이렇게 설명한다.

패션 산업은 말 그대로 사람들을 약하게 만들어요. 거식증이나 폭식증을 가진 많은 사람들이, 그나마 통제 가능한 건 먹는 것뿐이라고 해요. 특히 에이전시에게 삶을 통제당하는 모델들이 스스로 통제 가능한 건 그것뿐이거든요. 모델들을 그런 상태에 가둘 수 있다면, 클라이언트나 에이전시들은 모델들을 통제할 수 있고 완전히 장악한 겁니다. 그들에게 이래라저래라 하면서 이리저리 끌고 다닐 수 있어요. 그러기에 섭식장애는 정말이지 탁월한 방법이에요. 생각해보면, 그건 실제로 사람의 마음을 장악한답니다. 정신을 약화시키는 거죠.

활력은 극도의 마름에 대한 강박에 대체된다. 자신들이 약하다고 배운 여성들은 형편없는 처우에 맞서 싸울 확률이 더 낮아진다.[35] 또한 육체적 공격에 말 그대로 맞서 싸울 능력도 떨어진다.[36] 여성에 대한 공격은 강간과 성폭력을 포함해 사회적으로 만연하지만 패션 산업에서는 충격적일 정도로 늘 일어난다. 사진작가인 테리 리처드슨과 아메리칸 어패럴의 최고경영자인 도브 차니를 포함해 업계의 몇몇 젊은 여성들을 일상적으로 성추행한 혐의로 고발당했다.

트렌드 이상의 무언가

마른 몸에 대한 숭배는 그것이 고용 조건인 사람들에게만이 아니라 사회 전반에 퍼져 있다. 사람들은 왜 마르고자 하는가?

수지 오바크의 말에 따르면, 그간 서구가 방대한 부를 축적해온 덕분에 이제는 "풍요로움 속에서 그와 반대되는 것 그러니까 우리가 욕구에서 벗어나 있고, 대단히 선택적이고, 식욕을 통제할 수 있으며, 신체의 물질성을 깨끗이 지워버릴 수 있다는 것을 전시할 필요가 있기" 때문에 마름이 패셔너블함이 되었다.[37] 오바크는 극도의 마름이 패션이 아니었다면 다른 무언가가 패션이 되었을 거라고 주장한다. 1950년 대에 웨이트온■을 파는 회사들은 '심심풀이로'[38] 너무 살을 뺀다며 여성들을 비난했다. 오늘날의 패션 산업은, 다이어트와 음식 그리고 제약 산업이라는 '시녀들'[39]과 함께 신체에 대한 불안감을 등에 업고 수십억을 벌어들인다. '신체 혐오 장사꾼'으로 불리는 그들은 "신체에 대한 불안을 키우는 데 의존하기 때문에 수많은 사람들에게 미의 공포증을 심어준다."[40] 여성들이 자신의 신체에 만족하도록 놔두기에는 그 시장에 너무 많은 이윤이 걸려 있다. 그리하여 돈을 계속 써서 자신을 완벽하게 만들어야 한다는 불가능한 임무가 여성에게 주어진다.

이 장 앞머리에 인용했던 라거펠트의 말을 전부 옮겨보겠다. "손에 닿지 않는 아름다움은 노력의 필요성을 일깨워주죠. 하지만 여러분이 무언가를 보고 그 보이는 것에 손이 닿으면, 더는 노력할 필요가 없습니다."[41] 그런 노력에는 옷과 액세서리와 화장품과 향수 구매도 포함된다. 샤넬에서 사면 더 좋고. 더 광범위한 자본주의 시스템의 일부로서, 패션은 "채울 수 없는 갈망을 창조함으로써 소비자 수요"에 불을 지핀다.

■ Wate-On, 체중을 늘려준다고 선전한 식품 보조제.

자연스러움을 섣불리 단정해서는 안 되겠지만, 여성의 신체는 오늘날 가슴과 엉덩이에 실리콘 투입하기, 보톡스 주사, 피부 미백, 모발 염색, 에나멜 치아, 붙임머리, 인조 손톱, 버재즐(여성 성기에 다는 크리스탈 장식), 코 수술과 턱 수술, 그리고 다리뼈 이식 등으로 보정된다. 또한 여성들은 굶주린다. 그후 그 결과물에서 마지막으로 남은 현실성은 포토샵으로 지워진다. 이는 자연을 벗어나려는 몸부림 그 자체다.

5장에서 논의했듯 소외는 사람들을 지구로부터, 서로로부터, 그리고 자신의 신체로부터 소외시킨다. 그 셋은 정복해야 할 대상이 된다. 인간 본성은 조각조각 '쪼개지고',[42] 신체는 있는 그대로 완벽한 자연의 일부가 아닌 굶기고 혐오해야 할 대상이 된다. 이처럼 육체를 정복하려는 욕구는 인간들이 나머지 인류 그리고 '자연 그 자체로부터'[43]의 거리를 기준으로 자신을 규정하도록 배우는 데서 비롯된다.

이상적인 가짜 신체로 광고하는 것 또한 인간을 철저히 약화시킨다. 그것은 여성들로 하여금 스스로를 결점투성이로 느끼게 하고 외양을 바꾸려는 노력에 막대한 시간을 허비하게 만든다. 숭배의 대상이 되는 특정한 체형—이 경우에는 포토샵에서 에어브러시 처리한 마름—을 광고하는 것은 패션 산업에 수반되는 배제과정의 일부다. 7장에서는 패션 산업이 배제—이번에는 인종에 대한—의 과정을 통해 아름다움을 정의함으로써, 배제되는 측의 현실과는 철저히 무관한 배제의 주체들에게 이득을 가져다준다는 생각에 대해 더 깊이 들여다본다.[44]

그러나 마름은 단지 연속되는 패션 사이클에서 하나의 트렌드가 아니다. 굶주림과 생명을 위협하는 극도의 마름이 어째서 아름다움으로 광고되는가? 『무엇이 아름다움을 강요하는가』에서 나오미 울프는 다이어트를 통한 극도의 마름이 여성해방의 법제화 이후 등장했다고 주장한다. 여성들이 1920년대에 투표권을 얻으면서, 다이어트와 마름에 집착하는 현상이 나타났다. 이러한 변화는 여성들이 '예전에 갇혀 있던 가정이라는 감옥에서 벗어나 작업장을 비롯한' '남성의 영역들'에 진입하자 몸이라는 새로운 감옥에 여성을 가두려 한 사회적 획책 탓으로 설명된다.[45]

울프는 패션을 위한 다이어트와 극도의 마름 모두가 여권 신장과 동시에 일어났다고 말한다. 여성해방 운동이 활발했던 1960년대와 1970년대에 피임약에 담긴 가장 급진적인 의미들을 상쇄하기 위해 트위기 '웨이프▪' 실루엣이 대중화된 것이 그 본보기다. 울프의 주장에 따르면 1990년대 패션업계에 '헤로인 시크'('병자의 룩, 빈곤의 룩, 그리고 신경쇠약의 룩')가 등장한 것은 발전과 만족에 대한 여성의 염원을 억누르기 위해서였다.[46]

샌드라 리 바트키는 『여성성과 지배』에서 다이어트의 유독 치명적인 한 가지 양상—스스로에게 자발적으로 적용한다는 것—을 설명했다. 그녀는 모든 죄수가 스스로를 의식하며 계속해서 가시권에 있다고 여기는 걸 감옥의 핵심 개념이라고 서술했다. 그녀의 주장에 따

▪ waif, 비쩍 마른 사람, 특히 여성을 가리킨다.

르면, 사회는 여성을 항상 전시展示 상태인 죄수로 만든다. 그녀는 화장이 번지지 않았는지 확인하려고 하루에 여섯 번씩 거울을 보고, 비나 바람에 머리 모양이 망가질까봐 걱정하고, 뚱뚱해질까 겁나서 섭취하는 음식을 점검하는 여성을 묘사한다. 따라서 여성들은 자신들의 죄수 상태를 스스로 심화시킨다. 자신들이 감시당한다는 것을 알기에, '수감자들'은 자신을 검열한다.[47]

『여성성과 지배』가 출간된 1990년 이래로 중요한 변화들이 일어났다. 인터넷의 보급으로 그 이전 어느 때보다도 일반인들이 전시되게 되었다. 인터넷 이전의 삶이 시각적 감옥이었다면, 이제는 수용소가 되었다. 뱃속에 있는 태아의 초음파 검사 사진부터 영정 사진까지, 특히 페이스북은 우리 삶의 모든 면면을 포착하고 온라인에 올려 점검받는다는 뜻이다. 지속적으로 전시된다는 것은 '페이스북 페이스리프트'가 이제는 케임브리지 대사전에 "소셜네트워크에서 자신의 사진을 너무 많이 본 결과 허영심이 생겨서 하게 된 얼굴 성형수술"이라는 의미로 공식 등재됐다는 뜻이기도 하다. 그리하여 오늘날 여성들은 그 어느 때보다도 다이어트에 집착하게 되며, 다이어트를 안 한다는 이유로 비판당할 가능성도 그 어느 때보다도 높다.

스레드베어드라는 블로그에 게시된 한 기사를 보면 좀더 이해가 쉬울 것이다. 롭 닉슨 교수가 내린 '느린 폭력'(점차적으로 일어나고 눈에 보이지 않는, 보통 전혀 폭력으로 보이지도 않고, 효과가 나중에 나타나는 소모성 폭력)[48]의 정의를 신체이형증과 섭식장애에 적용한 기사다. 이에 따르면 성인 여성들은 사춘기 이전과 같은 신체를 유지하라고 암묵적인 강요를 받는데, 이는 낮은 자존감, 불안, 우울과 일부 경우에는 마약과 알코올 남용, 자해, 그리고 섭식장애 등을 유발하는 느린 폭력과 관련된다. 이런 방식으로, 섭식장애는 우리가 어떤 사회에서 사는지를 보여준다. 이는 비단 '백인 소녀들만의 문제'가 아닌데, 인종과 인종적 폭력은 신체이형증의 발달에 강력한 영향을 미치기 때문이다. 이처럼 일상화된 고통은 여성의 사회적 불평등을 심화한다.

전 세계적으로 사회는 전쟁, 극빈, 금융위기, 독재, 제국주의, 자원 고갈, 핵폭탄, 테러리즘과 신자유주의에 짓눌려 있다. 기후 변화라는 느린 폭력—그리고 내 생각에는 현대인의 삶의 소외도—을 포함시킨다면 21세기 초의 자본주의는 아마 인류 역사상 가장 큰 위기를 제시할 것이다. 바야흐로 극단의 시대다.

시장이 전 세계로 퍼졌다는 점 역시 오늘날 사회의 특색이다. 남은 정복지는 인간의 몸 구석구석뿐이다. 또한 현재의 서구자본주의 사회는 1980년대 이래 상품 판매가 갈수록 신화와 판타지에 의존해왔다는 점에서 다른 사회와 다르다.[49] 특히 패션에서, 사용가치는 교환가치가 작용하는 데 필요한 브랜드 판타지에 압도당했다. 여성들이 먹지 않고도 건강을 유지할 수 있으며, 성인 여성들이 사춘기 이전 몸매를 가질 수 있다는 게 판타지의 정점이다.

수척함인가 해방인가?
—

'플러스 사이즈' 업계를 제외하면 패션—하이엔드 패션이든 하이 스트리트 패션이든—은 그간 여성들에게 획득 가능한 미의 이상을 제시하지 않으려 발악해왔다. 이것은 손해를 자초하는 짓일 수도 있다. 연구 결과에 따르면 (알렉산드라 슐먼의 주장과는 반대로) 여성들은 광고모델들의 신체 치수와 체형이 자신들과 비슷할수록 쇼핑 의욕이 더 강해졌다. 모델들의 체형, 나이 혹은 인종이 고객과 가까울 경우 구매 의욕은 300퍼센트까지 상승했다. 도브가 '리얼 위민' 광고 캠페인을 시작하고 나서 미국 내 도브 제품의 매출은 600퍼센트까지 치솟았다.[50] 경제가 위축되고 있으니 기업들이 자기 이익을 위해 더 많은 고객들을 끌어들이고자 광고 캠페인을 다양화할지도 모른다. 그러나 다양성의 핵심은 기업 이윤 증대가 아니다.

긍정적인 움직임은 기본권을 위해 모델들이 집단행동에 나서는 사례가 늘고 있다는 것이다. 2009년에 영국의 노동조합인 이쿼티Equity의 런던 지부로 모델연맹을 창립한 빅토리아 키언코헨과 두냐 크네제비츠는 모델 노조라는 아이디어를 생각해냈다. 키언코헨은, 일거리와 비자가 에이전시에 매여 있는 모델들은 문제가 생겨도 그들에게 도움을 구할 수 없다면서, "패션 산업이 너무 오랫동안 규제를 받지 않았기 때문에, 그들은 항상 제멋대로 굽니다"[51]라고 말했다. 모델연맹은 영국패션협회와 모델에이전시협회가 뒷받침해주는 행동 강령을 내놓았다. 최저임금, 업무중 휴식, 그리고 노출 요구에 대해 규제하고, 쇼에서 건강한 음식과 음료를 제공해줄 것을 목표로 한다. 조합원들은 또한 얼굴 보험에 가입하고 법적 지원을 받으며 상담사와 영양사들의 자문을 구할 수 있다.

패션 산업은 그런 상황에 서서히 익숙해졌고, 조합 가입을 막으려는 차별 행위는 아직까지는 없었다. "몇 년째 설명하고 다녔더니 사람들이 점점 지지해주고 있어요. '좋아요, 당신은 촬영장에서 죽고 싶지 않다는 거지요. 공평하네요' 하더군요." 한 가지 문제는 모델들 스스로 기대치가 낮다는 것이다. "대부분은 동유럽 출신이지만 아프리카 출신도 좀 있는데, 특히 남아프리카 출신이 많아요. 그들은 여덟 시간 동안 아무것도 못 먹어도 잘 참아요. 어차피 엄마가 공장에서 일하는 하루 열두 시간 동안 아무것도 못 먹었거든요."[52]

패션모델로 일하는 동시에 〈픽쳐 미〉라는 영화로 십대 모델들에게 가해지는 불법 행위와 착취를 그려낸 세라 지프는 그후 미국에서 모델연맹을 결성했다. 모델연맹 공동창립자인 제나 사우어스는 "패션의 가장 부유하고 가장 힘있는 브랜드들을 위해 대부분 어리고, 여성이며 가난한 노동자가 일한다는 사실은 정말이지 유쾌하지 않아요"라고 말했다.[53] 모델연맹은 뉴욕 주에서 아동모델보호법을 제정하기 위한 캠페인을 성공적으로 벌였다. 조합을 만들고 부당한 처우에 맞서려면 어느 업계나 용기가 필요하지만, 특히 모델업계처럼 경쟁이 심하고 규제가 없는 산업에서는 더욱 그렇다.

팻 + 패션 = 팻션[■]

신체 이미지 전복의 또다른 현장은 인터넷인데, 바로 블로그스피어에서 파생된 패토스피어[■■]다. 나는 이 장에서 '뚱뚱한'이라는 용어를 사용했는데, 블로거들이 그렇게 쓰기 때문이다. "나 자신을 '뚱뚱하다'고 부름으로써, 이것이 나라고 말하고 있다. 이것은 내 몸이다. 내가 가지고 살아가는 몸이기 때문에 내게는 이 몸이 옳다. '뚱뚱한'은 나쁜 말이 아니다. 올바른 체중이 따로 있다는 듯한 '과체중'이라고 하는 대신, 단순히 형용사로 '뚱뚱한'을 사용한다."[54]

패션 사이트들은 패션 산업에서 보이지 않는 존재가 된 여성들을 위한, 그리고 패션의 시각 문화를 밑바닥에서부터 바꾸기 위한 플랫폼을 제공해왔다. 텀블러에서 대충 '팻션'을 검색해보아도 패토스피어가 거기 해당하는 여성들에게 얼마나 큰 즐거움인지 알 수 있을 것이다. 인터넷은 암암리에 또는 대놓고 못생겼다는 말을 듣는 여성들에게 구명줄이었다.

여러분의 자신감 덕분에 저도 용기를 얻어 제 모습에 만족하게 되었습니다. 10년 이상 폭식증과 싸워왔지만, 현재는 회복중이라 다시 살이 쩌

[■] fatshion, fat(뚱뚱한)과 fashion(패션)이 합쳐져서, 패셔너블하기 위해 반드시 마를 필요가 없다는 생각과 그에 따른 스타일 그리고 행동양식 등을 표현하는 신조어.
[■■] fatosphere. 비만이거나 과체중인 여성들이 만들고 유지하는 블로그, 개인 사이트 등을 포함한 인터넷 공간들로, 그들의 신체 상태에 대한 만족과 긍정이 주 콘텐츠다.

면서 원래의 체형과 굴곡으로 돌아왔어요. 어떻게 옷을 입고 어떻게 행동해야 할지 완전히 개념을 잃었었는데 이 웹사이트에서 영감을 얻고 있어요. 감사합니다![55]

아메리칸 어패럴이 온라인에서 개최한 '플러스 사이즈' 모델 선발대회는 패토스피어가 온라인상에서 저항할 완벽한 기회였다. 성차별적이고 착취적인 광고로 악명 높은 아메리칸 어패럴은 뚱뚱한 사람을 차별하기로도 유명하다. "그것은 우리의 인구학이 아닙니다." 아메리칸 어패럴은 '넥스트 빅 씽' 모델 선발대회를 열어서 이미지 쇄신을 도모했다. 여성들—아메리칸 어패럴이 '것(씽)'이라고 지칭한—은 자신의 사진을 제출하고 자신이 왜 '다른 사람들보다 더 크고 더 낫고 더 후덕한지를' 설명해야 했다. 그런 뒤에 일반인 평가단이 각 여성을 1점부터 5점까지 평가해 우승자를 택하는 식이었다.

　과장하자면, 그 선발대회는 댈러스 출신의 블로거 낸시 업턴의 작품 때문에 실패로 돌아갔다. 업턴은 그 대회에 참가해 "저는 12사이즈입니다. 먹는 걸 도저히 멈출 수가 없어요" 같은 제목을 단 풍자 사진 연작을 제출했다. 사진 속에서 그녀는 수영장에서 로스트 치킨을 먹고 랜치 소스로 목욕을 하거나 파이를 소품 삼아 자극적인 포즈를 취했다. 업턴은 그 선발대회에 참가하는 여성들이 뚱뚱해서 아름다운 것도 뚱뚱함에도 불구하고 아름다운 것도 아니라는 메시지를 전했다. 업턴은 우승자로 뽑혔지만 아메리칸 어패럴은 곧바로 그녀를 실격시켰다. "당사는 내면과 외면의 진정한 아름다움이라는 개념의 본보기로 느껴지는, 그리고 당사의 대표로 자랑스럽게 내보일 만한 다른 참가자에게 그 상을 수여하기로 결정했습니다."[56]

한편 인터넷의 문제는 사람들이 계속해서 시각적으로 노출되고 이유 없는 괴롭힘을 당한다는 것, 그리고 패토스피어 같은 사이트들이 변두리에 머무른다는 것 등이다. 산발적인 저항도 중요하지만, 거기에 만족하는 '비만 활동가들'은 거의 없을 것이다. 또한 심각한 섭식장애로 고통받는 사람들 역시 인터넷을 활용한다. '씬스포thinspiration'와 '프로 아나pro-anarexia' 같은 사이트에는 살을 빼라고 독자들을 부추기는 '동기부여' 인용문, 사진과 팁들이 게시된다. 페이스북과 텀블러와 핀터레스트는 미국 섭식장애연구회 같은 단체들과 손을 잡고, 자해를 노골적으로 부추기는 사이트들을 폐쇄하고 방문객들에게 섭식장애에 관련된 조언을 제공하고자 노력해왔다.

변화를 추구하는 다른 캠페인들은 웨이트 와처스 같은 회사들을 허위광고로 고발하려고 노력한다. 활동가들은 95퍼센트의 실패율과 고객들의 높은 회귀율을 지적한다. "날씬해지는 것은 사람들의 지갑뿐입니다."[57] 그와 비슷하게 포토샵 에어브러싱에 반대하는 움직임들도 있어서, 영국에서는 표준 거래 규약을 놓고 전투가 벌어지고 광고들이 철회되기도 했다. 일부 논평가들은 광고인들을 규제하려고 애쓰는 자신들의 모습이 '디지털 시대의 시시포스' 같다고 말한다. 그렇지만 에어브러시로 손본 모든 광고에 "경고! 이 완벽함은 환상입니다" 같은 공익 메시지를 적는 것 같은 방법은 가짜 이미지들의 맹폭격에 맞서는 데 실제로 유용했다.

신체 이미지
—

어린이들에게 미디어 이미지가 어떻게 바뀌어왔는지를 가르치는 방편으로 미디어 리터러시 수업을 진행하는 학교들이 늘고 있다. 그러나 미디어 리터러시는 형편없는 신체 이미지에 대한 해법이 아니다. 우선, 미디어 리터러시 수업은 미디어를 건들지 않고 책임 소재를 어린 여성들에게로 옮긴다. 그 수업에서는 어린 여성들에게 현명한 미디어 분석가가 되라고, 수업을 듣고도 여전히 신체에 자신이 없다면 미디어가 아니라 스스로를 탓하라고 가르친다. 로절린드 길 교수가 설명하듯, 미디어 리터러시 수업은 젊은 여성들에게 자신을 완벽하게 만들라고 말하는 또다른 방식일 뿐이다. 그 수업들은 사람들이 미디어와 관계 맺는 방식이 변해야지 미디어 그 자체가 변할 필요는 없다고 암시한다. 미디어 리터러시 수업을 인종차별에 대한 대처 방안으로 흑인 사회에 제시한다면 어떨지 생각해보면 좋은 비교가 될 것이다.[58]

패션 산업이 그려내는 여성들의 묘사를 지적으로 분석하고 비판한다고 해서 불안감과 낮은 자존감에서 벗어날 수 있는 것은 아니다. 변화를 위해 싸우도록 배우고 격려받지 못하면, 사람들은 어쩌면 처음보다 더 '덫에 걸리고' 무력해질지도 모른다. SPARK Sexualisation Protest Action Resistance Knowledge의 주도로 이뤄지는 신체평화협약은 젊은 여성들이 변화를 일으키기 위해 패션 미디어에 맞서는 캠페인 중 하나다. 십대 활동가인 줄리아 블룸은 여성 셀러브리티 사진의 에어브러싱을 반대하는 청원과 시위를 진행해 『세븐틴』의 방침을 변화시켰다.

영국의 하이 스트리트 패션 체인인 데븐햄 또한 광고에 에어브러시 처리를 하지 않겠다고 약속했다.

다수의 연구 결과, 저체중 모델들을 기용한 광고를 제한하고 사이즈 제로 모델들을 금지하는 것이 젊은 여성들이 받는 압박을 완화하는 합리적인 방법임이 입증되었다.[59] 그러나 패션 산업의 많은 부분은 여전히 규제에 격렬하게 저항하면서, 그 대신 패션을 '예술'로 보호하기 위한 자체 규제를 주장한다.

모델들은 굶주리는 것으로도 모자라 인체용 페인트 대신 자동차용 페인트로 칠해지고, 화장품 때문에 눈에 화상을 입고, 한 번 촬영하는 데 세 번씩 염색하느라 탈모까지 생긴다. 그들은 살아 있는 사람이지 캔버스가 아니다. 이 '예술'은 해를 끼친다.

보호 규제를 거부하려는 아우성은 패션 산업에 가장 세세한 종류의 산업 규제가 이미 존재한다는 현실과 어긋난다. 예를 들어 파리의 의상협동조합은 각각의 드레스를 입어볼 수 있는 횟수와 회사의 고용인 수 같은 문제에 대해 법적으로 규정해 오트 쿠튀르를 통제한다. 패션 산업이 건강과 안전 규정을 거부할 핑계란 존재할 수 없다.

자체 규정은 그간 수없이 많은 패션모델들을 병들게 하거나 죽게 했고, 마른 몸을 숭배함으로써 사회 전반에 불안을 퍼뜨렸다. 규제 단체들, 활동가들, 그리고 정부들은 그 생산품과 철학을 통해 사회에 그토록 큰 영향을 미치는 산업에 더 많은 요구를 해야 한다. 그것은 많은 여성들에게 이미 돌이킬 수 없는 해를 끼쳤다. 하지만 적절한 규제로 다른 수백만 명의 여성을 구제할 수 있다.

$\smile$

어떤 단일한 미의 이상을 추구하는 것은 필요라기보다는 이윤을 위한 산업 패턴의 산물이다. 대칭과 사이즈 제로와 관련된 미의 이상형은 사회를 이롭게 하려는 것이 아니라 실상 엄청난 해를 입힌다. 그 이상형들은 여성들이 스스로를 의심하도록 분위기를 조성해 외양을 바꾸는 데에 시간과 돈을 소비하게 하기 위해 그리고 패션 산업에 종사하는 수많은 인력을 통제하기 위해 존재한다. 여기에 맞서려면 미의 형태가 하나뿐이라는 그 생각이 이를 선전하는 시스템과 함께 폐기되어야 한다.

아름다움은 판에 박은 듯 똑같고 사회적으로 용인된 케케묵은 미학에 누군가가 얼마나 잘 순응하느냐를 따지는 척도가 아니라, 본질적으로 개성이라고 인식되어야 한다. 여성들은 자신의 외양이 가장 중요하다는 생각에서 벗어나야 하고, 패션 산업의 피고용인들은 고용 조건으로 굶주림을 감수해서는 안 된다. 개인들을 위한 진정한 표현의 자유는 편안함과 자유 그리고 진정한 창의성과 선택 가능성을 가져다줄 것이다. 그러면 남들 눈에 보이는 내 모습을 바꾸려고 절박하게 투쟁하는 데 바치는 모든 시간과 자원을 자유로이 쓰게 될 것이다. 사이즈 제로와 현재의 미학으로는 아무데도 이를 수 없다. 크리스털 렌의 주장을 한번 더 되풀이하자면, "여기서 더 마르면 그냥 죽는 거죠".

7장

패션은
인종차별적인가?

그 나라들 중에는, 음, 무슬림 국가들도 있기 때문에, 『보그』 같은 패션지에게 문제가 될 수 있습니다. 그곳의 문화, 정치 문화나 패션 문화가 『보그』의 가치와 양립 가능할지 잘 모르겠습니다. 그런 나라에 절대로 진출하지 않겠다는 게 아니라, 신중하게 생각해봐야 한다는 거죠. 경제적으로 아직 준비가 안 된 곳들도 있고요. 방글라데시, 나이지리아나 파키스탄은 확실히 『보그』와 만날 준비가 아직 안 됐다고 봅니다.[1]

— 조너선 뉴하우스(콩데 나스트 인터내셔널 회장)

패션 생산은 보통 남는 장사가 아니다. 이 때문에 역사적으로 패션은 특정 인구 그러니까 부유하고, 마르고, 백인인 사람들의 영역으로 지켜져왔다. 그리하여 이 인구학 바깥에 위치한 사람들은 '패션을 하지' 않는다는 신화가 태어났다. 그들은 '역사 없는 사람들'로, 이 경우에는, '패션 없는 사람들'로 비하된다.[2] 이 뿌리부터 인종차별적인 전제—파리, 밀라노, 런던 그리고 뉴욕에서 생산되는 것은 패션이고 그 외의 모든 지역에서 생산되는 것은 그저 옷이라는—가 이번 장의 바탕이다. 그 전제는 비인간화와 이른바 제3세계에 대한 죄의식 없는 착취를 허용한다. 그러나 이러한 인식은 경제력의 이동으로 심각한 도전을 받고 있다.

출입금지 구역

1959년 2월, 『하퍼스 바자』에 차이나 마차도(본명은 노엘리 다수자 마차도)의 사진이 실렸다. 패션지에 처음으로 유색인종[3] 모델이 등장한 그 사건은 마차도의 사진작가이자 동료인 리처드 애브던이 투쟁해 얻어낸 결과였다. 2012년, 차이나 마차도는 여든두 살의 나이로 모델 일을 재개했다. 마차도는 상하이에서 보냈던 어린 시절에 대해 이렇게 회상했다. "우리(비백인들)는 아무 이미지도 없었어요. 우리가 예쁘다고 말해주는 게 아무도 없었거든요. 아무도요. 그래서 제가 예쁘다고 전혀 생각지 않았어요. 그런 건 생각도 못했답니다."[4]

『보그』는 1966년에 가서야 유색인종 모델을 표지에 등장시켰다. 도날리 루나를 실은 영국판 『보그』가 첫 타자였다. 그 사진에서 루나는 손으로 얼굴 한쪽을 가렸는데, 자신의 인종을 감추려는 자세인 듯하다. 베벌리 존슨이 미국판 표지를 장식한 것은 그로부터 8년이나 더 지난 1974년이었다. 파리판 『보그』는 1988년까지도 단호하게 백인만을 기용했지만, 열여덟 살의 나오미 캠벨을 표지에 싣지 않으면 관계를 끊겠다는 이브 생로랑의 위협에 결국 무릎을 꿇었다.

몇십 년이 지났는데도 백인으로만 이루어진 캣워크, 백인만 등장하는 광고 캠페인과 백인 일색의 패션 사진들이 여전히 표준이다. 그러나 사실상 패션 산업에서의 '백탁' 문제에 워낙 관심이 몰린 터라 2008년 7월호 미국판 『보그』에 「패션은 인종차별적인가?」라는 머리기사가 실리기에 이르렀다. 그 기사는 캣워크가 무시무시할 정도로 동질적인 모습만 제시한다는 사실을 인정했다. "개성 없이 단조롭게 예쁘고, 아주 어리고, 엄청 마르고, 옅은 금발을 뒤로 당겨 묶은 이름 없는 자들의 행진."[5]

캣워크 통계를 들여다보면 충격적일 정도로 다양성이 결여되어 있다. 2009년 뉴욕 패션 위크에는 116개 상표가 참여했고, 모델은 총 3967회 등장했다. 그중 668회(18퍼센트)가 유색인종 모델들이었다. 이 수치는 보기보다도 더 차별적인데, 세 명의 톱모델이 겹치기 출연을 해 전체 횟수의 절반을 차지했기 때문이다. 2009년, 다국적 도시인 뉴욕에서 열린 패션 위크에서 전체 출연 기회의 82퍼센트가 백인 모델들 몫이었다. 이 통계를 파고들어보면 캘빈 클라인이 35회 중 유색인종 모델을 딱 한 명만 기용했고, 도나 카렌은 45회에 고작 세 명을 기용했다.[6]

미국 내 캣워크의 다양화를 위한 활동가들의 투쟁 덕분에 통계상으로는 50퍼센트의 증가가 일어났다. 2007년 뉴욕 패션 위크에서는 어떤 유색인종도 쓰지 않은 쇼가 101개(삼분의 일)였으니, 말 그대로 백탁이었다. 2008년과 2009년 사이에 그 수가 증가한 데는 버락 오바마의 대통령 당선과 첫 흑인 영부인의 출현도 어느 정도 영향을 끼쳤다는 게 중론이다. 홍보에 목마른 디자이너들은 냉큼 미셸 오바마의 옷장을 샅샅이 뒤졌고, 일부 디자이너는 인종차별을 좀 덜 티나게 하려고 신경쓰게 되었다.

업계 표준에 따르면 뉴욕의 인종차별은 오히려 약한 편이다. 사십 명의 디자이너들이 참가한 2008년 파리 패션 위크에서는 유색인종 모델을 단 한 명도 세우지 않았다. 패션업계의 내부자들은 유럽을 점령한 인종차별이라는 전염병에 관해 이렇게 이야기한다. "파리와 밀라노에서는 흑인 여자아이를 한 명이라도 보여주면, 마치 뜨거운 것에 덴 양 책자를 떨어뜨립니다."[7] 고객들은 캐스팅 디렉터들에게 "우리는 흑인 여자아이들을 원하지만, 너무 검지 않은 아이로 찾아주세요"라고 주문한다.[8] 〈아름다움의 색〉이라는 다큐멘터리에 출연한 모델 러네 톰프슨은 패션 산업에서 겪은 경험을 이렇게 말했다. "때로는 인종차별을 너무 대놓고 해서 속이 메스꺼울 정도예요."[9] 프라다는 1997년 캣워크에 섰던 나오미 캠벨과 2008년 캣워크에 선 조단 던 사이에 단 한 명의 흑인 모델도 허용하지 않았다. 유럽의 다른 곳들에 비해 그나마 낫다고들 하지만 런던의 예약 에이전트들은 여전히 '타인종 사절'이라고 적힌 캐스팅 요청서를 받는다. 이 정도의 인종차별이 용인된다는 것은 다른 업계에서는 상상도 못할 일이다.

일탈, 동물들, 노예들과 배경

잡지들 역시 차별적이다. 두툼한 영국판 『보그』 2011년 9월호를 예로 들어보자. 그 잡지는 커버스토리로 「존 갈리아노의 폭풍 같은 삶」을 실었다. 패션 디자이너 갈리아노가 인종차별적 발언으로 유죄 판결을 받은 일에다가 인종 표현을 탐구할 수 있는 흥미로운 맥락까지 제공한다. 페이지를 넘기다보면, 독자는 백인 사진은 402장 실려 있지만 유색인종의 사진은 22장밖에 없음을 보게 된다. 이 22장 중 한 장은 아이티를 찾은 한 백인 배우를 설명하면서 흑인 다섯 명을 함께 찍은 작은 사진이고, 세 장은 노예들의 사진이며, 두 장은 지나간 나날의 '광휘'를 묘사하기 위해 (흑인 노예가 곁가지로 나오는) 에두아르 마네의 〈올랭피아〉를 든, '만져질 듯한 매력'을 다룬 기사에 딸려 있다.

거기 실린 광고들 역시 비슷한 패턴을 따른다. 광고들 중 373건은 백인 모델들을 등장시켰고, 유색인종 모델을 다룬 것은 겨우 스물네 건뿐이었다. 그 스물네 건 중 일곱 건도 뒤쪽에 실린 작은, 신문광고 같은 스타일이었다. 유색인종 모델들은 본문에서 주로 타미 힐피거 광고 유의 단체 사진에만 등장한다. 유색인종 모델 혼자서 전체 페이지를 차지하는 광고는 겨우 세 건뿐이었다.

유색인종 모델들은 당연한 듯 배제되는 것으로도 모자라, 희화화되기까지 한다. 패션 미디어는 툭하면 흑인 여성들의 몸을 위법성, 성욕, 원시성이나 외설성을 표현하기 위해 이용한다.[10] 유색인종 모델들에 대한 전형화는 흔한 일이라 패션 산업이 '부족' 이미지를 환기하고 싶을 때면 언제든 발생한다. 또한 패션지를 읽는 사람들이라면 누구나 눈치챘겠지만 패션은 유색인종 여성들을 동물처럼 묘사하는 데 질릴 줄 모른다. 장 폴 구드가 2009년 『하퍼스 바자』에 제공한 '야생의 것들' 사진 연작에서는 치타와 함께 달리고 원숭이들과 깡충거리며 코끼리와 악어에 올라타는 나오미 캠벨을 보여주었다. 이만 압둘마지드가 알몸으로 치타와 함께 있거나 모린 갤러거가 역시 벗은 채 기린에게 먹이를 주는 피터 비어드의 사진 또한 유명하다.

몽골의 양치기부터 발리의 아이들까지 그 모두를 단순히 이국적인 풍경으로 이용하는 것 또한 패션 사진들의 전형이다. 그 "이국적인 사람들"은 그저 백인 모델들, 값비싼 옷들과 대비되기 위해서 등장할 뿐이다. 그것은 식민주의와 착취의 역사로 점철된 진부하고 싫증나는 테마다.

인도판 『보그』 2008년 8월호에는 하루 1.25달러로 살아가는 가난한 사람들과 100달러짜리 펜디 아기용 턱받이, 200달러짜리 버버리 우산과 1만 달러짜리 에르메스 가방을 나란히 배치한 '슬럼 주민들' 사진이 실렸다. 인도의 〈메일투데이〉 기자인 카니카 갈라우트는 이렇게 말했다. "가난한 사람에게 알렉산더 매퀸이 디자인한 옷을 입혀 움막에 들어가게 하는 것은 전혀 '재미있지도 우습지도' 않습니다. 여기 농민들은 자살을 한다고요, 젠장." 『보그』는 슬럼 주민들의 이름을 싣지 않았다. 일일이 설명을 달아놓은 옷과 달리 그들은 그저 '숙녀', 혹은 '남자'일 뿐이었다. 인도판 『보그』는 이렇게 반박했다. "기운내요. 패션은 더는 부자의 특권이 아니랍니다. 누구나 패션을 실천할 수 있고 그것을 아름다워 보이게 할 수 있어요."[11]

루스 프랑켄버그가 편집한 『디스플레이싱 화이트니스』에서는 어떻게 유색인종 여성들을 '이국적 아름다움에서 비여성성과 추함으로 떨어지는 미끄러운 비탈에' 선 존재로 페티시화하는지에 관해 설명한다.[12] 그러다보니 유색인종 모델들은 일탈을 콘셉트로 하는 촬영에 빈번히 기용된다. 한 잡지 편집자는 말했다. "흑인 소녀들은 더 날카롭게 보여요. 뭐랄까, 만약 제가 무언가 정말 자극적인 것을 찍는다면, 흑인 소녀를 기용할 거예요."[13] 2011년에 발행된 『스타일리스트』

에 실린, 수단 출신 모델인 알렉 웩이 수갑을 차고 마스크를 하고 말 꼬리를 달고 찍은 'S&M 촬영'은 이런 전형화의 한 예다. 알렉 웩은 과거 자신이 어떤 식으로 묘사되었는지에 관해 이야기한 적이 있다. 그녀는 자신이 커다란 컵 속의 '커피'처럼 그려진 라바차 커피 광고와 옛날 광고 산업에 이용되던 흑인들의 이미지를 비교했다. "1940년대에 팔던 검둥이 도자기 머그에는 두꺼운 입술을 한 정글 주민이 그려져 있었죠. 잼과 함께 흑인 인형 배지들을 주기도 했어요. 1960년대에 미국의 어느 식당 체인점 벽에 꼬마 검둥이 삼보와 누가 봐도 온순한 이미지로 여전히 쌀을 파는 엉클 벤*이 그려져 있던 것도 기억나요."[14]

2011년에, 구두 제조사인 크리스티앙 루부탱은 패션 산업에서 유색인종 여성들이 이류임을 암묵적으로 보여주는 광고들을 잇달아 내보냈다. '여성성의 힘'을 칭송한다며 홍보한 그 광고들은 조르주 드 라 투르의 〈작은 등불 앞의 막달라 마리아〉, 프랑수아 클루에의 〈프랑스의 왕비, 샤를 4세의 부인인 엘리자베스 도트리슈〉와 장마르크 나티에의 〈당탱 후작부인〉 같은 명화를 재현했다. 거기 그려진 여성들은 대부분 귀족이거나 부자거나 성녀였지만, 마지막 광고만 예외였다. 마리 길레미네 베누이스트의 〈흑인 여성의 초상화〉를 재현한 광고였다. 원작에서는 프랑스에서 노예제가 잠깐 금지된 시기에 하녀가 된 전직 노예를 모델로 했다. 베누이스트 집안 소유였던 무명의 여성은 자신이 그려지는 것에 관해, 또는 자신의 몸이 어떻게 그려질 것인

---

* 미국 최대의 쌀 브랜드로 포장지에 흑인인 '엉클 벤' 캐릭터를 사용한다.

가에 관해 선택권이 없었는데, 21세기의 유색인종 모델들 역시 비슷한 딜레마에 처해 있다.

베누이스트가 동정적이고 페미니스트적이고 해방적인 의도로 그랬을지도 모른다는 주장도 제기되었지만, 그 이미지는 흑인을 노예 상태로 옭아매는 백인의 특권적인 힘을 떠올리게 한다. 다른 그림들 속의 고급 의상과는 달리, 〈흑인 여성의 초상화〉의 주인공은 머릿수건을 두르고 한쪽 가슴을 드러내고 있다. 노예무역으로 인해 그 머릿수건은 유럽의 식민지와 미국에서 흑인 여성들의 노예화와 가난을 상징했다.[15] 예술사가들은 노출된 여성의 오른쪽 가슴을 두고 발가벗겨지고 매 맞고 겁탈당하는 흑인의 육체로 백인의 권력을 공개적으로 드러내는 시각적 참조점이라고 주장한다. 이것은 루부탱 광고의 다른 그림들과 날카롭게 대조된다. 한 예술사가에 따르면, 그 그림 속 여성의 얼굴 표정과 신체 언어는 그녀의 취약한 상황으로 인한 심리적 손상을 나타낸다.[16]

유색인종 모델들은 백인 모델들보다 전라나 반라로 그려질 가능성이 훨씬 높고, 으레 열등해 보이는 방식으로 묘사되곤 한다. 이 시나리오의 역전은 상상조차 할 수 없는 일로, 예를 들어 흑인 귀족의 사진이 여섯 장 실리고, 노예로 태어나 길러진 백인 여성의 사진은 단한 장만 실리는 일은 결코 없다.

왜 부정적 전형인가?

패션에서 모든 인종 관련 이야기를, 가해자가 인종차별주의자냐 아니냐 하는 문제로 종결짓기란 쉬운 일이다. 그렇지만 그 인물이 못된 의도를 가졌든 아니든, 의도 자체는 그 이야기의 일부일 뿐이므로 이런 방식은 보통 도움이 되지 않는다.[17] 프라다가 흑인 모델들을 의도적으로 배척하는지, 또는 루부탱이 작정하고 못되게 구는지는 문제가 아니다. 그보다 문제는 그 결과다. 패션업계의 대다수 사람들에게—그리고 사회 전반적으로도—인종주의는 무의식적이고 의도적이지 않게 영속화되지만, 그게 인종주의임은 변함없다. "의도야 어떻든, 결과는 인종주의입니다." 나오미 캠벨과 이만 그리고 사회운동가 베단 하디슨은 2013년 9월 디자이너들에게 보낸 공개서한에서 그렇게 썼다. "피부색을 이유로 타인을 받아들이지 않는 것은 분명 미학의 문제가 아닙니다."[18]

인종주의를 떠받치는 인종의 차이에 대한 개념은 인위적인 것이지 천부적인 것이 아니다. 그렇기에 그들은 변화할 수 있다.[19] 하지만 성별이나 젠더와 마찬가지로 제아무리 사회적 산물이래도, 인종은 여전히 이 세계에 실제적인 영향을 미치고 개인들의 삶에도 매우 큰 영향을 미친다.[20]

문화에서 끊임없이 재표현되는 경멸적인 전형화의 형태로 인종주의는 노예제, 사적 제재와 식민주의를 뒷받침했다. 하버드대 학자인 레일라 아메드는 『조용한 혁명』에서 19세기 유럽인들이 가졌던 인종의 계층제와 인종차별적이고 문명중심적인 우월감을 그렸다. 이 인종차별적 서사는 유럽인들을 피에 목마른 살인마이자 착취자가 아니라 후진 민족에게 문명을 가져다주는 선량한 사람들로 그려 유럽 식민주의에 협력했다.[21]

오늘날에도 여전히, 전쟁은 인종주의로 정당화된다. 이라크와 아프가니스탄에서 벌어지는 전쟁은 침략군이 문명을 해방하려는 세력이라는 인식 덕분에 지지를 받는다. 여성과 여성의 옷은 전쟁을 정당화하려는 신제국주의자들에게 핵심 의제가 되었다. 가야트리 스피박은 이런 형태의 미사여구에 다음과 같은 꼬리표를 달았다. "황인종 남자들에게서 황인종 여자들을 구하는 백인 남자들."[22] 어떤 전쟁에서는 아군의 행위가 정당해 보이게끔 먼저 적을 비인간화한다. 지역 사회에서, 패션업계에서 보이는 것들과 같은 부정적인 전형화는 인종차별적인 경찰 검문관들로부터 더 질 낮은 주택, 일자리 그리고 교육 기회까지 모든 것을 합리화한다.[23]

도망친 노예 출신으로 노예제 폐지에 앞장섰던 프레더릭 더글러스는 인종주의가 사회를 틀어쥔 소수의 이득을 위해 존재한다고 주장했다. "그들은 각개 격파를 위해 양쪽을 갈라놓았습니다." 인종주의는 더 높은 임금을 얻거나 혁명을 일으키기 위해 연대하지 못하도록 사람들을 갈라놓는다. 따라서 인종주의는 갈라지고 분산된 사회에서 막대한 이득을 빨아들이는 수혜자들에게서 나온다.

18세기와 19세기에 면직 공업의 중심지였던 맨체스터 같은 마을들에서, 대농장에서 흑인 노예들 덕분에 호화롭게 살았던 소수의 백인들이 있긴 했지만, 대다수의 백인들은 불평등과 억압으로 번영하는 시스템하에서 고생하면서 더러운 슬럼가에서 살다가 죽었다. 그렇다고 해서 노동자들이 인종차별주의자가 될 수 없는 건 아니다. 착취당하는 사회에서는 일자리와 자원을 둘러싸고 경쟁이 벌어져 분리가 표면화된다. 그렇기에 진짜 변화를 일으키려는 싸움을 위해 연대하려면 우선 인종주의와 맞서 싸워야만 한다.

"내가 미의 여왕이 아니라고?"

다이앤 본 퍼스텐버그는 미국 패션디자이너협회의 회장으로서, 협회 회원들에게 다문화적 패션쇼를 만들도록 권했다. 그렇지만 캣워크가 다문화적이 된다고 해서 패션업계의 인종차별이 과연 사라질까, 아니면 착취적 시스템으로 통합됨으로써 괜히 역효과만 낳을까?

미스 아메리카 미인 선발대회가 지금처럼 비난받지 않았던 1968년에는 하나가 아닌 두 개 진영의 반대파가 존재했다. 하나는 그 대회가 성차별적이고 여성을 대상화한다는 이유에서 미스 아메리카라는 개념을 거부하면서 행사 외부에서 진행된 페미니스트 저항 시위였다. 그와 동시에, 근방의 리츠 칼튼 호텔에서는 NAACP(전미흑인지위향상협회)가 미스 아메리카 대회의 인종 분리에 저항해 미스 흑인 아메리카 대회를 개최했다.[24] 미스 아메리카 참가 규정 7번 조항에는 "참가자들은 건강해야 하고 백인종이어야 한다"고 인종 분리가 공식 기재되어 있었다.

1968년만 해도 많은 페미니스트들은 왜 흑인 공동체에서 미인 대회의 착취에 통합되고 싶어하는지 이해하지 못했다. 미스 아메리카가 영속화하는 유럽 중심적인 아름다움의 지배를 극복하려는 욕망을 제대로 이해 못한 것이다. 『내가 미의 여왕이 아니라고?』에서 맥신 리즈 크레이그는 지배적인 미의 이상에서 배제된다고 해서 대상화를 피할 수 있는 건 아니라고 설명한다.[25] 그 대신, 배제당하는 굴욕과 '인가되지 않는' 육체를 가졌다는 굴욕이라는 이중의 굴욕을 느낀다.[26] 저항 진영들은 불행히도 공통 기반을 찾아 연대하지는 않았지만, 양쪽 모두 차별에 관한 중요한 메시지를 전달했다. 1970년 미스 아메리카에 셰릴 브라운이 흑인 최초로 참가했지만, 1983년에 버네사 윌리엄스가 우승하기 전까지 단 한 명의 흑인 우승자도 없었다. 2013년 니나 다불루리가 인도계 최초로 우승하자 소셜 미디어에서 인종차별적 비난이 쇄도했다.

아름다움은 정치적 저항의 장이다. 비록 문제가 있긴 하지만. 『어둠 속의 비너스』에서 자넬 홉슨은 과연 아름다움을 인정받음으로써 권력을 쥘 수 있느냐고 묻는다. '아름답다'고 인정받은 유색인종 여성들은 모든 유색인종 여성들의 지위를 높일 만한 힘을 갖게 되는가? 그들은 변화의 주체인가 아니면 단순히 성적 대상인가?[27] 통합이라는 목표에 명확하게 반대 입장을 취하는 흑인 권력 운동가인 스토클리 카마이클과 찰스 해밀턴은 어떤 흑인이든 "백인 대중에게 흡수되면 남은 흑인 대중은 아무 가치가 없다. 그들은 백인 사회의 양심의 가책을 덜어주는 무의미한 전시품이 된다"라고 선언했다.[28]

확실히 패션 산업은 인종차별에 대한 비난을 모면하는 방편으로 유색인종 모델들을 기용하는 시늉만 해왔다.『보그』는 미국판에「패션은 인종차별적인가?」를 싣고, 이탈리아판은 '흑인들로만 채워' 내놓음으로써 인종차별적이라는 비난을 피하려고 시도했지만, 논평자들은 그 전술을 두고 백인이 '정상'[29]이라는 생각을 재생산하고 확정짓는 퇴보라고 설명한다. 이탈리아판『보그』는 확실히 인종차별적 사진들을 제작한 죄가 있다. 예를 들어, 흑인과 라틴계 '빈민가' 패션의 스테레오 타입을 공격적으로 패러디한 2012년의 오트 메스Haute Mess 패션 스프레드나, 둥근 황금 귀고리를 광고하면서 "노예무역 시대에 미국 남부로 끌려온 유색인종 여성들의 장식 전통"을 떠올리게 한다고 운운해서 물의를 일으킨 "노예 귀고리" 스캔들도 있었다. 격렬한 항의가 일자 그것은 "에스닉 귀고리" 광고로 바뀌었다. 패션 산업에서는 '에스닉'이라는 표현을 '백인이 아닌' 모든 사람과 사물을 뭉뚱그릴 때 요긴하게 사용한다.

또한 패션 미디어는 그 외 사회에서 인종차별주의와의 싸움을 통해 얻어낸 진보를 백인 여성에게 '흑인 분장' '홍인 분장' '황인 분장'(눈에 테이프를 붙여 당기는 것을 포함해서)을 시켜 사진을 찍는 식으로 일상적이고 의도적으로 묵살한다. 현재 벌어지고 있는 이 인종차별적 관행들은 미처 다 싣지 못할 정도로 많다. 아프리카, 미국 원주민, 그리고 일본 문화에 대한 이런 (잘못된) 표상은 시계를 거꾸로 돌린 것만 같다.[30] 이런 사진을 두고 '그저 예술일 뿐이라는' 한심한 변명이 되풀이된다. 마치 패션 산업이 해묵은 억압의 패턴들을 재상

연하고 악화시키기만 한다는 걸 아무도 모르는 양 말이다. 파리판 『보그』 편집자를 지낸 카린 로이펠트는 2009년에 라라 스톤을 흑인으로 분장시켜 인종차별주의자라고 비난받자 이렇게 자신을 변호했다. "저는 한 호를 흑인으로만 채운 적도 있는 걸요."

그 복합성에도 불구하고, 패션의 다양성을 위한 캠페인들은 인종차별 투쟁의 중요한 축이다. 캣워크 쇼와 잡지들은 배제로 미를 규정한다. 이 배제는 사이즈, 나이, 계급, 장애와 인종을 기본 범주로 하는 개인적 외양의 세부사항에 관한 의문들로 확장된다. 1960년대 진행된 '검은색은 아름답다' 캠페인은 흑인들의 경제 생활을 변화시키지는 않았지만, 차별의 한 형태를 종식시킨 의미 깊은 문화적 승리였다.[31]

그러나 캣워크와 패션지에서의 인종차별을 종식시키려면, 유색인종 모델을 포함시키는 것만으로는 부족하다. 전체 산업 또한 다양해져야 한다. 지금처럼 '백인에게만 기회가 편중되는 현상'[32]은 편집자, 언론인, 캐스팅 에이전트, 디자이너 그리고 사진작가 같은 관련 종사자들도 고통받게 한다. 그렇게나 많은 인종차별적인 패션 사진들이 촬영된다는 것은 그만큼 그 산업에서 다양성이 심각하게 결여됐다는 뜻이다. 미술학교의 입학심사위원회에서 힙합의 영향을 받았다는 흑인 지원자들을 퇴짜놓고 그 대신 누가 봐도 재능이 부족한 백인 학생들을 합격시켜왔던 사실이 발각되기도 했다.[33]

패션에서의 인종차별을 종식시킨다는 목표는 단독적으로 달성할 수 없다. 사회에서의 인종차별도 종식시켜야 한다. 그러기 위해서는 다른 모두를 배제할 권력을 가진 극소수의 사람들에게서 그 권력을 빼앗아오기 위한 구조적 변화가, 그리고 인종주의를 필요로 하는 시스템의 종말이 필요하다. 바로 자본주의다.

영감인가 전용인가?
—

세계의 많은 사람들이 거부당하지만 그 와중에도 그들의 문화는 상품화되고 떠들썩하게 소비된다. 2012년 어반아웃피터스는 '나바호' 의류와 액세서리 제품군을 출시했다. 나바호족 디자이너나 예술가들과는 전혀 관련 없이, 가짜 원주민풍 프린트를 이용한 상품들이었다. 인디언예술및세공품보호법에 따르면 실제 미국 원주민 부족이 만들지 않은 제품에 이름만 갖다붙여 광고하는 것은 불법이다. 나바호족은 특히 소박함을 중시하는 자신들의 영적 신념에 어긋나고 보호구역 전역에 내려진 알코올 금지령에 위배되는 '나바호 힙스터 팬티'와 '나바호 힙플라스크'에 대한 강한 반감을 담은 침해 중지 경고문을 어반아웃피터스측에 발송했다. 어반아웃피터스는 사과하지 않았고, 나바호족은 법적 절차를 밟았다. 법정 명령은 중재에 실패했고 재판 일정은 2015년으로 잡혔는데, 충격적이게도 어반아웃피터스는 나바호족의 연방 트레이드마크 등록을 취소하라며 맞고소를 제기했다.▪ 패션 산업은 지구 곳곳에서 수많은 문화의 의복을 전용하고 재생산하

▪ 나바호족은 어반아웃피터스에 제기한 여섯 건의 소송 중 두 건에 대해 '나바호'라는 이름이 상표권을 인정받을 정도로 유명하지 않다는 이유로 패소했다. 나머지 소송은 아직 진행중이다.

여 이윤을 취하기로 악명 높다. 패션이 앞에 놓인 모든 것을 집어삼키는 고질라에 비유되어온 것도 무리가 아니다. 디자이너들은 종종 컬렉션을 선보일 때 폭넓고 다양한 곳에서 영감을 받았음을 인정한다. 반유대주의자라는 혐의로 법정에 섰을 때 존 갈리아노는 스스로를 변호하고자 이렇게 말했다. "저는 세계를 여행합니다. 그저 관광이 아니라 문화를 이해하기 위해서죠. 저는 마사이족과 함께 산 적도 있습니다."[34]

이러한 문화의 융합을 진보의 신호로 읽을 수도 있다. 다양한 문화가 모두 칭송받고 서로에게 영감을 주는, 전 지구화된 세계의 신호로 말이다. 결국 예술가들은 고립되어 있지 않으며, 세계의 음식, 음악, 옷, 종교, 사상과 예술 등 다층적인 세계에서 영향을 받지 않고 살기란 불가능하다. 그렇지만 이런 접근방식은 문화 확산의 역사적, 정치적 맥락을 무시한다. 문화 융합의 일부는 교류로 칭송받을 수 있지만, 대부분의 경우에는 지배의 결과다. 그간 세계의 문화는 문화 간의 조화라는 유기적인 과정을 통해 확산되거나 융합되지 않았고, 대신 식민주의와 신식민주의가 그들이 맞닥뜨린 이러한 문화들을 밀어내고 이용해왔다. 2009년, 디오르는 갈리아노의 '트라이벌 시크' 컬렉션에서 '다산의 여신' 구두를 선보이면서 그 사실을 충격적으로 보여주었다. 그 끈 달린 신발의 뒷굽은 아프리카 다산의 여신상을 축소 복제한 것이었다. 그 신발을 신은 사람은 발을 디딜 때마다 그 여신을 밟는 셈이었고, 이는 유럽과 아프리카 사이의 식민관계에 대한 모사였다.

미국 원주민의 디자인이 거대한 다국적 기업에게 이용되는 것은 철저히 불평등한 관계와 정복과 테러의 역사를 반영한다. 그런 제품들은 도둑질당한 문화적 정체성과 잃어버린 조국을 상징한다. 이미테이션 제품에서는 역사와 의미가 지워진다. "미국 원주민들은 케케묵은 전형으로 전락하거나, 더 심한 경우에는 한때 그 땅을 떠돌았지만 오늘날에는 더이상 살아 숨쉬고 저항하지 않는 이국적 인종으로 전락한다."[35] 이 불평등은 누가 전용할 권력을 갖는가를 결정한다. 사회학자인 어빙 고프먼은 그 점을 지목했다. "이민자들이 미국 원주민의 옷과 예법을 장난스레 흉내내는 것은 괜찮지만, 이름을 미국식으로 바꾸거나 코를 미국인처럼 고치는 것은 여전히 껄끄럽게 여겨진다."[36]

문화적 전용 문제는 여전히 민감하다. 많은 소비자들이 5달러짜리 깃털 귀고리가 억압과 식민주의의 불쾌한 부산물이라는 생각에 저항한다. 크리족 출신의 한 작가는 우리가 왜 민감해져야 하는지를 설명하기 위해 이렇게 묻는다. "빅토리아 훈장, 캐나다 훈장, 액자에 든 학사 학위, 질러 상, 그리고 독수리 깃털 한 장의 공통점이 뭘까요?" 그 답은 각자 어떤 특정한 종류의 성취를 인정하는, 중요한 상징으로 가득한 시각적 표지라는 사실이다. 이 상징들에는 각각 그 쓰임새를 결정하는 규칙들이 있고, 그것을 사용하거나 모방하면 모욕을 주게 된다. 정 모르겠다면, 광란의 파티에 가짜 빅토리아 훈장 귀고리를 달고 가서 쓰레기통에 그 귀고리를 던져버리는 장면을 훈장을 받은 참전 군인이 목격한다면 기분이 어떨까 한번 상상해보자.

가짜 문화 상품에서 오는 막대한 이윤은 진짜 상품들을 만들면서 생계를 이으려는 토착 공동체 내의 예술가들에게 일자리나 이윤을 안겨주지 않는다. 디자이너 라벨인 로다테는 2012년에 오스트레일리아 원주민인 어보리진의 예술을 바탕으로 한 컬렉션을 선보였다. 유엔의 원주민 문제 상설포럼에서 한 어보리진 회원은 그 컬렉션이 '어보리진 예술과 영성 그리고 토지에 대한 철저한 몰이해'를 보여준다고 평했다. 6만 년 된 암석화를 베꼈다는 비판을 받자, 로다테 자매는 결국 직접 오스트레일리아에 간 적은 없으며 이미 세상을 떠난 베니 티앙갈라라는 어보리진 예술가에게 그 디자인들을 사들였다고 밝혔다.

모방 문화를 애호하는 패션의 습성은 그 전통의상을 소수민족이 입으면 후지지만 다른 누군가가 입으면 끝내주게 멋지고 이국적이라는 인식을 강화시킨다. 샤넬은 파리의 그랑팔레에서 엉터리 인도풍 파리-봄베이 컬렉션을 전시할 수 있고, 에르메스는 1800달러에서 10만 달러까지 받고 사리를 팔 수 있지만, 인도인들이 그와 똑같은 스타일을 팔거나 입으면 '후지다'고 여겨진다. 그와 마찬가지로, 인도 대륙에서 온 옷을 입는 백인 미국인은 미국에 거주하는 인도인들이 그런 옷을 입을 경우에 겪는 억압의 '열기'▪를 조금도 느끼지 않는다.[37]

문화적 전통을 존중하자는 게 사람들이 자신의 국가 정체성에 맞는 옷만 입어야 하며 다른 문화와의 모든 접촉을 피해야 한다는 의미는 아니다. 한 미국 원주민 논평가의 말처럼 "우리 것을 사랑하는 건 잘못이 아니다". 패션 산업을 개혁하려면, 원주민 예술가들이 전 지구

▪ 억압의 '열기'('heat' of oppression)는 마틴 루서 킹의 연설 '나에겐 꿈이 있습니다'에서 나온 표현이다.

적인 패션 무대에서 자신들의 문화가 어떻게 그려지는지에 대해 기업들과 동등한 결정권을 가지는 식으로 더 많은 다양성이 필요하다. 그렇지만 문화적 전용의 종식은 곧 그것이 반영하는 권력 구조의 전복을 의미한다. 전용을 낳는 인종차별 그리고 그것이 반영하는 제국주의를 종식시킨다는 것은, 자본주의를 종식시키고 그 대신 피부색으로 사람을 평가하지 않는 전 지구적 평등이 뿌리내리게 한다는 뜻이다.

패션의 전 지구적 이동

100년 전, 또는 훨씬 전, 우리는 '신비로운 동양인들'이 매혹적인 시와 보석 제작은 말할 것도 없고 예술적인 물건이나 형상화 또는 끝내주는 카펫 등을 만드는 데 몹시 뛰어나다는 편견을 가지고 있었다. 한편 우리 서구인, 특히 영국인들은 공장을 운영하고, 증기기관차와 전함을 짓고 경제를 총괄적으로 운영할 수 있는, 빈틈없는 사람들이었다. 우리는 실용적이었고, 저들은 기껏해야 어린애 같고 다소 믿음직하지 못한 방식으로 '매혹적'이었다. 이제, 그들은 공장제 제품들을 생산할뿐더러 우리가 이런 제품들을 사도록 자신들의 저축을 빌려줄 수도 있는 일벌들이다. 그러나 우리는 예술가와 디자이너와 창조적인 뇌를 가졌으니 걱정할 필요는 없다. 광고와 홍보와 마케팅과 금융에 조금 약삭빠르긴 해도 매력적인 인물 또한 가지고 있다.

이제 누가 매력적이고, 무기력하고, 아이 같은 동양인인가?[38]

제2차 세계대전 이후 뉴욕이 주요 패션 중심지로 자리잡은 현상은 유럽 권력의 하락세를 보여준다. 2008년 경제위기가 시작되면서 경제 권력의 중심지는 다시 한번 이동중이다. 금융 혼란 상태에서, 유럽과 미국은 브릭스—브라질, 러시아, 인도와 중국—의 부상을 목격했다. 2013년에 미국은 여전히 경제 규모 면에서 세계 최대였고 단연코 군사 무기고도 엄청났지만, 중국은 세계의 공장으로서 인정받았고 처음으로 아시아의 억만장자 수가 미국을 넘어섰다. 다음 세대의 영향력 있는 기업들은 미국 기업이나 영국 기업이 아닐 것이며, 미국인 노동자나 영국인 노동자를 고용하지 않을 가능성이 높다.

이 사실은 패션 산업에 시사하는 바가 크다. 유럽과 미국의 패션 패권에는 수십 년간 도전자가 없었다. 산업 수도의 강력한 중심지들에 패션 허브가 위치한다는 사실도 거기에 한몫했다. 이 산업은 숙련된 노동자들로 가득한 도시, 쇼핑할 돈이 충분한 고객들, 그리고 광고를 내보낼 미디어 산업을 필요로 한다. 패션하우스들은 생산품에 관해 이로운 계약을 성사시킬 수 있고, 아이디어들을 낳는 문화적 헤게모니를 구축하는 강력한 국가의 정치적·경제적 영향력을 필요로 한다. 패션 산업의 중심지로서, 파리는 역사적으로 기업가들과 금융가들, 그리고 저작권 침해 방지법을 통과시킨 프랑스 정부의 격려 덕분에 득을 보아왔다. 마찬가지로, 이탈리아 기업가들은 제2차 세계대전 이후 경제를 되살릴 수 있는 수출주도형 패션 산업을 일으키기 위해 정부와 긴밀히 협력했다.[39]

2013년에는 구세력에게 도전하는 새로운 패션 중심지가 존재한다.

패션이 파리 바깥에서 만들어진다는 것은 예전이라면 상상도 못할 일이지만, 이제 베이징, 라고스, 그리고 리우데자네이루 같은 곳들에서 열리는 패션 위크의 중요성이 커지고 있다. 팻션처럼 인터넷은 더 많은 사람들이 패션에서 발판을 얻을 수 있는 수단을 제공해준다. 그 결과 더 폭넓은 국가 출신의 디자이너들이 주목받고 있다. 기존 산업의 의문은 공동체의 문을 닫아둔 채로 어떻게 그 시장을 확장하느냐일 것이다.

디자이너 중국

중국은 단순히 상품 생산국이 아니라 디자이너 생산국으로 인정받고 싶어한다. 산업 규모는 커졌지만, 중국은 아직 진정한 패션 권력으로 인정받지 못한다. 그러니 중국 사업가들과 기자들이 중국 패션 스타 발굴에 혈안이 된 것도 놀랍지 않다. 미디어 거물인 홍황('중국의 오프라')은 지치지 않고 중국 패션을 선전한다. 브랜드 뉴 차이나 부티크BNC의 소유주인 그녀는 "현대 여성들이 갈수록 흔한 외국 명품을 거부하고, 중국의 패션 능력자가 디자인한 의복을 선호하는"[40] 중국을 만들고자 한다. 그녀의 말에 중국을 핵심 시장으로 의존중인 명품 브랜드들의 심장은 틀림없이 공포로 떨렸으리라.

중국의 유스 마켓은 국내파 디자이너를 향한 욕망을 반영한다. WGSN의 유스와 스트리트 부문 수장인 내털리 싱은 이렇게 설명한다. "이제 저 바깥에는 중국제 브랜드 옷을 입고 싶어하는 중국 아이들이 넘쳐납니다. 그 아이들은 중국인들이 중국인들을 위해 만든 '메이드 인 차이나'를 원합니다. 그들은 최고만을, 그리고 자신들에게 서비스하는 브랜드들을 원합니다."[41] 경제위기의 영향이 더 길어질수록, 그리고 유럽의 소비자들이 절약에 더 오랫동안 익숙해질수록, 브랜드들은 중국 같은 나라의 내수 시장에 좀더 초점을 맞출 것이다.[42]

돈과 권력의 근원이 지리적으로 이동해왔음을 익히 아는 패션 산업은 두 가지 반응을 보인다. 우선, 기존 의상실들은 중국인 소비자들에게 더 매력적으로 보이기 위해 발버둥친다. 미국에 본사를 둔 모델 에이전시들은 중국에서 선발 대회를 열고, 캠페인에 중국인 슈퍼모델들을 기용한다. 2011년 루이비통 봄/여름 컬렉션을 비롯해 다들 어찌나 중국에 집중했던지, 패션 평론가인 수지 멘크스는 〈뉴욕타임스〉에 기고한 「올드 상하이에서 캠프 열기」라는 기사에서 이렇게 말했다. "중국어 석사 학위가 없어도 중국이 뜨거운 상가라는 사실은 잘 알 수 있다." 이 노골적인 타깃 설정이 늘 호응을 얻는 것은 아니다. 스타일 버블의 수재너 로는 그 룩이 이따금씩 "서양 문화에서 전통적으로 여겨온 아시아 의복에 담긴 그 기묘한 함의들(유순함, 품위 있음, 아편 굴의 난잡함)"을 따온다고 말했다.[43]

패션업계의 두번째 대응책은 경쟁자를 배제하기 위해 인종차별적 관행들을 강화하는 것이었다. 에드워드 사이드는 『문화와 제국주의』에서 이렇게 썼다. "서사를 만들거나 다른 서사의 형성과 등장을 막을 힘은 문화와 제국주의에 있어서 매우 중요하다."[44] 패션 산업을 다국적 기업들과 국가들의 권력의 원천이라는 측면에서 보면, 왜 패션의 인종 정체성이 그토록 엄호받는지 이해할 수 있다. 프랑스에서 패션으로 인해 매년 350억 유로의 매출이 발생하고 십오만 명이 고용된다. 프랑스는 향수, 화장품, 오트 쿠튀르, 그리고 오트 주얼리(고급 보석류) 부문에서 세계를 선도하며,[45] 그렇기에 잠재적으로 단일체인 중국 기업들과 몫을 나누고 싶어하지 않는다. 통합된다는 것은 배제할 힘을 잃는다는 의미일 것이다.

패션에서의 배제는 다른 문화를 상품화하는 동시에 그곳 사람들을 거부하거나 인종차별적으로 그린다. 『이코노미스트』는 패션업계의 내부자들이 뭄바이 패션 위크를 어떤 식으로 무시하는지 보여준다.

외국인 바이어들은 천이 멋지긴 해도 재단이 엉망일 때가 많으며, 심지어 하나의 쇼에서도 스타일이 중구난방이라 단일한 트렌드를 짚어내기가 어렵다며 투덜거렸다. 또한 많은 인도인 디자이너들은 대량 주문을 처리하는 데 필요한 조직적 역량과 하부 구조가 부족한 경우가 많다. 파리 출신의 패션 컨설턴트인 베로니크 폴스는 동일한 프록코트 여섯 벌을 생산하는 것이 일부 인도인 디자이너들에게는 전력을 다해야 하는 일이라고 말했다. '거기다가 그걸 제시간에 배달하려면—풋!'[46]

'반유대주의자, 동성애혐오자에다 터무니없이 속물인'
—

2011년 2월 존 갈리아노는 파리의 한 카페에서 인종차별적이고 반유대주의적인 행패를 부려 항의를 받다가 급기야 체포당했다. 그 현장을 찍은 동영상이 퍼져나갔다. 그가 인종차별적인 발언을 퍼부었다는 폭로가 더 많이 나오자, 할리우드 스타이자 미스 디오르 향수의 간판인 내털리 포트먼은 갈리아노에게 공개적으로 절교 선언을 했으며, 그는 디오르와 그의 이름을 딴 라벨 모두에게서 해고당했다. 그후 프랑스 법정에 세워진 갈리아노는 반유대주의로 유죄 판결을 받았다. 그리고 겨우 6000유로의 벌금을 내고 투옥을 피했다.

당시 디오르의 주임 디자이너였던 갈리아노 때문에 나치의 프랑스 점령기 동안 크리스티앙 디오르가 했던 행위도 재조명됐다. 디오르는 전쟁 기간 동안 대부분의 시간을 뤼시앵 르롱에 위치한 쿠튀르 의상실에서 보냈는데, 나치 장교들과 프랑스 협력자의 아내들이 주고객이었다.[47]

한편 디오르의 뉴 룩을 경멸한 코코 샤넬 또한 파리에서 나치와 깊게 얽혀 있었다. 샤넬은 이런 평을 받기로 했다. "한심한 인간. 반유대주의자, 동성애 혐오자, 사회적 출세에 목매는 기회주의자이다, 터무니없이 속물적이며 나치의 파리 점령 동안 독일인들에게 적극적으로 협력했다."[48] 의상실을 닫은 샤넬은 파리 리츠 호텔에서 나치 침공을 준비하는 선발대 소속으로 파리에 파견된 스파이 한스 귄터 폰 딩크라게와 함께 점령기를 보냈다. 샤넬은 향수 사업의 공동창립자인 베르트하이머 집안에게서 그 사업을 빼앗기 위해 유대인의 기업소유금지법을 이용했다. 샤넬은 파리에서 나치 최고위층 모임에 드나들었고 심지어 실패로 돌아간 '모자 견본 작전' 계획에 가담해 윈스턴 처칠과 접촉할 임무를 맡기도 했다.

전후 프랑스에서 샤넬은 망신을 당하고 체포되었지만 알 수 없는 이유로 풀려났다. 나치 협력자였다는 이유로 공격받고 강제 삭발당할 것이 두려웠던 샤넬은 폰 딩크라게와 함께 스위스로 도피한 후 그곳에서 15년간 망명생활을 했다. 그녀는 1950년대에 프랑스로 귀국했지만 냉대받았다. 샤넬이 잊히지 않았던 것은 전적으로 미국 시장 덕분이었다.

이런 역사에도 불구하고 샤넬은 흔히 여성을 제한적인 의복에서 해방시키고자 고난 속에 투쟁하고 '리틀 블랙 드레스'를 만든 여성으로 묘사된다. 샤넬의 일대기를 다룬 오드리 토투 주연의 영화는 제2차 세계대전 직전에 얼버무리듯 끝난다. 당시 토투는 샤넬의 모델이었으며, 영화는 실상 그 브랜드—2013년 수입이 총 185억 유로로 추정되는—의 한 시간 반짜리 광고나 다름없었다.

루이비통 또한 파리의 나치 점령자들과 긴밀했던 의상실이다. 창립자인 루이 비통의 손자인 가스통 비통이 관리하던 그 회사는 점령군과의 친분 덕분에 빛을 보았다. 심지어 회사 공장에서 비시 정권의 지도자인 필립 페타인의 흉상까지 제작했으니 해도 너무했다. 가스통의 아들인 앙리 비통의 나치 독일 복무를 기리는 기념식을 열기도 했다. 이러한 역사는 스테파니 본비치니가 『루이비통—프랑스의 전설』에서 폭로할 때까지 고의적으로 묵살되었다. 루이비통의 소유주들 LVMH은 프랑스 최대의 광고주이기에 프랑스 언론은 그 책에 대해 침묵했다. LVMH의 대변인은 그 책의 기사화를 막으려 했다는 설을 부인했다. "저희는 누구에게도 어떠한 압박도 가하지 않았습니다. 언론인들이 스스로 입을 다물었다면 저희로서야 뭐랄 수 없지요."[49]

독일 디자이너인 휴고 보스는 독일 메칭겐에 조그만 섬유 회사를 가지고 있었다. 보스가 따낸 초기 계약들 중 하나는 창당한 지 얼마 안 된 나치당의 제복인 갈색 셔츠 생산이었다. 1938년 무렵 그 회사는 나치군과 히틀러 유겐트와 준군사기관인 나치친위대를 포함하는 나치 제복의 주요 공급업체가 되었다. 전쟁이 한창일 때, 휴고 보스의 공장들은 프랑스와 폴란드에서 온 강제 노동자들로 채워졌는데, 그 대다수는 여성이었다.

2011년에 경제사가 로만 쾨스터가 『휴고 보스 1924~1945』를 출간하면서 이런 자세한 이야기가 세상에 드러났다. 이 책은 휴고 보스 사의 의뢰로 쓰였지만, 쾨스터는 그 사실이 조사 결과에 영향을 미치지 않았다고 했다. 단순히 사업관계를 넘어, 휴고 보스는 일찍이 1931년부터 당에 가입해 이데올로기적으로도 나치와 동맹관계를 맺었다. 종전 후 보스는 나치에 가담한 죄로 기소되어 벌금형을 받았다.

스페인 출신의 디자이너 크리스토발 발렌시아가는 파시스트 독재자인 프랑코 장군의 아내 카르멘 폴로를 위해 수많은 드레스를 디자인했다. 그러다 1937년 스페인 내전을 피해 파리로 이주해서는 나치 고급장교들을 위한 디자이너가 되었는데, 비록 거절은 했지만 히틀러에게 베를린을 쿠튀르의 중심지로 만드는 데 힘을 보태달라는 요청을 받기도 했다. 발렌시아가는 1968년에 의상실을 닫았으나 1972년에 단 한 건의 의뢰를 처리하려고 다시 일을 손에 잡았다. 프랑코 장군의 손녀인 마리아 델 카르멘 마르티네스 보르디우의 웨딩 드레스

작업을 위해서였다.

정치적 신념으로 예술가를 판단해도 괜찮을까? 그렇다면 그들의 예술도 같은 기준으로 판단해야 할까? 갈채받는 디자이너들 중 파시스트 독재정부 협력자가 그토록 많다니 실망스럽긴 하지만 전혀 놀랍지는 않다. 러시아혁명의 지도자인 레온 트로츠키는 예술가들이 "부르주아 환경에서, 부르주아 살롱의 공기를 호흡하면서 그 계급으로부터 마치 피하주사를 맞듯 영감을 주입받고 있다"고 묘사했다.[50] 수많은 정상급 디자이너가 나치주의에 호의적이었던 것은 그게 그들의 환경이었기 때문이다. 1939년 무렵, 파시즘과 권위주의 이데올로기는 유럽 전역의 정치적 우파를 지배하고 있었다.

또한 이런 디자이너들에게는 부르주아의 사업적 이득이 무엇보다 중요했을 것이다. 거부들을 위해 요트부터 가구, 패션까지 몽땅 만들어내는 것이 직업이라면, 그들의 바람과 의견에 머리를 조아릴 수밖에 없다. 이런 방식으로, 삶은 의식을 결정한다. 물론 오늘날에도 바로 이 의상실들이 계속해서 독재자들에게 옷을 대주고 있다.

그렇지만 독재자들을 강력한 존재로 보이게 하는 것, 반동주의자의 권위 편에 서는 것은 범죄에 가까운 기회주의다. 또한 불가피한 일도 아니다. 디오르의 누이인 카트린은 프랑스의 레지스탕스로 이름을 떨쳤고 이탈리아의 엘사 스키아파렐리는 베니토 무솔리니의 파시스트 협력 요구를 거듭 거부했다. 얼마나 많은 창조적인 사람들이 파시즘에 저항하다가 스러졌을지 그 누가 알랴. 그렇다면 우리는 누군가의 소신을 거부할 경우, 그들의 예술도 거부해야 할까?

이따금씩 어떤 예술가들은 작품 내용으로 정치적 지지를 표명하곤 한다. 나치에 대한 디오르의 동조는 거의 틀림없이 그의 디자인에 반영된다. 나치는 여성이 정숙하고 여성스러워야 하며, 아이, 부엌, 교회에 자신을 한정시켜야 한다고 믿었다. 나치 점령기에 파리의 의상실들은 하나의 이상에 봉사했다. 억압적이고 여성성을 극도로 강조하는 디오르의 스타일은 누가 뭐래도 "단순히 반동적이고 향수를 불러일으키며 과거 회고적인 것 이상이었다. 나치즘하에 꽃핀 낭만적 스타일이 1940년대 후반까지도 지속된 것이었다".[51] 나치의 이상적인 여성상 묘사는 디오르의 후원자이자 자본주의자인 면화왕 마르셀 부삭의 목표와도 잘 맞아떨어졌다.

예술과 그런 정치학이 한통속이 될 때, 우리는 반드시 그 예술을 거부해야 한다. 엘리자베스 윌슨이 『꿈속에 아로새겨져』에서 말했듯, 아름다움이 정치적 의미보다 우위를 점해서는 안 된다. 미래파 예술가처럼 사람들이 포탄에 날아가면서 만들어지는 패턴을 두고 "아름답다"고 말하거나, 히틀러의 뉘른베르크 유세를 그린 레니 리펜슈탈의 영화를 그저 음영이 만들어낸 대작으로만 보는 것은 옳지 않을 것이다. 이는 사건들의 의미를 무시하고 잔인함과 죽음을 정당화하는 스타일의 추구를 허용하는 것이나 다름없기 때문이다.[52]

그렇지만 확고하게 반유대주의적인 코코 샤넬 같은 사람도 여성을 성적으로 차별하는 억설들에 도전하는 미학이 담긴 창조물을 생산할 수 있었다. 이따금씩, 혐오스러운 사람들이 깊이 생각해볼 만한 예술을 낳을 때가 있다. 그렇다고 샤넬을 입는 것이 진보적인 행위라는 말은 아니다. 샤넬 제품에는 샤넬이라는 이름과 'C' 자가 연결된 로고가 찍혀 있다. 역설적이게도, 사람들은 비싼 명품으로서가 아니라 자유와 열정의 상징으로 샤넬을 입는다. 그렇지만 샤넬을 놓고 자유의 상징 운운하는 것은 터무니없는 소리다. 그녀는 동성애를 혐오했고 자유를 짓밟으려 한 반유대주의 악당이었다.

그런 체제를 패션 산업이 어떻게 떠받쳤는지를 지워버린다면 파시스트 지배하에서 고통받은 사람들을 배신하는 것이나 다름없다. 에드워드 사이드는 우리가 더 잘살려면 역사를 억압하거나 부정할 게 아니라 탐구해야 한다고 썼다.[53] 패션 산업이 과거부터 계속해서 인종차별을 했고 오늘날도 인종차별을 영속화하고 있음을 인정하는 것은 인종차별적 미래를 막기 위한 첫걸음이다. 그러려면 패션 산업의 현실—집단들과 개인들을 배제하는 능력을 전제로 하는—을 제대로 인식할 필요가 있다. 이러한 배제는 배제하는 측을 이롭게 하며, 배제당하는 측의 현실과는 아무런 관련도 맺지 않는다.[54]

8장

패션에
저항하기

여성의 의상은 여성에게 건강과 편안함을 안겨주며 유용해야 한다. 또한 개인적인 장식에도 보탬이 되어야 하지만, 그것은 이차적인 목표여야 한다.

—아멜리아 블루머(여성운동가)

패션 산업에 대한 기소장은 대략 다음과 같다. 패션은 인종차별, 성차별, 젠더 스테레오타입, 계급과 불평등한 권력관계를 강화한다. 패션은 가난한 노동자들과 고객들을 극심하게 착취한다. 패션은 부와 탐욕의 가치들을 밀어붙이고, 신체 불안과 불만족을 심화한다. 패션은 거대 기업들이 명품 시장과 대중 시장을 모두 통제하는 독점화된 산업이다. 기업들은 공장과 상점, 패션지와 면화밭을 통제한다. 이윤만을 좇는 패션의 끝없는 탐색과정에서 인간, 동물 혹은 환경에 대한 존중은 거의 찾을 수 없다. 패션은 개성의 선봉장인 양 자신을 팔지만, 서로 다른 대륙에서 발간되는 잡지들이 모두 동일한 스타일을 홍보하면서 매년 트렌드에 기반한 수십억 벌의 옷이 대량으로 찍혀나와 버밍엄부터 방콕까지 판에 박힌 듯한 상점에 보내지는 게 현실이다.

　그렇지만 패션은 많은 사람들에게 기쁨의 크나큰 원천이자 창조적 표현의 수단이기도 하다. 이제부터 이어질 장에서는 패션 시스템의 좋은 면을 유지하되 어두운 면을 몰아내기 위해 어떤 변화가 필요한지 살피려 한다. 이번 장에서는 패션 산업에 대한 저항—사람들이 패션에 반항하기 위해 옷과 외양을 이용할 때 무슨 일이 생기는가—에 대해 알아보고, 9장에서는 패션 산업을 개혁하려는 시도를, 그리고 10장에서는 혁명이 패션에 어떤 영향을 미치는지 검토해본다.

관심병자, 방황하는 소년들, 회의주의자들과 저항자들

서구사에서 옷은 시종일관 사람들의 역할, 지위, 그리고 젠더를 규정지었다. 최근에는 이런 정의에, 그리고 사회에 맞서 저항하는 수단으로 옷이 이용되기도 했다. 탐폰 귀고리를 단 펑크족, 도쿄의 하라주쿠 키즈, 태국의 라스타▪들과 모스크바의 고스족은 모두 평범함을 부정하는 드라마틱한 옷을 입는다. 이내 한 가지 질문이 떠오른다. 이들은 사회 개혁이라는 의미심장한 의도 없이 그저 개인적인 스타일을 표현하고 있는 게 아닐까?

　혁명의 수단으로 옷을 이용할 때, 모든 사람이 동일한 이유로 그럴

▪ 드레드락 헤어스타일을 비롯해 자메이카 특유의 색인 노랑, 빨강, 녹색으로 이뤄진 일련의 레게 스타일.

필요는 없다.[1] 누군가는 그저 충격을 주고 관심을 끌기 위해 다르게 입고, 누군가는 사회에서 자신이 혐오하는 무언가를 풍자하기 위해, 누군가는 따분함을 해소하기 위해 패션을 이용한다. 때로는 패션이 개성으로 가장한 소외일 수도 있다.[2] 도쿄의 하라주쿠 풍경에 싫증난 한 사진가는 이렇게 요약했다. "어차피 그 사람들의 남은 인생은 시궁창이니까, 할 수 있는 한 즐기는 게 낫겠지요."[3] 한편 '보수적인 회의론자'라서 패션을 기피하는 사람들도 있는데, 이들은 패션 자체에 맞선다기보다는 패션 산업이 그들에게 강요하려 하는 최근의 특이한 트렌드에 반대한다.[4] 그렇지만 패션으로 저항하는 사람들, 그리고 자신이나 다른 이들의 곤경을 드러내는 정치적 의사 표현으로 패션을 이용하는 사람들도 있다.

일부 논평가들은 폭넓고 다양한 스타일로 패션이 옷을 통해 사람들이 선택한 의미들을 표현하는 표현 시스템임을 알 수 있다고 주장한다.[5] 패션이 비언어적 의사소통의 한 형태인 건 맞지만, 단순히 의사소통이나 문화의 현상인 건 아니다. 옷은 단순한 표상이 아니다.[6]

이데올로기

모든 시대에서 지배 계급의 사상은 지배 사상이다. 즉 사회에서 지배적인 물질적 권력을 가진 계급은 동시에 지배적인 지적 권력도 가진다. 마음대로 이용할 수 있는 물질적 생산수단을 가진 계급은 동시에 정신적 생산수단에 대한 통제력도 갖는다.

지배 사상들은 그저 지배적인 물질적 관계들의 사상적 표현, 사상으로 포착된 지배적 물질적 관계들일 뿐이다.[7] (카를 마르크스)

패션은 이데올로기다. '마른 것은 아름답다'라는 선언은 그 산업이 밀어붙이는 이데올로기의 한 예다. '흑인 모델들은 동경의 대상이 못 된다'라는 말이나 '패션은 유럽적인 것을 뜻한다'라는 진술 등 그 목록은 길게 이어진다.

이런 사상은 현상 유지에 이로울 수밖에 없다. 그들은 계급관계를 강화하고, 지배 계급이 자신의 지위와 권력을 다지고 유지하고 재생산하게끔 돕는다.[8] 사치금지법은 귀족 외에는 누구도 특정 색상과 원료를 사용하지 못하게 했다. 16세기 독일에서 일어난 농민 봉기의 요구사항에는 붉은색을 입을 권리가 있었다.[9] 오늘날 브랜드들의 가격 책정은 동일한 위계질서를 다시 보여준다. 여러분이 부자라면 디오르, 프라다, 그리고 랑방을 입을 수 있지만, 가난하다면 대체로 테스코와 뉴룩에서 옷을 사거나 프라이마크, F&F를 입어야 한다. 이때 패션은 계급을 자연스럽고 합법적인 것으로 인식시키는 차이의 기표 signifier가 된다. 맬컴 버나드는 『소통으로서의 패션』에서 상류 계급이 그들의 우월한 지위를 자연스러운 것처럼 보이게 하는 데 얼마나 열심인지, 그리고 그 방법으로 패션과 옷입기를 어떻게 이용하는지를 보여준다.

그렇다면 지배 계급의 미에 대한 이상을 거부하는 이들, 황제는 벌거벗었으며 사회가 그의 이데올로기에 침묵으로 복종하기 때문에 그가 권좌를 지키는 거라며 목소리와 옷으로 외치는 이들은 어떨까? 펑크는 미의 이상에 도전하는 그런 형태의 패션 중 하나다. 지배 계급의 미적 가치를 거부하고 공격한다는 점에서, 펑크 이데올로기는 누가 뭐래도 자본주의 자체의 대척점에 서 있다.[10]

지배 계급 이데올로기에 대한 도전은 험난한 길로 이어진다. 사회는 반항을 방지하기 위해 패션 에티켓에 불복종하는 이들을 처벌한다. 옷은 여러분이 일자리를 얻고, 집을 빌리고, 폭행이나 체포를 피하고, '무죄 판결'을 받고, 비자를 발급받고, 미디어에 출연하고, 선거에 당선되고, 비행기에 탑승하고, 친구를 사귀거나 사랑하는 사람과 결혼할 수 있느냐에 영향을 미친다.

이유 있는 반항

이런 위험들이 있고, 패션의 역할이 사회에서 이데올로기 강화에 한몫한다 해서, 옷을 다르게 입는 게 패션 시스템에 대한 진정한 저항으로 인정받을 수 있을까? 어쨌거나 무정부주의자가 비건 신발과 검은색 옷만 고집하는 것을 일종의 게릴라 교전으로 봐주기란 쉽지 않은 일이다. 그렇다면 사회의 물적 관계들에 대한 진지한 도전은 어떤 모습일까? 변화를 일으키려 할 때, 어떤 옷을 입는가가 과연 중요할까? 옷을 어떻게 입느냐가 진정 개인적 행동 이상의 의미를 가질까? 그것을 저항으로 볼 수 있을까?

맬컴 엑스는 젊은 시절에는 반항적인 '주트 슈트*족'이었지만, 훗날 자서전에서는 시스템에 저항하기 위해 스타일을 이용하려는 시도에 반대한다. '주트 슈트 폭동'은 1940년대 초, 주로 로스앤젤레스에서 일어났다. 자신을 거부하는 사회를 거부하기 위해 주트 슈트를 입은 불만에 찬 라틴계 및 흑인 젊은이들과 백인 군인 및 당국 사이에 벌어진 충돌이었다. 주트 슈트는 호화로웠다. 배급제가 시행되던 시기였으니, 천이 과하게 드는 긴 재킷과 통 넓은 바지를 입는 그들은 비애국적이라고 여겨졌다. 슬릭 칙스와 블랙 위도 같은 주트 슈트 '소녀 패거리'는 여성판 주트 슈트를 입었다.[11]

맬컴 엑스는 (훗날 네이션 오브 이슬람[■■]의 보수적 사고에 영향을 받아) 특이한 옷차림은 '진짜' 저항에 집중하지 못하게 한다고 말한다. 오늘날에는 패션을 두고 불만이 쌓이지 않고 흘러가도록 해준다고, 사회 불만 세력의 압력밸브 같은 역할을 한다고 보는 견해도 있다.[12] 그러나 다르게 입는다는 게 반드시 정치 문제나 심각한 의제들에 참여하지 않는다는 의미는 아니다.

제임스 스콧은 『약자의 무기들』에서 저항을 규정하는 올바른 방식에 대해 폭넓게 논의한다. 종래의 정치적 개념에 따르면 '진짜' 저항은 'a) 조직적, 체계적, 협력적이어야 하고 b) 원칙이 있거나 이타적이어야 하며 c) 혁명적 결과를 낳아야 하고/또는 d) 차별의 토대 자체를 무효화하는 사상이나 의도가 담겨 있어야 한다'. 아무리 단체로 맞

■ 1930~1940년대 유행했던 슈트. 어깨가 넓고 길이가 긴 재킷에 통 넓고 아랫단으로 갈수록 폭이 좁아지는 바지를 가리킨다. 이런 차림의 사람을 주티라 불렀다.
■■ 미국 내 흑인 무슬림 단체.

취입더라도 고스족 차림만으로는 그 요건에 부합하지 않는다. 이는 시늉일 뿐이고 부차적인 움직임이자 사회 구조를 바꿀 목적이 아니라고 일축되는데, 왜냐하면 그것은 'a) 비조직적, 비체계적이고 개별적이며 b) 기회주의적이고 자기도취적이며 c) 혁명적 결과가 전혀 없고/또는 d) 그것의 의도/의미에 지배 시스템의 수용이 담겨 있기 때문이다'.[13]

스콧은 1917년 차르 군대에서 일어난 (많긴 하나) 산발적이고 개별적인 탈영 행위가 러시아혁명을 가능케 했다는 매혹적인 주장을 펼친다. 스콧에 따르면, 각 행위들은 드물고 산발적이며 영향력이 미미했지만, 꾸준한 패턴이 나타나면 그것은 저항이 된다. 그는 개인적 저항 행위들을 무시하는 건 근본적으로 억압하에 살아가는 사람들의 일상을 모르기 때문이라고 주장한다. 대다수 사람들은 그저 살아남으려 애쓰며 하루하루를 보내야 하기 때문이다.

아프리카계 미국인 여성들의 반항적 옷차림에 관련해서도 1960년대에 비슷한 주장이 제기된 적이 있다. 정치범인 앤절라 데이비스를 지지하는 움직임에서 아프로 헤어스타일의 인기가 시작됐다. 데이비스 본인도 말했듯 단지 그녀와 외양이 비슷하다는 이유로 수많은 흑인 여성들이 체포되고 괴롭힘을 당하는 등 수난을 겪었지만 그 사실은 대체로 잊혔다.[14] 어떤 사람들에게는 옷, 액세서리, 그리고 헤어스타일이 유일한 정치적 참여 수단일 수도 있다. 그런데 차르 군대에서의 탈영과 아프로 헤어스타일은 둘 다 그 이면에 의미심장한 움직임들이 있었다는 공통점이 있다. 러시아에서는 볼셰비키 주도의 대규모

혁명적 움직임이 있었고, 미국에서는 성장중인 흑인 권력 운동이 있었다.

1970년대 영국의 펑크족들도 상당히 억압받았지만, 저항을 위해 옷을 이용한 사람들의 훨씬 극단적인 예는 따로 있다. 노예제하의 자메이카에서, 주인들은 노예들에게서 '자부심, 존엄성, 그리고 무엇보다도 아프리카인의 정체성'[15]을 빼앗기 위해 디자인을 이용했다. 스티브 버크리지의 『옷의 언어』에는 주인들이 어떻게 노예들에게 굴욕을 주고 문화적 옷입기를 막기 위한 제복으로 오스나부르크■로 만든 옷을 줬는지가 잘 설명되어 있다. 그렇지만 이런 옷감들은 아프리카 양식과 미학을 반영하여 다듬어지고 꾸며졌다. 이는 노예들의 문화적 소외를 방지하여 정서적 멸종을 방지하기 위한 하나의 방법이었다. 옷은 자기인식과 역사와 문화적 도둑질에 대한 절대적인 저항을 뜻하는 반항의 수단이 되었다.

특히 식민 지배하에서 억압에 저항하는 여성들에게 옷은 유일하지는 않지만 하나의 방법으로 자주 이용되었다. 요루바족 여성들은 영국의 나이지리아 지배에 저항하기 위해 전통의상만 입고 지배자들에게 요루바어ー폭넓은 저항을 위한 매체인ー만 사용했다.[16] 1차 인티파다■■ 동안 이스라엘 점령에 대한 저항의 상징으로 팔레스타인의 여성들은 흔히 전통의상인 샤왈shawal을 고쳐 만든 팔레스타인의 '국기

■ 곡류를 담는 부대나 운동복 따위에 쓰인, 무겁고 발이 굵은 평직 면포.
■■ 이스라엘의 팔레스타인 장기 점령에 대한 반발로 1987년 일어나 5년 반 동안 이어진 민중 봉기.

드레스'를 입었다.[17]

특히 여성들의 저항 운동에서 옷차림은 저항의 행위이자 강력한 힘이 될 수 있다. 그러나 그 중요성은 그 이면의 움직임 여부에 달렸다. 패션과 옷입기는 결정적이고 최종적인 혁명 행위로서가 아니라 폭발 직전의 저항으로 보아야 한다.[18]

거부

『소통으로서의 패션』에서 맬컴 버나드는 '거부'와 '역전'을 의복 저항의 두 가지 핵심 형태로 규정하는데, 거부는 우리 자신을 억압적 권력 구조로부터 분리하려는 시도를, 역전은 권력 구조의 공전 중심에 자리한 권력과 특권을 뒤집으려는 시도를 의미한다.[19]

펑크족

가로등에 비스듬히 기대선 그녀의 한쪽 귀와 코에는 옷핀이 하나씩 걸려 있고, 머리카락은 정수리 쪽에 고양이 귀처럼 탈색한 부분을 제외하고 싹 밀었다. 찢어진 가죽 재킷을 입고 노려보는 표정의 그녀는 예쁘다거나 무난한 것이라면 뭐든 도매금으로 거부한다. 그녀는 '거부'의 고전적 사례인 펑크족이다. 영국에서 펑크족은 1970년대 후반부터 1980년대 초반 사이에 가장 득세했는데, 반항심으로 가득한 노동 계급 젊은이들이 치솟는 실업률과 제한된 기회에 직면한 시대였다. 거부의 맹렬한 형태인 펑크스타일은 많은 사람들에게서 권리를 박탈한 시스템에 대한 반권위적 반응이었다. "광대 같은 화장 아래에는 인가되지 않고 흉하게 망가진 자본주의의 얼굴이 도사리고 있었다."[20]

여성 해방 운동

여성 해방 운동권의 급진적인 여성들 또한 패션을 거부했다. 그들은 하이힐, 딱 붙는 옷, 짧은 치마, 그리고 성을 강조하고 억압한다고 여겨지는 모든 것은 물론 1980년대의 괴상한 화장법도 거부했다. 여성 해방 운동은 젊음, 아름다움, 마름, 그리고 좁은 의미의 관능에 대한 사회적인 집착에 분개했다. 그들은 여성들이 외양에 지나치게 많은 시간을 들이게끔 세뇌당하며, 여성의 것으로 정해진 옷은 (상징적으로만이 아니라) 실제로 여성을 예속시킨다고 믿었다.[21]

브라를 모아서 태웠다는 식의 낭설이 그처럼 널리 퍼진 것은 그것이 페미니스트들이 그들을 억압한다고 여기면 뭐든 파괴하려 한다는 믿음과 너무나 잘 맞아떨어졌기 때문이다. '여성 해방 운동가'는 작업복을 입고 닥터 마틴 부츠를 신고 화장 안 한 맨얼굴에 머리를 짧게 친 모습으로 흔히 정형화된다.

히잡

지금으로부터 50년쯤 전, 전문가들은 히잡이 곧 사라지리라 예측했지만 21세기의 출발선상인 현재 히잡은 명확히 상승세를 보인다.[22] 히잡 패션은 광범위하고 다양하다. 말 그대로 그 머릿수건은 수백 가지 방법으로 맬 수 있다. 레일라 아메드는 『조용한 혁명─베일이 중동에서 아메리카로 되살아나다』를 집필하기 위해 연구를 시작했을 때 히잡의 부활에 놀랐다. 그러나 아메드는 초기의 예상을 근본적으로 뒤흔들고, 급기야 전복시키는 사실들을 발견했다.

2001년 세계무역센터가 붕괴되고 이른바 테러와의 전쟁이 시작되자, 히잡, 니캅, 그리고 부르카의 착용이 갑자기 서양 국가에서 국가적 문제로 떠올랐다. 반페미니즘적이고 호전적인 영미 양국의 매파는 제국주의 전쟁과 지배를 정당화하기 위해 무슬림 여성들을 거듭 이용했다. 1800년대 말 이집트에서 식민주의자인 크로머 경이 이용했던 것과 동일한 위선적 전략이었다.[23]

역사적으로 그런 풍조와 마주하게 되면, 검은색은 아름답다 식의 운동에서는 경멸당하는 자신의 정체성을 자랑스럽게 다시 내세움으로써 뼈아픈 편견에 반응해왔다. 히잡에 대해서도 같은 일이 일어났다. 공격과 분극화되는 사회에 직면해, 많은 여성들이 히잡을 "정체성과 공동체, 유산에 대한 자부심, 주류 사회에 대한 거부나 저항, 혹은 심지어 항의를 표현하는 선언"[24]으로 받아들였다.

히잡을 전 세계적으로 금지하면서 분극화는 심화됐다. 2004년 교내에서 히잡 착용을 금지한 프랑스가 그 대표 격이다. 2011년 프랑스에서 공공장소에서 얼굴을 가리지 못하게 하는 또다른 법이 통과됐는데, 니캅과 부르카가 그 주목표였다. 프랑스 철학자인 알랭 바디우는 공포와 자본주의가 히잡 금지령을 낳았다고 말했다. 바디우는 그 금지령을, 여자들이 옷을 벗기 싫을 때 안 벗을 권리를 빼앗는 자본주의적 법이라 말했다. "시장에 내놓는 상품을 가려두는 상인은 정직하다고 볼 수 없지요."[25]

그간 무슬림 여성들의 옷에 대한 공격은 주로 전쟁을 지지하는 제국주의자의 어젠다였다. 무슬림 사회가 '문명화된' 사회를 따라잡을 필요가 있다는 식으로 프레임을 짤 수 있다면, 전쟁은 문명과 해방을 가져다주는 힘으로 정당화될 수 있다. 확실히, 많은 무슬림 여성들은 이제 옷에 관한 논란이라면 지긋지긋해져서 자신의 머리 위에 있는 것이 아니라 머릿속에 있는 것으로 자신을 판단해줬으면 하고 있다.

～

모든 것을 거부하려는 스타일들은 한 가지 극복할 수 없는 문제와 맞닥뜨린다. 이 행성에서 패션을 피할 방법은 없다는 것이다. 참여를 거부할 수는 있지만, 시스템을 전복시키지 않는 한, 눈을 뜨면 그것은 여전히 거기 있을 터이다. 옷을 어떻게 입든 우리는 여전히 자본주의 시스템하에서 살아간다. 아무리 겹겹이 싸맨 여성이라도, 여전히 '너는 너무 뚱뚱해' '너무 까매' 또는 '너무 못생겼어' 같은 수천 개의 패션 메시지들을 피할 수 없다. 여생을 작업복만 입겠다고 맹세한대도, 그 작업복을 만든 억압받는 중국 여성에게는 아무 도움도 줄 수 없다. 집에서 만들어 입어도, 헌옷을 사 입어도, 자본주의하에서 생산된 원료로 만들어지는 건 매한가지다. 참여를 거부하기란 불가능하다.

역전
—

역전은 권력과 특권을 가진 지위를 전복시키려는 저항의 한 행위다. 여성의 지위를 바꾸려는 여성 혹은 여성 시민 단체는 특히 쟁점이 되는, 두 갈래로 나뉜 옷—다른 말로는 바지—을 입을 권리를 주장할 때 그 전략을 즐겨 사용해왔다.

바지 입는 여성들

여성들이 바지를 입는 문제로 유럽 및 미국이 온통 시끌시끌했던 19세기에 세계의 다른 많은 지역의 여성들은 이미 바지를 입었다는 사실을 짚고 넘어갈 필요가 있다. 무굴 제국의 인도 여성들이 17세기 초에 그랬듯 알바니아 무슬림 여성들도 19세기에 바지를 입었으며, 몽골인과 이누이트와 일본 여성들도 오래전부터 바지를 입었다.[26] 여성들의 바지 착용 문제에 관한 논쟁에서 이런 문화권의 사람들은 흔히 패션 없는 사람들이라 무시당하지만 말이다.

19세기 북아메리카의 의복개혁가들은 패션을 여성에 대한 해묵은 믿음에 도전하는 장으로 택했다. 『판탈롱과 권력』에서 게일 피셔는 옷이 그저 몸 가리개가 아니라 사회에서 여성의 지위를 상징하는 강력한 문화적 상징임을 보여주고 싶어했던 개혁가들의 이야기를 들려준다.[27] 19세기 북아메리카에서 여성용 바지는 사회적으로 철저히 배척당했다. 여성들은 응당 헌신해야 하고 남자들을 즐겁게 하기 위해 존재하는 장식품이 되어야 했다. 패션은 몸을 쇠약하게 하는 코르셋과 수 겹의 페티코트, 그리고 마룻바닥을 덮을 정도라 거동이 힘든 드레스로 구성된다. 의복개혁가들은 판탈롱 바지 위로 입는 무릎길이의 드레스를 옹호했다. 블루머라는 의상에 이름을 제공한 아멜리아 블루머는 이렇게 썼다. "여성의 의상은 여성에게 건강과 편안함을 안겨주며 유용해야 한다. 또한 개인적인 장식에도 보탬이 되어야 하지만, 그것은 이차적인 목표여야 한다."

캠페인으로서 의복 개혁은 주 혹은 국가 차원에서 법률을 바꾸기보다는 개별적인 변화들을 강조했다. 모멘텀을 얻지 못한 그 움직임은 1879년 무렵 흐지부지되었다. 그다음 세기가 되어서야 여성용 바지가 서서히 유럽에서 인가받게 되었다. 1911년에는 대담한 '하렘 스커트'가 파리의 한 컬렉션에 등장했다.[28] 두 차례의 세계대전 동안 농업과 군수업 분야에 종사한 여성 노동자들은 작업복으로 바지를 입었다. 1920년대에는 레저웨어가 점점 대담해지고 여성에게 사이클링과 수영이 허용돼 여성들도 맨팔과 맨다리를 약간 드러낼 수 있게 됐다. 1930년대에 말레네 디트리히와 캐서린 헵번 같은 할리우드 스타들은 여성용 바지에 관능과 매력을 부여했다. 그렇지만 1964년에 앙드레 쿠레주가 봄철용 바지 정장을 선보였을 때야 바지가 여성 패션으로 퍼질 수 있었다. 1960년대 말엽이 되자 서구에서 진 소재로 된 바지를 입은 여성들의 모습이 흔해졌다.

보수파는 바지를 위협적으로 받아들이는데, 그것이 난잡함과 비협조라는 두려운 광경을 떠올리게 하는 남성 권력, 독립성, 움직임의 편의성, 육체노동과 성적 독립을 표상하기 때문이다. 2009년, 수단의 언론인인 루브나 아메드 알 후세인은 바지를 입었다는 죄—수단의 엄격한 도덕법에 따르면 그것은 외설 행위로 간주됐다—로 재판정에 세워졌다. UN 직원이었던 후세인은 자신의 직위에 주어진 면책권을 사용하는 대신 자리에서 물러나, 자신을 체포당하게 한 바지를 입고 공개 법정에 서겠다고 고집했다. 구금과 마흔 대의 공개 채찍질에 직면한 후세인은 언론인들에게 말했다. "법정에서 마치 판사들 앞에 선 혁명가가 된 기분이었어요. 수단의 모든 여성을 제가 대표하는 것만 같았어요."[29] 법정은 후세인에게 유죄를 선고했고, 채찍질을 면해주는 대신 벌금 200달러를 부과했다.

이는 전혀 특수한 경우가 아니어서 2008년에만 사만 삼천 명의 여성들이 복식 규범을 어겼다는 이유로 수단 하르툼에서 체포되었는데, 이들 중 얼마나 많은 여성이 태형을 당했는지는 경찰국장도 헤아리지 못할 정도였다. 루브나 아메드 알 후세인은 여성의 권리를 위한 싸움을 계속하고 있다. "이슬람교 교리에는 여자가 바지를 입어도 된다 혹은 안 된다라는 이야기 자체가 없어요. 경찰에 체포되었을 때 제가 입었던 옷은 하느님께 기도드릴 때 입는 옷이에요. 쿠란이나 무함마드 선지자가 그 문제에 관해 뭐라고 언급했다면 저한테 좀 보여주라고 하세요. 아무것도 없으니까요."[30]

패션 산업에서 아무리 자유주의적인 이야기를 늘어놓는대도, '남성복'과 '여성복'은 여전히 엄격하게 나뉜다.[31] 그러나 최근에는 남성복과 여성복 양쪽 분야에서 활동하는 수많은 모델들이 환영받고 있다. 안드레이 페이치▪는 긴 금발머리를 한 남성 모델로, 여성복 캣워크와 란제리 캠페인에 참여해 유명해졌다. 사스키아 드 브라우와 에리카 린더("저는 그냥 한쪽 젠더로 정착하기에는 너무 상상력이 풍부해요")는 여성이지만 남성복 모델도 겸한다. 2012년 12월에는 또다른 월담이 일어났는데, 여성인 케이시 레글러가 남성 모델로서 포드와 계약을 맺은 것이었다.

아양과 굴복?
—

성 역전 스타일은 사회에서의 젠더와 여성의 역할에 관한 생각에 도전할 수 있다. 그렇지만 남성이 우월하다는 생각에 암묵적으로 동의할 때 문제가 발생한다. 단순한 역전에는 (지배 계급) 남성을 기준으로 하는 세계만이 가능하다는 뜻이 내포된다. 만약 급진적인 목적에서 옷차림을 역전한다면 왜 남자들의 드레스 코드에 아양 떨듯 굴복하는가?[32] 셔츠, 타이, 정장 구두와 정장 재킷은 많은 남성들에게 미움받는 근무복이자 노동 계급에 속한 대다수의 남녀에게 배제와 억압의 상징인데, 왜 "젠더 중성적" 의상은 늘 남성복의 형태인 걸까? 왜 "젠더 중성적" 육체는 여윈 소년의 몸을 닮아야 하는 걸까?

역전한다고 해서 자동적으로 사회의 기저 구조에 도전하는 것도 아니다. 역전은 그저 역할만 뒤바꾸면 충분하다고 가정하기 때문에 그토록 불평등을 야기해온 기저 구조에 도전하기보다 이바지한다.[33]

■ 안드레이 페이치는 양성 모델로 활동하던 중 2014년 성전환 수술을 받아 여자가 되었고 그후 안드레야 페이치로 개명했다.

일부 여성 래퍼들은 남성 갱스터 래퍼들의 언어와 태도와 의상을 따라하고, 다른 여성들에 대한 여성혐오와 남성을 향한 착취적 태도를 종종 드러냈다. 성소수자LGBT 공동체의 여성들도 이따금씩 이런 남성우월주의를 보여 일부 여성들이 이러한 결과에 적극적으로 맞서게 한다. 『역겨운 여성 남성우월주의자들』에서 아리엘 레비는 여성이 다른 여성들을 조롱하는 것이 왜 위험한지를 간략히 설명한다. "여성들을 공격하고, '계집애 같은 것들'이라며 조롱하고, '여성적 의제들'을 미심쩍어하는 것은 내면화된 성차별의 표현들이다. 만약 자신의 성에 관해 그렇게 느낀다면, 삶에서 뭘 성취하더라도 열등감에서 벗어날 수 없다."[34]

충격 가치

펑크족은 캣워크에 있고, 체 게바라 티셔츠는 어디든 있고, 팔레스타인 케피예는 '표범 무늬만큼이나 널렸고'[35] '리버티'는 슬로건이 아니라 상점 이름이다. 아무것도 성스럽지 않고 무엇이든 복제 대상이 될 수 있다. 1800년대에 부자 백인 여성들이 '섬 패션'이라며 자메이카 노예들의 아프리카 머릿수건들을 본뜬 게 그러한 현상의 전례였다.[36]

전용co-option은 불가피해서 거의 무감각해질 지경이다. 펑크는 진정한 운동이었지만, 펑크 룩을 규정하고 광고하는 데는 얄팍한 사업가들이 핵심 역할을 했다. 비비안 웨스트우드와 맬컴 맥라렌(섹스 피스톨스의 매니저)은 펑크와 S&M 스타일 옷을 쌓아놓고 파는 상점

'섹스'를 킹스로드에서 운영한다. 그들은 펑크를 창안하지 않았지만, 그 운동을 포착해 상품화한 것은 대체로 그들이었다. 펑크의 거부 전략은 전용을 막지 못했고, 결국 펑크는 자본주의의 생산품이자 희생양이 되었다. 몇 년간 폭발적 반응을 얻은 후 펑크는 대중 시장에 흡수되었다.[37]

그렇지만 그 정치적 뿌리 때문에, 불만에 찬 젊은이들 사이에서는 펑크가 아직 살아남아 있다. 미얀마에서는 위험을 무릅쓰고 억압적인 정권에 저항하는 지하 펑크 신이 있다. 또 러시아의 펑크 신은 투옥된 펑크 밴드인 푸시 라이엇 덕분에 유명해졌다. 많은 이들에게 펑크는 트렌드나 게임이 아니다.

여성 해방 미학과의 합병은 그보다 미묘하지만 분명한 현실이다. '한 듯 안 한 듯한' 콘셉트의 제품들과 「어떻게 자연스러운 룩을 만드는가」 같은 기사들이 잡지를 채우는 상황에서, 말콤 버나드는 '생얼' 룩은 큰 시장이라고 지목한다. '자연스러운' 얼굴을 위해서는 적어도 여덟 종류의 화장품이 필요하므로, 상품성이 높은 룩이라 할 수 있다. 브라를 하지 않아 결과적으로 유두를 내보이는 행위는 가부장제와 여성 특화 의류에 대한 저항에서 시작되었지만, 고도로 성애화되었다.[38] 그렇다고 작업복이나 덩거리가 급진적인 선택지도 아닌 게 리한나와 셰릴 콜 같은 유명인사들이 그런 옷들을 관능적으로 변형해 입은 사진이 〈데일리메일〉에 실리는 판국이기 때문이다.

펑크와 여성 해방의 미학적이고 정치적인 가치가 전용되기 전, 사회는 양쪽 운동의 정치학을 사회 변두리로 밀어내려고 그것들을 이용했다. 이는 패션을 거부하는 모든 집단이 직면하는 또다른 위험이다. 사회가 이렇게 말함으로써 그들은 고립될 수 있다. 그들은 미친 것처럼 보이니까 미친 게 틀림없어. 그냥 무시해.

하나의 스타일이 전용되느냐 아니냐는 패션 산업과 서브컬처 간의 거리에 달려 있다. 뉴욕의 게이 신과 흑인 및 라틴계 공동체들은 뉴욕 패션 산업과 사회학적으로 가깝고, 패션 산업과는 동떨어져 살아가는 유타 주의 농부들보다 더 큰 영향력을 미친다.[39] 런던의 한 디자이너는 예술적 영감을 얻는 과정을 "마치 스펀지가 된 것 같아요. 가까이에 있는 것이면 뭐든 빨아들이지요."라고 설명했다.[40]

이것은 패션과 저항 패션의 변증법적 관계를 보여준다. 프레드 데이비스가 『패션, 문화, 그리고 정체성』에서 지적하듯, 그들은 상호의존적이기에 진화하기 위해서는 서로가 필요하다. 저항 패션은 반드시 주류 패션을 인식하고 거기 맞서야 한다.[41] 나이지리아 여성들이 요루바족 옷을 입은 것은 '문명화된' 옷입기 방식으로 그들에게 부과된 영국 지배 계층의 옷을 거부하는 행동이었기 때문에 힘을 얻었다. 다른 한편 주류 패션은, 새로 등장하는 반항 패션들의 꾸준한 흐름에서 막대한 금전적 이득을 얻는다.

케피예인가 톱숍 티타월인가?

패션 학자인 발레리 스틸은 패션에 '자본주의의 총아'라는 딱지를 붙인다.[42] 패션은 심지어 가장 논쟁적인 것까지도 가져다 수백만 달러를 벌어들이는 능력을 가졌다. 케피예는 이스라엘에 맞선 팔레스타인 저항의 상징물로, 그 흑백 체크무늬는 야세르 아라파트, 레일라 칼레드, 그리고 팔레스타인 저항 투사들을 찍은 뉴스에 오래전부터 등장했다. 2차 인티파다와 2008~2009년 이스라엘의 야만적인 캐스트 리드 작전을 거치며 팔레스타인 지지 세력이 득세했고, 유럽—특히 런던—에서 케피예는 친팔레스타인적이고 반제국주의적인 정서의 상징으로 유행을 탔다. 몇 달 지나지 않아 케피예는 하이 스트리트의 모든 가게와 가판대에서 다양한 색상으로 구할 수 있는 '다민족적 사막 스카프'가 되었다. 발렌시아가는 케피예를 장당 2000달러에 팔았다.

팔레스타인을 지지하는 활동가들은 케피예에서 정치적 의미가 지워질 거라는 두려움 때문에 이런 현상을 떨떠름해했다. 케피예 대중화에 핵심 역할을 한 친팔레스타인 래퍼인 로우키의 노래에는 "나는 케피예를 하지만 톱숍 티타월은 안 해" "입 열기 전에 네 목에 두른 그 스카프의 의미부터 배워" 같은 가사가 나온다. 친이스라엘 우파도 떨떠름해하기는 마찬가지였다. 한 미국인 블로거는 "다음번에는 아마 버버리 체크무늬를 넣은 KKK단 후드가 대박 상품이 될" 거라며 케피예를 비꼬았다.[43] 팔레스타인 저항의 상징물이 갑자기 어디든 출현해 유로스타 광고들과 팝스타들의 목둘레에서 논쟁을 야기했다. 그렇다면 케피예가 유행해 가장 이득을 본 건 누굴까? 친팔레스타인 활동이었을까, 친이스라엘 로비였을까 아니면 톱숍이었을까?

친이스라엘 로비의 분파들은 '사막 스카프'가 대량 생산되어 케피예의 의미가 희석되기를 바랐을지도 모른다. 하지만 그런 일은 일어나지 않았다. 친팔레스타인 활동은 그 대중화 과정에서 어떤 지속적인 피해도 입지 않았다. 시위와 캠페인들은 계속해서 이어졌다. 케피예는 '유행'하는 내내 톱숍 티타월과 쉽게 구분되었고, 팔레스타인 논쟁은 전 세계에서 불꽃을 튀겼다.

톱숍, 프라이마크, 발렌시아가와 짝퉁 스카프를 가져다 쓴 다른 브랜드는 모두 확실히 득을 보았다. 이런 회사들은 비록 그 무늬 이면의 정치학을 무효화시키지는 못했지만 그 유행을 이용해 돈을 벌 수는 있었다. 회사들은 케피예에 담긴 반란과 자유의 사상을 자신들의 브랜드에 도매금으로 옮겨다놓았다. 그러나 팔레스타인의 명분은 '사막 스카프' 같은 찻잔 속의 태풍쯤은 얼마든 견뎌낼 정도로 충분히 크고 잠재력을 갖췄다. 팔레스타인은 그저 하나의 패션 유행이 아니라 팔레스타인 자체로 기억될 것이다.

전용

한편 그렇게 운이 좋지 못했던 더 작은 규모의 운동들도 있다. 1980년대 뉴욕에는 매력적인 문화 아이콘처럼 차려입고 춤추고 자세를 취하는, 주로 흑인 남성 동성애자 젊은이들로 구성된 지하 네트워크가 있었다. 그들의 인상적인 춤은 '보깅'■이라고 불린다. 어떤 학자는 그

■ 패션지 『보그』에 실린 모델들의 포즈에 영감을 받은 춤. 마돈나가 1990년 〈보그〉라는 곡을 발표하면서 뮤직비디오와 공연에서 보깅을 선보여 대중적으로 인기를 끌었다. 보깅은 현재까지도 이어져오고 있다.

젊은이들을 아웃사이더로, 인종적·성적으로 거기다가 여자 같고 가난하다는 이유로 철저히 억압받은 사람들이라고 묘사했다. 보그 운동은 한 잡지의 표지 모델이 된다는 꿈을 조롱하면서도 긍정했다. 마돈나와 워너 브러더스가 〈보그〉라는 노래로 그것을 전용했다는 이야기는 상식이지만, 보그 운동이 당한 억압의 뒷이야기를 아는 사람은 많지 않다. 일각에서는 마돈나가 그 운동에 목소리를 주었다고 주장했지만, '손짓들의 바다에서 길 잃은'이라는 원래의 메시지를 생각해보면, 억압당하는 소수를 이용한 것이나 다름없었다.[44]

저항 스타일이 결코 진정으로 패션 산업을 위협하지 못하리라는 것은 서글프게도 진실이다. 패션 산업은 충격과 논란을 흡수할 뿐 아니라 거기서 득을 보는 능력도 탁월하기에 급기야 자신의 종말까지도 요구한다. 모스키노는 1990년 봄/여름 시즌에 '패션 시스템을 멈춰라'라는 표제로 광고 캠페인을 펼쳤는데, 뱀파이어처럼 분장한 모델들의 사진에 붉은 엑스자가 그어져 있었다. 디자이너 프랑코 모스키노는 한때 "패션은 시크로 가득하다"라고 말했다. 모스키노는 '값비싼 재킷'이라는 슬로건을 수놓은 재킷, '돈의 허리'■라고 쓰인 허리띠, 그리고 1989년에는 테디베어 펠트천으로 만든 코트를 출시하는 등 패션 산업을 여러 차례 비판했다. 그렇지만 모스키노가 모욕한 사람들은 그를 칭송했다. "그는 최고 패션 에디터들의 자리에 무박스■■를

■ waist(허리)와 waste(낭비)가 발음이 같은 것을 이용한 말장난.
■■ moo-boxes, 뒤집어놓으면 소 울음소리가 나는 장난감.

놓아두어, 그들은 머릿속에 독창적인 생각이라고는 없는 멍청한 암소일 뿐이라고 조롱했지만 그럴수록 더욱 박수갈채를 받았다."[45]

이런 '모욕들'은 실제로는 극도의 자신감을 드러내는 신호다. 모스키노는 사실상 자신의 회사와 패션 시스템 모두에 엄청난 자신감을 과시한 셈이었다. 자기를 내세우지 않는 브랜드야말로 무엇보다 경계해야 할 대상일 것이다.[46] 이러한 이중 허세는 저항을 상품화하는 패션 산업의 능력을 잘 보여준다. 저항하고 고발하려는 시도 덕분에 모스키노는 그가 미워한 시스템의 맨 꼭대기까지 치고 올라갔다.[47]

패션 산업 바깥에서 저항이 일어날 때도 똑같은 일이 발생한다. 펑크가 저항하는 옷차림의 선언이었다면, 반소비주의 그런지는 장 폴고티에의 언급처럼 "그저 돈이 없을 때의 옷차림 이상은 아니다". 떡진 머리에 체크무늬 셔츠와 구멍난 스니커즈 차림의 너바나 같은 밴드가 그런지의 아이콘이었다.

그런지의 기원이 반소비주의든 아니든 패션 산업은 재빨리 작업에 착수했다. 몇몇 디자이너들은 그것을 전용했다. 그러나 컬렉션이 너무 큰 논란을 일으켜 페리 엘리스에서 마크 제이콥스를 해고하는 바람에 끝내 생산되지는 못했다. 그런지 스타일은 패션 엘리트에게는 인기가 없었다. 수지 맹크스는 '그런지는 끔찍해' 배지를 배포하면서 반대에 앞장섰다. 배지가 그런지 룩의 주 요소임을 생각해보면 아이러니한 일이다.

따라서 궁극의 비선언 패션이라 해도 패션 선언이 될 수 있다. 한 논평자는 "사회적 저항자들이 자신의 저항을 위한 표지들이 그 봉기의 대상에게 값비싼 원료로 이용되는 모습을 보아야 하는 뼈아픈 역설"에 주목했다.[48] 패션 산업과 저항 패션 사이의 변증법적 관계에서, 저항은 그저 흡수되고 재포장되어 우리에게 되팔릴 뿐이다.

저항 패션

1990년대 초, 프레드 데이비스는 조만간 패션이 트렌드에 끌려가기를 멈추고 저항 패션—그가 반패션이라고 부른—이 저항할 대상이 사라질 거라고 예상했다. 그는 그렇게 되면 저항 패션 진영은 지금보다 더 과격하게 불만을 표출하는 방식을 찾아야 하지 않을까 하고 의문을 품었다.[49] 그로부터 20년도 더 지났지만 패션은 여전히 트렌드에 휘둘리고 산업은 속도를 더 내고 있다. 패스트 패션의 도래로 저항 패션을 흡수해 되파는 능력은 더 강력해졌다. 스타일들은 '트렌드 중심'이고, 고작 몇 주면 재생산된다.

재생산을 민주주의와 헷갈려서는 안 된다. 우선, 케피예 같은 물품을 재생산하고 모든 이윤을 차지하는 다국적 기업들의 능력은 민주주의와는 거리가 멀어도 한참 멀다. 이 시스템에는 사회적 평등이란 존재하지 않고, 상품을 파는 회사들에게 소비자들이 통제력을 행사할 방법은 전혀 없다(쇼핑과 '달러 투표'를 민주주의로 보는 견해에 대해서는 9장에서 다룰 것이다). 이 접근법은 또한 민주주의를 이른바 자유시장과 혼동한다.[50] 애초에 사람들을 저항하게 만든 기저 문제들이 그대로 남아 있다면, 상점에서 뭘 살 수 있느냐가 뭐가 중요하겠는가.

둘째로, 일부 포스트모더니스트들이 상상하는 관대한 유토피아와 현실은 멀찌감치 떨어져 있다. 이 책을 집필한 12개월 동안 265명의 사람들이 그저 자기 자신이라서, 트랜스젠더라서, '잘못된' 옷을 입어서 살해당했다. 집권층은 배기진에 대해 아이들을 퇴학시키거나 비행기 탑승을 막는 식으로 반응한다. 강간당한 여성들에게 미니스커트를 입은 게 잘못이라며 욕하거나 히잡을 썼다는 이유로 학교에서 배제하고 공격했다. 진정한 미학적 민주주의는 완전한 민주주의를 이룩한 다음에나, 즉 미의 소유나 사회의 생산수단 소유가 소수의 손아귀에 있지 않으며, 인종차별, 성차별 그리고 계급이 사라진 후에야 가능할 것이다.

이번 장에서 제시한 저항의 움직임은 그저 패션에 대한 것만은 아니었다. 그들은 자신들의 주장을 펴기 위해 옷을 이용해왔다. 많은 저항 패션 운동들은 진보 세력에서 개시한 전투의 한 축을 맡아 중요한 성과를 이룩했다. 그러나 자본주의에 도전하는 수단으로 볼 때, 저항 패션만으로 진지한 도전이라고 여길 수 없다고 결론 내릴 수 있다. 환경주의 패션 디자이너로 목소리를 내고 있는 캐서린 햄넷의 말을 빌리자면, 그것은 '위협과 포트넘 앤 메이슨 백화점의 바구니의 혼합'이라고 설명하는 게 최선이다.[51]

저항은 패션에 도전하면서 동시에 거기에 연료를 댄다. 드레스는 저항에 지속적인 생기를 불어넣고, 억압하에서 문화적 정체성을 유지하고, 새로운 새벽을 위한 영감을 불어넣는 더없이 유용한 도구다. 페미니스트 학자인 벨 훅스는 자메이카의 아프리카 노예들이 그랬듯 반항적

인 문화적 실천이 저항력을 키워준다고 말한 바 있다.[52]

예를 들자면 우리는 모든 사람이 젠더에 상관없는 스타일의 옷을 입을 수 있는 지점에는 도달하지 못했지만, 그런 미래가 어떤 모습일지 그려보는 것은 세대 전체의 상상력을 샘솟게 할 수 있다. 새로운 세계를 상상할 능력이 없다면 새로운 세계를 세울 수 있다는 희망도 가질 수 없기에 예술은 상상력의 고취 면에서 필수적이다.

개개인에게 표현의 자유를 독려하는 것 또한 패션과 아름다움의 이상이 그저 지배 계급을 이롭게 하기 위한 이데올로기일 뿐이라는 사실을 꿰뚫어보는 데 도움이 된다. 이는 너무 가까워서 객관화하기 힘든 자본주의에 초점을 맞추는 과정이다. 일단 자본주의를 제대로 바라보게 된다면, 자본주의에 도전하는 것도 가능하다.

저항 패션은 자본주의에 대한 조직적인 반응이 아니라는 게 그 주요한 특징이다. 그것은 연대보다는 이질적인 요소들로 이뤄지고, 그 참여자들 사이엔 공언된 목표가 거의 없으며, 우연히 발생한다. 그렇다면 패션 시스템에서 벗어나고픈 이들이 조직화된 목적을 찾아내고 연대하려 한다면 무슨 일이 일어날까? 9장에서는 바로 이 주제, 패션을 선택하는 데서 집단행동을 목표로 하는 운동에 대해 살펴볼 것이다.

9장

패션
개혁하기

우리와 손을 잡고, 쇼핑이 인간 고통에 대한 합리적인 반응이라는 지긋
지긋한 생각을 거부하세요.

—바이레스크랩닷컴Buylesscrap.com

이 장의 주제는 이 책에서 다룬 비극적이고 염려스러운 모든 의제 가운데 가장 도발적인 것이다. 자본주의를 개혁할 것이냐 전복할 것이냐, 그것이 문제로다. 이 두 입장은 더러 이렇게 오해를 받는다. 쩍 벌어진 상처에 대충 반창고나 붙이고 수백만 명이 야만주의로 고통받는 상황에서 소수만 구제하려고 애쓸 것인가, 아니면 끝내 안 올지도 모를 천지개벽을 절망적으로 기다릴 것인가.

이 장의 이야기는 중국의 공장이나 뉴욕의 상점이 아니라 이 책을 집필하면서 잠시 신세를 진, 영국 북부에 위치한 내 친한 친구네 집 부엌에서 시작된다. 부엌 식탁에서 인도 의류협동조합의 브로슈어를 발견한 나는 안 그래도 과로와 스트레스에 시달리는 친구에게 그 회사와 '윤리적 패션'이라는 전제가 모두 잘못됐음을 낱낱이 알려주겠다며 (도움 안 되는) 제안을 했다. 친구는 이미 그 카탈로그를 보고 아이들 옷을 주문했던 터라 당연히 열띤 논쟁이 벌어졌다. 그녀는 아무것도 안 하고 혁명만 기다리는 것은 부도덕하다고 소리쳤고 나는 자본주의를 개혁하려고 애쓰는 것은 뭘 모르는 짓이며 현실을 똑바로 못 보게 하는 걸림돌일 뿐이라고 되받아쳤다.

결국, 우리는 서로 같은 목표를 마음에 품었지만, 거기에 도달하는 데 다른 방법들을 제시하고 있다는 데 의견을 모았다. 옷의 정치학에 관한 논쟁들은 음식의 정치학에 관한 논쟁과 마찬가지로 순식간에 가열되는데, 너무나 개인적인 문제로 느껴지기 때문이다. 옷은 개인적인 선택의 문제로 간주된다. 그 선택은 표면적으로는 단순해 보인다. '좋은 옷'인가 '나쁜 옷'인가. '좋은' 옷을 선택하면 고결한 사람이다. '나쁜' 옷을 고르면 '나쁜' 사람이다. 어떤 물건을 살 때든 가장 덜 해로운 선택지를 고르는 것이 타당하다면, '선택'을 결정짓는 그 수많은 요인들은 어떠한가? 계급은 주요 요인이다. 우리는 형편에 맞게 산다. 한 벌에 16파운드짜리 속바지를 사 입을 형편이 안 된다면, 그 속바지가 영국에서 유기농 면으로 수작업을 통해 만들어진 것인지는 중요치 않다. 아마 죄책감과 수치심을 느끼며 프라이마크에서 다섯 벌에 3파운드 하는 속바지를 살 수밖에 없을 것이다.

우리가 옷을 개인적 의제로 보는 막다른 골목에 이르는 상황은 우연이 아니다. 이는 신자유주의—우리에게 (집합적이 아니라) 개인적 행동에서 권력이 부여되며, 자유란 소비품목의 다양성을 의미하며,

시스템을 믿고 (투쟁이 아니라) 쇼핑을 통해 새로운 세계로 가야 한다고 가르쳐주는 시스템—의 핵심부와 직결된다.

스웨트숍 노동이나 환경 파괴를 벗어날 수 있는 개인적 경로란 존재하지 않는다. 쇼핑으로 중국 노동자들을 해방시킬 수 없다. 쇼핑으로 아랄 해를 되살릴 수도 없다. 패션 산업에 퍼진 신자유주의적 사고방식은 위험한 헛소리이므로 반드시 물리쳐야 한다. 그보다, 이 책에서 이야기한 문제들에 대해 비판적이고 집단적이며 반자본주의적인 태도로 맞서야 한다. 우리는 개인 수준에서의 힘은 가졌지만, 직면한 도전들에 집단적으로 맞서야 하고 사람들 앞에 놓인 장벽들을 현실적으로 평가할 수 있어야 한다. 마르크스는 이러한 모순을 "사람들은 자기들의 역사를 스스로 만들지만, 그렇다고 원하는 대로 만드는 것은 아니다. 스스로 선택한 상황에서가 아니라, 과거에서 주어지고 전달받은, 이미 존재하는 상황에서 만들기 때문이다"라고 규정했다.

이번 장에 담긴 문제들에 대한 건설적인 논쟁은 바로 그 때문에 중요하다. 우리는 누가 진짜 적인지 알아야 하고, 변화를 원하는 사람이라면 누구든 공통된 기반에서 협력하는 법을 배워야만 한다. 변화를 원하는 사람들 간의 견해차는, 예를 들어 우리와 코크 형제 같은 캔자스 석유 부호처럼 부유한 이들 사이를 가르는 격차에 비하면 미미하다. 앤절라 데이비스는 벳시 로즈의 노래를 인용해 상황을 이렇게 표현했다. "각자 다른 배를 타고 여기 왔대도, 지금은 같은 배를 타고 있어요."[1]

이 책에서는 후반부의 세 장에 걸쳐 논쟁을 제기하는데, 그게 행동을 위한 시작점이기 때문이다. 일단 세계를 변화시키고 싶다고 결심했다면, 어떻게 할 것인지 방법을 정해야 하고, 자연스럽게 의견 차가 빚어질 것이다. 현실적인 평가 그리고 어떤 방법이 효과적이고 어떤 방법이 비효과적인지에 관한 논쟁이 앞으로 나아가는 유일한 길이다. 이 장에서는 패션 산업을 조직적으로 개혁하기 위한 몇 가지 방법에 대해 살펴볼 것이다. 즉, 소비자들의 집단화와 조직화, 세계를 바꾸기 위한 쇼핑방식 바꾸기, 정부 주도 개혁, 다국적 기업들 사이에서 증가하는 '개혁적' 경향, 그리고 마지막으로 노동조합 주도의 노동자 개혁에 대해 다룰 것이다.[2]

초기의 도전

패션 산업은 오래전부터 반감을 야기했다. 1889년, 산업화가 시작된 북아메리카의 스웨트숍에서 벌어진 끔찍한 상황 때문에 사회개혁가인 제인 애덤스와 엘런 스타는 시카고에 교육과 보건에 관심이 있는 개혁가들의 공동체인 헐하우스를 세우게 되었다. 헐하우스 거주민 중에는 사회개혁가이자 엥겔스의 친구였던 플로렌스 켈리도 있었다.[3] 헐하우스 주변 지역을 현장조사하던 켈리는 세 살밖에 안 된 어린아이들이 공동주택 스웨트숍에서 일한다는 사실을 알게 됐다. 훗날 새로 선출된 주지사 존 피터 알트겔드는 그 주 최초의 공장 조사관으로 켈리를 임명했다. 그녀의 조사 덕분에 일리노이 주는 14세 이하 아동의 고용을 금하고, 여성과 아동의 노동 시간을 하루 최대 여덟 시간으로 제한하게 되었다. 그러나 1895년에 일리노이제조업자협회는 그 법의 위헌 판결을 얻어냈다.

또다른 활동가이자 여성노동자협회의 사무국장인 앨리스 우드브리지는 뉴욕의 소매업 부문 여성 노동자들의 노동 조건을 면밀히 조사했다. 그녀의 보고서 덕분에 사회개혁가인 조세핀 쇼 로렐은 1890년에 뉴욕소비자연맹을 창립했다. 그 연맹은 착취당하는 여성과 아동의 고난을 조사하고 공론화했으며, 품질은 형편없음에도 너무 값비싼 제품으로부터 소비자를 보호하려 했다. 그 연맹에서 처음 실시한 조사로는 면 속옷을 만드는 사람들의 노동 조건에 관한 것이 있었다. 연맹은 노동자를 존중하는 회사에서 만든 제품만 구매하면 변화를 일으킬 수 있다며 소비자의 힘을 강조했다. 그리고 어떤 회사가 공정 임금을 지불하고 합리적인 노동 시간과 위생 조건을 준수하는지 소비자들에게 알려주는 화이트 리스트를 발행했다. 다른 시에서도 소비자연맹이 설립되었고, 조세핀 쇼 로렐과 제인 애덤스는 1899년에 전국소비자연맹NCL 정관을 만들고 그 사무총장직을 맡기고자 플로렌스 켈리를 뉴욕으로 불렀다.

켈리의 선구적인 프로그램 중 하나는 '화이트 라벨' 인증으로, 공정한 노동 조건하에서 아동 노동 없이 제품을 만드는 회사에 수여되었다. 그녀는 스웨트숍에서 만들어진 옷에 대한 소비자 불매 운동을 조직하면서 이렇게 말했다. "살아간다는 것은 구매한다는 뜻이고, 구매한다는 것은 힘이 있다는 뜻이며, 힘이 있다는 것은 책임이 있다는 뜻입니다."[4] 헌신적인 사회주의자 켈리는 단순히 사회 병폐의 증상이 아니라 그 뿌리를 뽑아야만 진짜 변화가 온다고 가르쳤다.

윤리적 가감법

오늘날 우리의 옷장은, 패션 산업이 세상에 만연한 참사와 불행에 책임이 있고, 그것이 소비자인 우리의 행위 탓이라는 두 가지 전제가 만나는 지점이다. 많은 소기업들은 이제 그 해법으로 '윤리적 패션'을 제시한다. 윤리적 패션은 환경 오염, 노동권, 항공 마일리지, 동물 학대와 상품 지속 가능성 같은 의제들을 아우르는 두루뭉술한 어구로 쓰인다. 20년쯤 지난 지금, 일부 혁신적인 계획들이 있긴 하지만 전체 의류 시장에서 겨우 1퍼센트 남짓한, '유달리 낮은 몫'을 차지할 뿐이다.

　윤리적 패션에 관해 충고하는 책들은 넘쳐난다. 그중 많은 책들에 패션의 문제들에 대한 만족스러운 해법의 제시를 막는 순환적인 주제가 담겨 있다. 윤리적 패션에서는 그 산업이 야기하는 그 모든 의제들 사이의 우선순위를 어떻게 매기느냐가 핵심 딜레마다. 어떤 책에서는 무엇이 가장 중요한가를 결정하는 '간단한 도덕적 점검 목록'은 없다고 설명한다.[5] 수천 마일을 들여가며 인도의 협동조합에서 재봉이 된 드레스를 운송해오는 것이 나은가 아니면 지역 제조사에서 만든 모피로 장식한 드레스를 사는 편이 나은가? 작업장 안전 규정들을 무시하는 업체에서 파는 유기농 면 청바지를 사는 편이 나은가 아니면 규제를 잘 지키는 업체가 만든 살충제에 찌든 종전 방식으로 만든 청바지를 사는 편이 더 나은가? 합성 린트 섬유를 날려 대양과 해변과 해양생물들을 오염시키는 재활용된 폴리에스터 플리스는 어떨까? 중국 스웨트숍에서 만든 비건 구두를 사는 쪽이 더 나은가 아니면 뚱뚱한 사람들은 추하다고 말하는 디자이너가 만든 가죽구두를 사는 쪽이 더 나은가?

윤리적 패션을 다룬 책에서는 소비자들에게 '윤리적 가감법'을 이용해 주안점의 우선순위를 매기라고 하는데, 이런 해법은 별 도움이 되지 않는다.[6] 만족스러운 대답이 나오지 않는 건 자본주의가 그 문제의 원인임을 지적하지 않으려 하기 때문이다. 지속 가능한 패션 라벨의 어떤 창립자는 디자인적 관점에서 합리적인 대답을 내놓았다. "지속 가능성을 따질 때, 여러분이 가장 큰 차이를 만들 수 있는 영역에 노력을 쏟으세요."[7] 한 윤리적 패션 지침서의 표현을 빌리자면, "어떤 윤리적 기준이 가장 중요한가라는 얽히고설킨 문제"는 여전히 소비자들의 몫이다.[8] 이런 책들은 패션 산업의 병폐가 자본주의 체제 때문이라고 지목하지 않기 위해 소비자의 무관심이나 인간의 탐욕 같은 다른 원인들을 내세운다.

윤리적 패션을 다룬 책들은 자본주의가 문제라고 말하지 않기 위해 못 미더운 구제방법들을 찾으려 애쓴다. 윤리적 패션 책들은 대부분 사람들에게 쇼핑을 줄이라고 권하면서도 모든 페이지에 브랜드와 제품 광고를 수록해 쇼핑 목록을 방불케 한다. 독자들은 애초에 그 책들을 집어들게 한, 걱정의 원인인 바로 그 회사들에 대한 긍정적 평가에 놀라기 일쑤다. 『그린 이즈 더 뉴 블랙』은 나이키, 세인스버리, 테스코, 그리고 톱숍들을 '하이 스트리트 패션의 영웅들' 자리에 올려놓는다. 옥스팜에서 출간한 『하트 온 유어 슬리브』 역시 톱숍을 M&S와 갭과 더불어 윤리적 옷들을 찾을 수 있는 상점 명단에 올린다. 이 목록들이 모순적으로 보일 것을 예상했던지, 『그린 이즈 더 뉴 블랙』의 저자는 "대기업들이 아무리 마음에 안 들어도, 그들이 권력을 가졌음을 잊지 마시라. 그리고 그들이 변화한다면 실제로 차이를 만드는 큰 파도들을 일으킬 수 있다. 그 모두가 그저 대규모 홍보 활동이래도, 그게 뭐가 중요하겠는가?"[9]라고 말한다.

그게 중요하다. 이것이 신자유주의적 사고방식이고, 홍보 활동은 기업의 실상을 흐리기 때문이다. 2011년 6월 글로벌노동과 인권연구소Institute for Global Labour and Human Rights는 요르단에 위치한 거대한 클래식 패션 공장에 대한 조사 보고서를 펴냈다. 클래식 패션에서 만들어진 옷들은 미국과 요르단 간의 자유무역협정으로 무관세로 미국에 수입된다. 조사 결과, 노동자는 모두 여성이며 그 대부분은 남아시아 출신의 이민자였는데, 매질과 강제 노역은 물론이고 조직적인 성적 학대와 성폭행까지 당하고 있었다. 미국의 대형 브랜드 다섯 곳—헤인스, 콜스, 메이시스, 타깃과 월마트—이 클래식 패션에서 공급받고 있다. 그 발표 이후에도 전혀 반응이 없자, 이 보고서를 쓴 찰스 커내건은 이렇게 말했다. "월마트와 헤인스가 아무리 인권에 관심이 없대도, 성폭행까지 벌어진다고 하면 눈감고 선을 그을 거라고 예상했습니다. 그 대신 그냥 입을 다물더군요."[10]

자사의 옷을 만드는 여성들이 폭행과 강간을 당하는 동안 이 회사들은 자사의 사회정책 웹사이트를 통해 자신들이 '윤리 경영'을 한다며 공언했다. "당사는 이 세계를 건강하고 살기 좋고 안전한 곳으로 유지하는 데 맡은 몫을 다하고자 노력하고 있습니다"(헤인스). "메이시스 사는 국내 및 해외의 노동자들을 보호하기 위한 엄격한 도매업체와 공급업체 행동 규약을 갖췄습니다"(메이시스). "당사는 고유한 사이즈와 측정 분류표로 전 세계의 여성들에게 권력을 부여하고 있습니다"(월마트). 이는 왜 많은 사람들이 대기업들을 믿지 못하는지를 설명해주는, 홍보 활동과 진짜 변화 사이의 차이다. 이런 끔찍한 일들이 폭로됐음에도 클래식 패션의 상황은 여전히 개선되지 않았다. 지난 2년간, 그 공장에서 적어도 스물다섯 명의 여성이 실종되었는데, 동료 노동자들은 "사라진 그 여성들이 강간당하고 살해되었다고 생각"[11]한다.

'책임 있는 소비주의'

책임 있는 소비주의라는 개념에는 좀더 보편적인 문제점들이 있다. 구매나 달러 투표는 우리가 얼마나 많은 돈을 가졌느냐와 직결된다.[12] 다이아몬드를 살 능력이 없다면 드비어스에 무슨 영향을 미칠 수 있겠는가? 1500파운드짜리 핸드백은 고사하고 100파운드짜리 향수 한 병을 살 능력도 없다면, 샤넬의 노동 관행에 무슨 영향을 미칠 수 있겠는가? 달러 투표는 우리 사회에서 권력을 가지려면 돈이 있어야 한다는 주장을 굳건히 해준다.

책임 있는 소비주의는 세계의 병폐를 자본주의 탓에서 개인의 탓으로 옮겨놓는다. 앞서 이야기했듯, '윤리적이라고' 여겨지는 제품들은 흔히 시장에서 가장 비싼 제품들이므로, 윤리적 소비는 불행히도 철저히 계급을 기반으로 한다. 지구 환경 파괴나 스웨트숍의 존재를 사회에서 개인적 권력을 가장 적게 쥔 이들의 탓으로 돌려서는 안 된다. 왜 애초에 모든 생산품을 윤리적으로 만들지 않는가? 왜 그 사슬의 더 높은 곳에 책임을 묻지 않는가? 윤리적 라벨인 이비언의 이바 알렉산드로바는 이렇게 말했다. "저는 모두 소비자 탓으로 돌려서는 안 된다고 생각해요. 소비자들은 아름다운 옷을 사야 하고, 이런 아름다운 옷들이 마찬가지로 아름다운 방식으로 만들어지는지 확인하는 건 디자이너의 책임이죠."[13]

윤리적 소비지상주의는 사람들의 정체성을 능동적 시민이 아니라 수동적 소비자로 굳힐 수 있다. 삶은 단순히 뭔가를 구매하는 것이 아니며, 사회의 모든 주요 기능을 쇼핑이라는 업무에 예속시켜서는 안 된다.[14]

물러앉아 기다려라?

개혁 일변도의 주장을 반대하는 사람들은 종종 지금 여기서 행동하려는 의지가 없다고 비난받지만, 이는 그들의 정치적 입장을 와전시킨 것이다. 무엇보다 변화를 원하는 이들이 왜 물러앉아 기다리는 데 만족하겠는가? 혁명가 로자 룩셈부르크는 "숙명론자 같은 식으로 팔짱을 낀 채 '혁명적 상황'의 도래만을 기다릴 수는 없다"[15]고 선언했다. 개혁과 혁명은 단순히 양자택일의 대상이 아니라 서로를 조건 짓고 보완한다.

정치적 소비자로 행동함으로써 자신과 타인들을 위한 권리들을 얻어낸 사람들의 이야기에는 길고 급진적인 역사가 담겨 있다. 러시아혁명은 빵값에 대한 여성들의 저항에서 시작되었다. 미국 시민권 운동인 몽고메리 버스 보이콧('타서 굴욕당하지 말고 걸어서 위엄을 지키자')은 멀리 퍼져나가 13개월 만에 버스에서의 인종 분리를 종식시켰다. 할렘주부연맹은 흑인 직원 고용 문제 때문에 '일할 수 없는 곳에서는 사지 마세요' 캠페인을 펼쳐 상점들을 압박했다. 집세 지불 거부 운동이 있었는가 하면, 수입된 랭커셔 면화에 대한 간디의 불매 운동, 그리고 남아프리카 생산품들에 대한 전 세계적인 소비자 불매 운동도 있었다.

이런 캠페인에서 소비지상주의는 목적을 위한 수단이지 그 자체로 목적이 아니다. 러시아혁명은 빵값에 대한 여성들의 저항에서 시작됐지만, 값싼 빵이 목표는 아니었다. 정치적 소비주의는 '책임 있는 소비주의'와는 반대로, 자본주의가 개혁될 수 없다는 깨달음을 동반한다. 그것은 구체적 변화를 가져오기 위해 소비를 이용할 뿐 다른 소비 유형을 최종 목표로 삼지 않는다.

다음과 같은 물음들로 책임 있는 소비주의 캠페인들과 정치적 소비 캠페인들을 구분할 수 있다. 그것은 어떤 기업에서 조직한 캠페인인가? 그 캠페인으로 인해 돈을 버는 기업이 있는가? 그 캠페인은 사람들에게 단순한 쇼핑 외에 더 많은 일을 하게 권한을 주는가? 그 캠페인은 착취의 원인으로 누구 혹은 무엇을 탓하는가?

사람들이 소비자 캠페인에 참여해서는 안 된다는 얘기가 아니다. 사실, 가능한 한 덜 해로운 제품의 구매는 합리적인 행동이고, 많은 소비자 캠페인들은 그간 기후 변화와 스웨트숍 같은 의제를 성공적으로 널리 알려왔다. 내 말은, 그 행위가 계산대에서 멈춰서는 안 된다는 것이다.

규제?

기후 변화도 그렇듯 세계가 직면한 위기 중에서 한 국가의 국경 안으로만 한정된 것은 아무것도 없다.[16] 불매 운동 같은 새롭고, 국제주의적인 해결책은 전통방식의 정치학을 강화할 수 있다. 일부 소비자 캠페인에서는 우선 정부들이 노동 관행들이나 환경 문제를 개선시키는 방향으로 법을 만들게 하겠다는 훌륭한 목적을 세운다. 그렇지만 정부는 기업을 통제하는 법을 입안하기를 꺼리는데, 룩셈부르크가 100년 전에 썼듯이 "국가 통제에는 지배 계급의 배타적 이득이 스며들어 있기 때문이다".[17]

영국 정부는 의류 노동자들과 환경을 보호하기 위해 기업들이 자발적으로 내세운 기업의 사회적 책임CSR 계획을 믿는 접근법을 취했다. 기업들은 그 접근법을 만족스러워하는데, 이는 그들이 법적 규제를 피할 수 있다는 뜻이기 때문이다. 영국에서 주된 자발적 CSR 조직은 윤리무역구상Ethical Trading Initiative으로, 기업, 노동조합, 그리고

NGO가 모여 만든 상부 단체다. 훌륭한 목적의 단체지만, 윤리무역구상은 아스다, 테스코, 그리고 프라이마크를 포함하는 기업 회원들 때문에 줄곧 무시당하고 짓밟혔다.

영국에서는 데이비드 캐머런 총리가 소매 대기업인 아카디아의 소유주 필립 그린을 정부 자문으로 임명하면서 법적 개혁의 앞길에 커다란 걸림돌이 내려앉았다. 그린은 윤리무역구상에 서명하지 않았다. 그린은 그 이유를 묻는 기자에게 이미 당신 동료를 "코에 한 방 먹여서 창문 밖으로 내던져버리겠다"[18]고 위협했다며 대꾸했다. 그린은 2002년에 아내 티나에게 아카디아를 매각했는데, 그녀는 세금 도피처인 모나코에 살았으므로, 덕분에 영국에 돌아갔어야 할 수억 파운드의 세금을 '지불하지 않아도' 되었다. 영국 소매업체들의 해외 스웨트숍 이용을 불법화하는 골자의 법안이 통과될 가능성은 현재로서는 지극히 낮아 보인다. 세계화는 전 지구적인 '바닥으로의 경주'라는 결과를 낳았다. 국제적인 자본주의 경쟁이 더 심해질수록, 국가적 규제의 가망은 더욱더 희박해지고 있다.

공정노동위원회Fair Labour Association는 미국판 윤리무역구상이라고 할 수 있다. 나약하고 무력함이 입증된 이 또다른 조직은 비인간적인 아이패드 하도급업체인 폭스콘을 칭찬하여 논란을 빚었다. 미국은 규제를 완화하고 노동법 단속을 줄이고 민간에 맡김으로써 노동권을 약화시킨 신자유주의 경향의 전형적인 예다. 정부에 고용된 임금 및 노동 시간 조사관들은 1983년 각자 오천칠백 곳의 업장들을 도맡아 조사해야 했다. 1996년 무렵에는 그 수가 팔천칠백 곳으로 늘었다.

클린턴이 노동기준단속을 민영화한 후 일자리가 더 줄어드는 바람에 조사관 한 명당 14만 652명의 노동자들(1957년에는 사만 명이었던)을 책임져야 했다. 이 불가능한 상황은 스웨트숍 소유주에게는 '천국'이라 불린다. 노동법 단속을 지속적으로 줄이면서 노동자들을 노골적인 학대에 방치하는 상황은 워싱턴 입법 체제의 뿌리깊은 계급 편향성을 보여주었다.[19]

자본주의-자선 활동

윤리적 소비에 대한 대중적 관심이 급증하면서 윤리적 소비 캠페인들의 언어와 외양을 수용하려는 다국적 기업의 움직임이 눈에 띄게 늘었다. 이는 브랜드들이 사람들과 관계를 맺는 방식에 의도적인 변화가 일어난다는 뜻이다. 이제 많은 브랜드들이 고객들에게 한층 개인화된 경험을 제공하려 한다. 단순히 가격을 토대로 하는 게 아니라 참여를 통해 소비자에게 주인의식을 가지게 함으로써 충성을 확보하려 한다. 기업들은 소비자들과 온라인으로 교류하는 '대화 창구'를 두며, 점점 더 많은 기업에서 개개인의 요구에 맞춘 상품들을 제공한다. 일부 브랜드에서는 개인적인 슬로건을 수놓은 운동화를 판매한다. 비록 나이키는 아직 '스웨트숍'이라는 단어를 수놓을 생각이 없겠지만 말이다.

사람들은 기후 변화와 스웨트숍의 상황들에 관해 어느 때보다도 높은 관심을 보인다. 정치가들, 미디어, 은행들, 그리고 기업들은 물의를 거듭 일으키며 신뢰를 무너뜨려왔다. 사람들은 변화를 원하고 다국적 기업들은 시대에 발맞추어 이 움직임에 합류해야 한다는 도전에 직면했다—이길 수 없다면 한편이 되어라.

하이 패션 의상실들은 윤리 마케팅을 아직 본격화하지 않았는데, 그들의 고객들은 무심해서 굳이 그렇게 개혁으로 접근할 필요가 없기 때문이다. 그러나 대중 시장을 대상으로 하는 브랜드들은 그렇지 않다. 그들은 문제가 아니라 해법으로 보이기 위해 이미지를 개혁해야 한다.

그리하여 탐스는 시력 회복 수술을 제공하고, 아르마니는 HIV/AIDS와 싸우며, M&S는 '슈워핑'▪ 캠페인을 설립했고, 나이키는 여성의 대변인('순간을 소중히')이자 노동자들의 대변인(나이키 제조자들: '세계의 제조자들이여, 연대하라')이 되었다. 리복은 인권상을 제정했고 H&M은 유기농 면을 더 많이 사용하겠다고 약속했다. 나오미 클라인은 그런 상황을 이렇게 설명했다. "강력한 브랜드를 가진 모든 회사는 소비자들과 관계를 맺고 그들의 자아에 완벽하게 공명하고자 노력중이다."[20]

이런 브랜드 캠페인에서 사용되는 각각의 언어, 이미지, 상징과 수사학은 사회 운동에서 직접적으로 옮겨온 것이기에 공감을 사며 설득력을 갖는다. 리바이스는 찰스 부코스키의 시 「웃는 심장」에서 영감을 얻은, 젊은이들에게 권위에 저항하라고 독려하는 척하는 자극적

▪ shwopping, 매립지로 가는 폐기물을 줄이기 위해 매장에 헌옷 수거함을 설치하는 것.

인 광고를 내놓았다. 거기 등장하는 '젊은이 대 경찰'의 자료화면 때문에 영국에서는 2011년 '봉기의 여름' 동안 그 광고를 금지하기도 했다. 이 광고는 진정한 변화에 대한 우리의 믿음과 필요의 상품화를 여실히 보여준다. 리바이스는 우리의 생각을 가져다가 그 독창적 의미를 쏙 뺀 채 되팔았고, 인권과 환경 남용을 가리는 장막으로 이를 이용했다. 기업이 내세우는 책임 있는 소비주의는 진보적 사회운동의 직접적인 적이다.

마르크스는 국제노동자협회의 규약을 다음과 같이 적었다. "노동 계급의 해방은 반드시 노동 계급 스스로의 힘으로 이루어져야 한다."[21] 기업에게는 우리를 자유롭게 만들려는 의지도, 그럴 능력도 없다. 자유는 오로지 우리 안에서만 올 수 있다.

탐스

탐스는 2006년에 블레이크 마이코스키가 창립한 미국에 본사를 둔 제화 회사다. 탐스는 하나를 사면 하나를 준다BOGO는 독특한 판매전략을 구사한다. 신발 한 켤레가 팔릴 때마다 탐스에서 20개국 중 한 곳의 아이 한 명에게 신발을 기부한다. 2013년 무렵 탐스는 이백만 켤레 이상의 신발을 나눠주었다. 이 회사는 뒤이어 선글라스 한 쌍이 팔릴 때마다 시력 회복 수술을 제공한다는 아이웨어 사업도 설립했다.

소비자들은 가난에 찌든 마을을 직접 방문해 신발을 나누어줄 기회를 내건 '기부 여행' 경품 행사에 참가한다. 탐스의 웹사이트에 따르면, "동정심이 강한 젊은 층은 다른 브랜드들보다 탐스에 더 많이 참여"한다. 탐스는 "소비자들을 후원자들"로 바꾸는 것에 대해, 그리고 "소비자 자선가"에 대해 이야기한다. 마이코스키의 직함은 "최고 신발 기부자"이고, 탐스 신발 중에는 "변화가 일어나는 것을 보고 싶다면 여러분이 그 변화가 되어라"라는 간디의 메시지를 인쇄한 것도 있다.

탐스의 BOGO 정책은 역사상 최악의 원조 프로그램 명단에 올랐다. 지역 산업들이 설립되어야 살아날 수 있는 경제에 신발을 투하한다는 이유에서다. 한 블로그에서 지적했듯이, "가난에는 일자리 같은 게 도움이 된다. 신발 같은 물품들을 만드는 일자리 말이다".[22] 탐스의 BOGO 같은 제도들은 신발을 갖지 못한 게 가난의 결과이지 그 원인이 아니라는 사실을 무시한다. 탐스는 가난의 원인을 해결하려 하지 않고 신발이 없는 상황을 해결하려 해서 도리어 가난을 야기한다.

전문가들은 싼 외제 물건들을 시장에 범람시켜 그런 마을들의 제품 생산 능력을 파괴하면서 자화자찬한다는 이유로 기업을 비판한다. 아프리카는 "지구상에서 가장 큰 덤핑 지역"이라고 불린다.[23] 1981~2000년 사이 아프리카의 의류 산업에서 생산이 40퍼센트 감소하고 고용률이 50퍼센트 하락했는데 이는 중고 의류 수입과 강요된 구조조정 프로그램 때문으로 추정된다.[24] 아프리카의 한 싱크탱크는 자선 수입품들을 "설탕 바른 독"으로 묘사했다.[25]

가난한 '수혜자' 아동들은 상점에서 팔리는 탐스 신발과는 다른 제품을 받는다. 탐스의 소매용 신발들은 중국 공장에서 3.5달러에서 5달러

사이의 비용으로 만들어져 44달러에서 98달러 사이에 팔린다. 공짜 신발은 에티오피아에서 만드는 싸구려 스크화다. 탐스는 두 켤레의 신발을 만들고 한 켤레를 공짜로 주는 식의 가난 이용 마케팅으로 신발을 한 켤레만 만들고 다른 식으로 마케팅할 때보다 더 높은 수익을 올린다. 마이코스키가 랑방 에이전시를 통해 제시한 기조연설의 제목은 이러한 생각을 요약해 보여준다. "의식 있는 자본주의와 기업의 미래. 왜 자선이 최고의 경쟁 우위인가? 우리는 어떻게 돈을 벌면서 동시에 좋은 일을 할 것인가?"[26]

탐스는 자선에서 자선 장사로의 전환을 보여주는 전형적인 예다. 이전 시대에 그 미움받던 노조파괴자 앤드루 카네기 같은 인물들도 기부는 자신들의 기업 자산과 분리해서 했다.[27] 그랬던 것이 이제 자선 기부와 이윤 생성을 동시에 하는 모델로 전환됐다. 제품 구매로 다국적 기업들을 지지하면 가난을 해결하고 불평등을 줄이는 데 도움이 된다는 개념은, 기업들을 쌍방향적이고 포용적이며 자비심 있어 보이게끔 기업들에 대한 인식을 근본적으로 바꾸는 지극히 영리한 가식이다. 이는 근본적으로 모순이다. 가난은 다국적 기업들이 앞장서 옹호하며 그로부터 득을 보는, 전 지구적 자본주의라는 착취 시스템의 결과다. 자선 무역에서 실제 일어나고 있는 일은, 인간의 불행을 착취하는 마케팅을 통한 기업 이윤의 극대화다.

레드 성명

2006년 다보스 정상회담에서 U2의 리더인 보노는 레드RED 브랜드의 출범을 발표했다. 조르조 아르마니, 갭, 컨버스와 아메리칸 익스프레스 같은 브랜드들과 특별히 협력해 만들어진 레드 제품을 구매하면, 얼마인지는 밝히지 않았지만 그 가격의 일부가 아프리카에 HIV/AIDS 약품을 공급하는 글로벌펀드에 기부된다고 한다. 레드 웹사이트에서는 이렇게 묻는다. "쇼핑에 이보다 더 당연한 이유가 있을까요?"[28] 리사 앤 리치와 스테파노 폰테는 『브랜드 에이드—현명한 쇼핑으로 세계 구하기』에서 레드를 비판한다. 레드는 기업들이 그들의 사업 모델에 그 어떤 혁신적인 변화도 일으키지 않고 기업의 사회적 책임 성적표만 향상시킨다고 비난받아왔다. 탐스와 마찬가지로, 레드는 질병과 가난의 원인보다는 증상에만 초점을 맞춘다.

레드는 심지어 자체 '성명서'도 갖췄지만, 거기에는 가난, 불평등, 그리고 질병을 떠받치는 사회적 조건들에 관한 언급은 빠져 있다. 중국 공장들에서 레드 제품들을 만들며 착취당하는 노동자들에 대한 언급도 전혀 없다. 또한 그 제품들이 환경에 미치는 영향에 관한 언급도 마찬가지로 없다. 그 대신, 인종, 젠더, 그리고 전 지구적 불평등에 대한 무시를 정당화하는 응급 상황으로 HIV/AIDS를 내세운다. 이 문제로 압박을 받자, 보노는 독자적인 '윤리적 가감법'을 마친 후 그에 따라 대응했다. "노동 문제는 매우, 매우 심각합니다. 그렇지만 하루 육천오백 명의 아프리카인들이 죽어나가는 게 더 심각한 문제입니다."[29]

레드는 사람들에게 덜 소비하라거나 다르게 소비하라는 것과는 거리가 멀어도 한참 먼 조언을 한다. "여러분은 아르마니로 충분히 시크해 보일 수 있고, 컨버스로 충분히 힙할 수 있고, 아메리칸 익스프레스로 물건 값을 지불할 수 있고, 윤리적 만족감을 챙길 수 있습니다." 다국적 기업들이 좋은 일을 하고 에이즈의 치유책을 찾을 거라고 믿는 생각 없는 '동정심 넘치는 소비자'가 '의식 있는 소비자'를 밀어낸다. 이것은 의식적이고 비판적인 사람이 되라고 독려해온 윤리적 소비주의 캠페인들과 사회적 운동들이 얻어낸 성과들을 위태롭게 만들려는 의도적인 시도다. 에이즈 만연 같은 위기의 원인에서 주의를 돌리려는 획책이다.

아프리카 전역에 유행하는 HIV/AIDS의 유행을 약화하기 위해 설립된 캠페인에 아프리카인 대리인이 한 명도 없다는 비판도 제기되었다. 『인디펜던트』는 레드 특별판 표지에 피부를 검게 칠한 케이트 모스를 등장시키는 추태를 보였다. 심지어 레드 제품의 상당수는 아프리카에서 구할 수도 없다. 그 대신, 탐스와 마찬가지로, 고통받는 아프리카인들은 디자이너 제품의 광고에 이용된다. 『브랜드 에이드』에는 토크쇼 사회자인 오프라 윈프리가 자기 쇼에서 갭의 레드 티셔츠를 입었다는 이야기가 실려 있다("이건 제가 평생 입어본 것 중에서 가장 중요한 티셔츠예요"). 오프라는 방청객들에게 티셔츠를 한 장씩 나눠주면서, 그 티셔츠에서 나온 이윤 중 절반이 만 사천 명의 임신한 여성들에게 약을 제공하는 데 쓰인다고 설명했다. 겉만 보면 매혹적인 이야기지만, 오프라는 갭 티셔츠 한 장을 사봐야 겨우 이 주일치

약값밖에 안 된다는 사실은 이야기하지 않았다. 한 사람이 1년간 치료를 받으려면 스물일곱 장의 티셔츠가 팔려야 하고, 평생 약값을 위해서는 수없이 많은 티셔츠가 필요할 것이다.

에이즈 치료약은 다국적 기업의 부가적 사업에 의해서가 아니라 그것을 필요로 하는 전 세계 모든 이에게 당연히 공급되어야 한다. 보건을 자유시장에 의존해서는 안 된다. 경제위기와 그로 인한 소비자 지출의 축소를 감안하면 이런 캠페인들의 취약성은 더욱 문제가 된다. HIV/AIDS 치료약이 더는 다국적 기업들에게 이윤을 낳아주지 않는다면 어떻게 될까? 가난한 사람들에게 치료약을 주는 것으로 충분치 않다. 애초에 그들에게 왜 치료약이 없는가부터 물어야 한다.

첫 5년간 레드가 기부한 금액은 아주 미미하다. 글로벌펀드 전체 기부액의 1퍼센트에 불과하다. 그러나 레드의 주목적은, 선을 향한 힘으로 전 지구적 상업을 재건하는 것이다. 다국적 패션 기업들은 어느 때보다도 더 날카로운 눈길을 받고 있다. 레드 같은 캠페인들은 그들의 이미지를 손보고 스웨트숍에 관한 논의에서 아프리카에서의 HIV/AIDS 치료에 관한 논의로 주의를 돌릴 안전한 방법을 제공한다. 스웨트숍, 환경 파괴 그리고 부와 권력이 갈수록 부자들에게 편중되는 현상은 모두 자선을 베푸는, 생명을 살린다는 기업의 얄팍한 허식에 가려진다. 조르조 아르마니는 레드 참여에 관해 이렇게 말했다. "상업에는 더는 부정적인 암시가 따르지 않을 것입니다."[30]

보노는 아내 앨리 휴슨과 함께 패션 라벨인 이둔도 창립했다. 이둔은 사하라 이남 아프리카의 의류 제조업에 다시 활력을 불어넣겠다

293

고 공언했다. 그러나 이둔은 1960년대와 1970년대에 상당히 상승했던 아프리카의 1인당 성장률이, 1980년대에 사하라 이남 아프리카 국가들이 세계은행과 IMF의 강요로 국내 제조업을 무너뜨리는 자유시장과 자유 교역 정책들을 채택하면서 주저앉았다는 사실을 무시했다.[31] 2010년에 그 회사는 『월스트리트 저널』이 '엄청난 후진'이라고 부른 짓을 저질렀다. 옷의 품질이 형편없다는 걸 감추기 위해 어둠 속에서 창립 파티를 열었던 이둔은, 상황이 어려워지자 지분의 49퍼센트를 LVMH에 매각했다. LVMH는 곧장 그 회사의 전체 생산 공장 중겨우 15퍼센트만을 아프리카에 남기고 70퍼센트는 중국으로, 15퍼센트는 페루로 이전시켰다. 아프리카에서 옷을 생산한다는 것은 그 회사가 '시간이 지나면' 달성하고자 하는 원칙으로 밀려났다.[32]

스웨트숍 전사들

'국제 노동 운동'이라는 용어는 여기서 전 세계의 전통적 노동조합들을 아우른다. 이주 노동자 '게릴라 그룹들'과 푸에르자 유니다 같은 이주 노동자 센터들,[33] 영국의 언컷 같은 반기업 캠페인들 그리고 레이버 비하인드 더 라벨, 반 스웨트숍 학생 연맹, 클린 클로스 캠페인, 워온원트 같은 스웨트숍 반대 캠페인들을 비롯해 아주 많은 단체가 존재한다. 시애틀의 WTO(1999년)에 맞선, 그리고 제노바의 G8에 맞선(2001년) 거대한 저항 같은 정치적 순간들은 급진적 노동 운동가, 젊은이들, 지성인들 그리고 전문가들을 참여시키고, 계급과 분야를 가로질러 다인종적 전선을 건설할 새로운 기회를 제공해왔다.

이 움직임은 의류 노동자들을 위한 진정한 이득을 발생시킨다. 이 움직임은 우리가 인간으로서, 시민으로서, 노동자로서 세상을 바꿀 수 있음을 보여준다. 이것이 우리가 정부와 기업에게 발휘할 수 있는 힘이다. 우리가 그들을 필요로 하는 것보다 그들이 우리를 더 필요로 한다.

이 움직임의 한 가지 핵심 요소는 연대다. 예를 들어, 온두라스의 노조 활동가들은 스웨트숍에 반대하는 학생연합과 손을 잡음으로써 단일 회사를 상대로 한 최대 규모의 불매 운동을 펼칠 수 있었다. 프룻 오브 더 룸은 온두라스의 가장 큰 민간 고용주인데, 백여 개 이상의 대학들이 그 회사와 관계를 끊음으로써 노조와의 강제 협약을 이끌어냈다.

스웨트숍에 반대하는 학생연합이 오스트레일리아의 어보리진 활동가의 인용문을 그 모토로 채택한 것은 스웨트숍 노동자들이 단순한 희생자가 아니라는 깨달음에서 비롯되었다. "여러분이 나를 도우려고 왔다면, 시간 낭비입니다. 그렇지만 여러분의 해방이 내 해방과 한데 얽혀 있기 때문에 왔다면, 함께 일합시다."[34]

방글라데시의 전국의류노동자연맹 회장인 아미룰 하크 아민은 연대가 그저 돈과 지지가 북반구에서 남반구로 흐른다는 의미가 아니라고 굳게 믿는다. 그는 영국 노조를 지지하기 위해 다카에서 저항중인 방글라데시 의류 노동자들이 내핍과 실직의 위험에 직면해 있다고 말했다. 그는 "국제적 연대의 의미는 정말이지 중요합니다"라고 설명한다. "이것은 그저 북반구가 남반구를 돕는 게 아닙니다. 다국적 기업들은 우리를 전 지구적―섬유와 의류 노동자들, 운송 노동자들, 소매 노동자들, 그리고 소비자들―으로 착취하고 있습니다. 우리는 반드시 함께 싸워야만 합니다."[35]

미리엄 칭 윤 루이의 문집인 『스웨트숍 전사들』은, 무엇보다도 미국의 의류 노동자들이 신자유주의 정치학에 맞서 벌인 투쟁에 대한 기록이다. 한 사례 연구에서는 패션 산업의 불평등함을 폭로하고 제조업체들이 하도급업체들에 대한 책임을 지게 만들기 위해 아시안이민여성봉사회AIWA가 펼친 중요한 초기 투쟁들을 자세히 다룬다. 그 캠페인은 제조업체인 제시카 매클린톡이 계약을 종료하고 스웨트숍을 닫는 바람에 임금을 떼인 중국인 노동자들 열두 명의 임금을 받아내기 위해 시작되었다. 제시카 매클린톡은 중국인 노동자들에 대한 책임을 전면 부인했지만, 소비자 불매 운동, 피켓 시위, 미디어 노출과 정치적 압박에 못 이겨 결국 협상장에 나와야 했다.

1996년, 4년간의 투쟁 끝에, 이민자 여성 노동자들은 밝혀지지 않은 액수의 합의금, 의류 노동자들이 노동권에 관해 배울 수 있는 교육 기금, 노동자들과 그 자녀들을 위한 장학 기금 및 매클린톡과 계약한 상점들에서 권리 침해가 일어날 경우 2개 국어로 신고할 수 있는 핫라인, 그리고 그 양쪽에게서 패션 산업의 조건들을 개선하고자 노력하겠다는 약속을 받아냈다.[36] 이 사례는 스웨트숍에서 일어나는 노동자 학대에 대해 제조업체들의 책임이 없다는 생각을 뒤집었다.

2000년, 방콕의 고급 호텔에 묵던 골프선수 타이거 우즈는 검은 옷을 입은 서른 명의 태국 의류 노동자들에게 급습을 당했다. 태국노동 캠페인Thai Labour Campaign 소속의 주냐 임프라세르트가 이끄는 그 노동자들은, 나이키가 우즈에게 지급한 후원금만큼 돈을 벌려면 나이키 노동자 한 사람이 7만 2천 년간 일해야 한다는 사실을 알렸다.[37] 그 습격 사건은 전 세계적으로 알려졌다. 이러한 예들은 노동 운동이 아무도 가난의 노예가 되지 않는 공정한 사회로 가는 여정의 핵심 요소임을 보여준다.

그렇지만 국제적 노동 운동의 노력에도 아랑곳없이, 『클린 클로스』에 실린 리스베스 슬루이터의 말을 빌리자면 활동가들의 눈에는 패션 산업이 다음과 같이 보인다.

전반적으로, 개발도상국에서 의류 생산 부문의 임금은 정체 혹은 하락세다. 결사의 자유와 단체교섭권은 몇 번이고 다시 얻어내야 하고, 많은 전투들이 패배했다. 의류업계의 잦은 생산 시설 이동은 경제를 비표준화하여 개선을 위한 투쟁을 떨어뜨리는 등, 노동자의 생활 기반을 약화시킨다. 수출 주도 성장이라는 신조, 신자유주의적 규제 완화, 그리고 전지구적 경쟁을 고수하는 정부들은 노동법을 제정하거나 집행하지 못한다.[38]

역사는 진보를 향해 곧장 행군하는 것이 아닌, 두 편—노동 계급과 지배 계급—간의 투쟁이다. 한 측의 이득은 곧 다른 측의 손실이다. 개혁을 위한 투쟁을 시시포스 신화에 빗댄 로자 룩셈부르크의 표현은 적절했다. 일자리가 줄어들고 임금이 추락하여 노동자들을 갈라놓고 서로에 대한 신뢰를 떨어뜨리는 경제불황기에는 노동조합의 일이 갈수록 어려워진다. 이런 상황에서 노조의 과업은 기껏해야 아직 쥐고 있는 얼마 안 되는 권리들을 지키려고 애쓰는 수준으로 전락할 수 있다.[39]

공정한 자본주의란 가능한가?

유럽에서 손꼽히는 부자 중 한 사람이 이둔을 인수했다. 우리는 돈에 팔리지 않을 에덴동산을 어떻게 세울 수 있을까? 개혁 옹호파의 주장들은 종종 (우연이든 아니든) 친자본주의적 주장으로 변질된다. 경제 위기 상황에서는 불안정한 '카지노 자본주의' 개념이 폭넓게 받아들여지지만 그 와중에도 아직 '공정한 자본주의'의 신화가 남아 있다.[40] 이 신화는 자본주의가 공정할 수 있다고 암시한다. 그리고 자유 시장이라는 신자유주의적 가치를 믿을 것을 권한다.

'공정한 자본주의'라는 개념은 권력의 균형을 바꾸지 않고도 근본적으로 변화를 일으킬 수 있다고 약속하는 망상이다.[41] 설상가상으로, 그것은 이제껏 자신이 만들어온 문제들에 대한 해법으로 그런 대혼란을 가져온 바로 그 경제 시스템을 제시한다.[42]

착취와 환경 파괴에 시달리는 시스템에서 표면적인 수정만으로는 부족하다. 데이비드 하비는 "윤리적이고 공정한 자본주의를 건설하려는 돈키호테적 여정은 그만 포기해야 한다"라고 썼다. "결국 좋은 의

도와 윤리적인 경향을 가졌느냐 아니면 이기적인 탐욕을 가지고 작정하고 파괴하려 했느냐는 조금도 중요하지 않다. 끝없는 자본주의적 축적과 끝없는 성장의 논리는 늘 우리 곁에 있다."[43] 따라서 '공정한 자본주의'를 믿고 안 믿고는 문제가 아니다. 그것은 애초에 존재하지 않기 때문이다.

이 장에서 논의한 조직적 개혁의 방법 중 일부는 어떤 이상 사회에 대한 청사진의 단편이다. 국제 노동 운동과 연대 캠페인들은 세계를 바꾸고 새로운 세계를 만들어내는 데서 핵심적 역할을 맡는다. 조직적인 캠페인들은 사람들에게 연대와 참여, 교육과 영감을 제공할 수 있다. 하지만 그들은 착취 또는 환경 침해에서 자유로운 옷을 생산하게 할 수는 없다. 이는 자본주의하에서는 불가능한 일이다. 실망스러운 소식이겠지만, 현재 판매되는 옷 중에 윤리적 옷은 없다. 그러나 일시적인 실망은 인류가 직면한 최대의 도전, 즉 자본주의의 전복에 참여하기 위해 지불해야 할 소소한 대가다.

10장

패션을
혁명하기

짧은 치마와 튼튼한 부츠를 제대로 갖춰 입어라.

보석은 은행에 넣어두고 리볼버를 사라.

　　　　　—아일랜드 혁명가인 콘스탄스 마키에비치 백작부인의 패션 조언

높은 곳을 겨냥하라, 아주 높은 곳을.

　　　　　　　　　　　　　　—애나 윈투어(『보그』편집장)

혁명

—

혁명이라는 단어는 두 가지를 의미한다. 첫째로, 그것은 오늘날 인류가 직면한 문제들의 규모를 보여준다. 그것은 혁명으로만 답할 수 있다. 둘째로, 그것은 더 나은 세계를 위해 불평등과 싸우는 사람들의 정신을 말한다.[1] 이 장에서는 자본주의가 전복되고 세계가 영구적인 혁명 상태에 놓인 자본주의 이후의 사회를 상상해본다. 요원한 일처럼 보이지만, 부분적인 요구만 제기한다면 그 부분적인 요구들이 곧 기존에 확립된 틀과 자본주의에 의한 한계에 봉착할 것이기에, 이 장이 혁명적 미래를 배경으로 한다는 사실은 중요하다.[2] 혁명을 향해 발돋움하고 새로운 세계를 세우려면 상상력의 해방과 희망이 필수적이다. 이것은 환멸과 절망을 부추기는 사회 전반적인 풍조와는 대조된다.[3] 그래서 이 장에서만은 마음껏 꿈꾸고 상상의 나래를 펼치려 한다.

마르크스주의는 미래 사회의 청사진도, 살아가면서 지켜야 할 일련의 규범이나 교리도 아니다. 그보다 새로운 형태의 사회가 존재할 수 있음을 알아달라는 요청이다. 경험해보지 않은 시대를 어떻게 상상할 수 있을까? 트로츠키는 "예술의 발전은 매 시대의 활력과 의의의 가장 높은 시험대이기" 때문에 이러한 사회상이 글로 쓰인 적이 없다고 지적한다.[4] 자유를 얻으면 무슨 일이 일어나느냐보다는 우선 자유를 얻는 것이 더 중요하기 때문에, 그런 세상이 어떤 모습인지는 어찌 보면 중요치 않다. 법적 노예제의 종식을 그린 영화 〈링컨〉에서 노예 출신인 케클리 부인은 링컨에게 이렇게 말한다. "우리 중 한 사람이 최초의 노예가 된 이래, 흑인들은 자유를 위해 싸우고 죽었습니다. 자유를 얻은 다음에는 어떻게 되느냐라는 물음은 들어본 적도 없습니다. 자유가 먼저니까요."[5]

다음에 무슨 일이 일어날지를 걱정하기보다 자유를 얻는 것이 더 급선무이지만, 이번 장에서는 공정 사회를 만들기 위한 수많은 아이디어 중 일부를 제시하고, 정의와 평등을 이룩하기 위한 아이디어가 이 세계에 넘쳐 흐른다는 사실을 보여주고 싶다. 또한 패션 산업 혁명에 관한 몇 가지 반복되는 질문에 답하려 노력했다. 그런 질문 중 주된 하나는 이것이다. "우리 모두 마오쩌둥 작업복을 입어야 하는가?"

우선 예술에 상업이 어떤 영향을 미치는지 조사한 뒤, 볼셰비키 패션 디자이너인 류보프 포포바와 바르바라 스테파노바의 작업들을 살필 것이다. 그러고는 생산을 검토하고 새로운 경제 모델을 적용함으로써 그것이 어떻게 달라질지 논의할 것이다. 공장들은 계속 존재할까? 누가 공장에서 일할까? 무엇을 만들지는 누가 결정할까? 마지막으로는 계급, 인종, 젠더, 신체 치수와 사유재산 같은 의제가 사라지면 눈에 보이는 사회 양상들이 어떻게 변화할지 다룰 것이다. 자본주의가 없다면 문화에 어떤 일이 일어날까? 단조로움이 지배할까 아니면 상상도 못할 다양성이 솟아날까?

진보에 불가피한 것은 없고, 이 장에서 이야기하는 것 중 일어나도록 '운명 지어진' 것은 없다. 이 장에서는 가능성을 논할 뿐이다. 그것이 현실이 될지는 오로지 우리가 어떻게 하느냐에 달려 있다.

잠재력의 방대한 보고
—

제아무리 사탕발림을 하고 모호해 보여도, 모든 권위주의는 일부 집단에게 권력을 가질 더 큰 권리가 있다는 믿음에서 시작될 수밖에 없다.

—글로리아 스타이넘

예술은 사회에서 중대한 역할을 한다. 예술은 삶을 아름답게 만들고, 우리를 꿈꾸게 하고, 우리에게 도전을 하며, 우리가 더 나은 미래를 그려보기 위해 수평선 위로 눈길을 들어올리게 해준다. 여기에는 옷도 포함된다. 그렇지만 예술과 패션은 상업, 경쟁, 그리고 배타성의 거미줄에 얽혀 있다. 몇 년 전, 센트럴 세인트 마틴의 졸업작품 컬렉션을 보고 감탄하자 한 친구가 이렇게 빈정댔다. "걱정 마, 내년 이맘때면 애들은 모두 빈털터리에 실직자일 테니까 이 컬렉션을 헐값에 살 수 있을 거야." 그 친구의 쓰디쓴 경험에서 나온 말이었다.

심지어 그들 사이에서는 계급 맨 꼭대기 출신인 디자이너들조차 무급 인턴십, 구직 실패 또는 좋아하지 않거나 존경하지 않는 브랜드에 취직해야 하는 '굴욕적인' 상황에 처한다. 한 디자이너의 운명은 우리가 공통되게 물려받은 문화유산의 운명과 마찬가지로, 대중으로서는 완전히 이해할 수 없는 비교적 소수의 개인 자산과 산업 제도에 의해 결정된다. 이런 기업들은 사회에 어떤 서사가 등장하는 것을 차단하고 통제할 힘을 가진다.[6]

기업 권력은 유명한 패션 디자이너가 허공에서 아이디어를 불러일으킬 수 있는 신 같은 능력을 가진 인물이라는 낭만적인 생각에 의해 이데올로기적으로 강화된다.[7] 베르톨트 브레히트와 발터 베냐민은 이런 예술관에 대해, 예술가가 구체적인 원료들을 사용할 수 있는 특정한 역사에 뿌리내린 일개 노동자라는 사실을 잊게 하는 개인주의적이고 신비주의적인 관념이라며 비판했다. 패션 디자이너들은 작업에 쓰이는 원료들을 직접 만들지 않는다. 자동차 조립 공장 노동자들이 이미 가공된 원료로 자동차를 제작하는 것과 마찬가지로, 패션 산업에서 꾸준히 일어나는 아이디어 재활용이나 재고안은 패션의 형태들, 신화들, 상징들과 이데올로기들이 이미 완제품으로 온다는 사실을 보여준다.[8] 『스타일 엔진』에서, 한 큐레이터는 "정보 과잉공급 시대에서 가장 창의적인 사람들의 핵심 기능은 혁신이 아니라 재배치다"라고

말했다.[9]

　예술 작품은 지나치게 단순화되어서는 안 된다. 의상 디자인은 기계 노동과는 확연히 다른 숙련된 예술 형태다.[10] 그렇지만 디자이너를 '재배치자'로 보는 관점은 위대한 작품들을 만드는 모든 원료와 기술들이 사회적으로 생산된 것임을 보여줌으로써 패션 산업에 팽배한 엘리트주의와 신격화를 해소한다. 메자로스는 제아무리 위대한 피아니스트도 사회적으로 생산된 피아노가 필요하다고 지적한다.[11] 가장 갈채받는 디자이너 또한 사회적으로 생산된 연필과 종이, 원료, 선생에게 배운 일련의 기술들, 그리고 때로는 따르고 때로는 저항할 역사가 필요하다. 디자인 팀들, 행정가들, 금융가들, 그리고 국내의 직원들의 엄청난 조력은 말할 것도 없다. 더욱이 패션 산업에 그토록 권력이 집중되어 있으니, 사람들은 한몫 챙기려는 희망을 품고 핵심 인물들에게 알랑거리며 몰려든다.

　또한 디자인은 재능만 있으면 자동적으로 고난을 극복할 수 있는 수준의 경기장도 아니다. 여성, 노동 계급, 혹은 LGBT 공동체 출신 디자이너들이 많이 일하고 있는 패션 산업은 평등해 보일 수 있다. 그렇지만 실상은 계급적 제약들이 인종과 젠더 장벽과 결탁해 수많은 사람들을 창의적 작업에서 배제시킨다. 한 예술학교가 사회에서 흔히 발견되는 불평등을 그대로 되풀이해 노골적으로 인종차별을 하며 학생을 심사해왔음이 발각된 적도 있다.[12] 미적 생산의 경제학(원료를 살 수 있고 여가가 있어야 하는) 또한 기회를 제한한다.[13] 예를 들어, 부모에게 집을 물려받은 사람들은 가난한 창작자가 될 위험이 훨씬 적다.[14] 이것은 세계 전역에서 더 큰 규모로 되풀이된다. 얼마나 많은 스키아파렐리나 발렌시아가들이 면화밭과 스웨트숍에서 살다가 세상을 떠났을까?

사회는 인간의 잠재력을 엄혹하게 제약하는데, 이는 범죄나 다름없다. 오늘날 재능을 가진 수많은 이들이 빛을 못 보고 있다. 어쩌면 인도 어딘가의 슬럼가 주민의 머릿속에 암 치료법이 갇혀 있을지도 모른다. 이는 의심할 바 없이 우리의 창의적 세계와 패션 세계에도 의미심장한 영향을 미친다. 대중은 예술적 패션 창조과정에 참여를 '금지당한다'. 우리는 뭔가를 사서 자신을 꾸밀 수 있지만 그게 전부다. 사람들은 흔히 비참한 상황하에서 얄팍한 지갑으로도 경이로운 아름다움을 창조한다. 여기서 디자인 창조의 희미한 가능성을 알아볼 수 있을까? 마르크스학파인 버텔 올먼 교수는 모든 사람이 저마다 "마침내 자신의 잠재력의 저장고를 비운", 모두가 자유롭게 창의력을 발휘할 수 있는 사회를 상상해보라고 한다.[15] 그러면 우리는 옷 디자인에 관해 무엇을 보게 될까?

디자이너들이 맞닥뜨린 중대한 문제는, 시장의 한계 때문에 창의성이 최대 이윤이라는 목표에 밀린다는 것이다. (뒤에서 더 이야기할) 볼셰비키 디자이너인 바르바라 스테파노바는 평범한 수준의 부르주아 취향에 예술가를 옭아맨다는 이유로 예술에 미치는 상업의 영향력을 경멸했다.[16] 『가디언』은 오트 쿠튀르 산업에 관해 마찬가지 주장을 했다. "오트 쿠튀르가 고객은 없지만 치열한 창의성의 연구소였을 때, 상업적으로는 부적합할지 몰라도 끝내주는 옷들을 내놓았다. 이제 여성들을 판매 대상으로 포착한 오트 쿠튀르 디자이너들은, 자기들이 꿈꾸는 옷이 아니라 고객들이 꿈꾸는 옷을 만들고 있다."[17]

디자이너의 작업은 예술 자체를 위한 예술이 아니라 이윤을 위한 예술이다. 창의성과 잠재력을 방해하는 목표를 위한 소외된 수단이다. 예술과 디자인이 경력을 쌓기 위한 디딤돌 노릇에서 벗어나려면 디자인과 돈 사이의 연결고리를 끊어내야 한다.

그렇지만 어떤 사람들은 이렇게 물을지도 모른다. 창의성과 아이디어가 갑자기 쏟아져나와 디자인이 범람한다면 어떻게 될까? 우리는 뭐가 최고인지 어떻게 판단할 수 있을까? 예술의 과잉은 확실히 중요한 문제다. 이상적인 사회에서는 수문이 열리고 누구도 제약받지 않을 것이다. 러시아혁명 이후 예술은 열광적으로 자신의 존재를 주장했다.[18] 이번 장에서 그리는 세계와 마찬가지였다. 즉 새로운 영향력과 영감의 해일이었다. 모든 것이 살아나고 모두가 예술가가 될 것이다. "산등성이 위로 새로운 봉우리가 솟을 것이다."[19]

예술을 제약하거나 억누르려는 시도는 예술이 사회적 재화라기보다는 상품이 되는 자본주의의 습성이다. 파리의 디자이너들은 패션을 부자들의 것으로 남겨두기 위해 악착같이 싸웠다. 이 엘리트주의가 사라지면 디자인의 과잉은 문제가 안 될 것이다. 자본주의가 우리에게 주는 척만 했던 선택의 자유를 마침내 보게 될지도 모른다. 존 버거가 짚었듯이, 경쟁과 엘리트주의는 오로지 자본주의하에서만 걱정거리다. "예술가들을 장점을 따져 줄 세우는 것은 게으르고 근본적으로 아마추어 같은 짓이다. 중요한 것은 예술이 어떤 요구들에 대답하느냐다."[20]

   갓 졸업한 젊은 디자이너들은 얼마 안 되는 일자리를 놓고 친구들이나 또래들과 경쟁해야 하는 상황에 처한다. 만약, 개인의 기업가 정신과 경쟁을 통한 성취를 부추기는 대신, 협업, 상호 인정, 연대와 연민을 가치 있게 여기는 사회가 된다면 어떨까?[21] 생산 자원들이 집단적 통제하에 들어가면 보편적인 창의성을 허용해줄 물질적 풍요가 확보될 것이다. 오늘날의 패션 산업에서는 몇몇 개인들이 누가 패션에 종사할지를 결정하지만, 이상적인 사회라면 제한되지 않은 창의적 영역이 존재할 것이다.

   수동적 소비는 곧 사람들이 창조에 전혀 관여하지 않은 기성 제품들이 제시된다는 뜻이다.[22] 이런 수동성 때문에 옷은 신비화되고, 우리는 스스로 만들지 않은 시각적 세계에 갇힌다.[23] 그 결과 우리는 소외되고, 이미 가진 옷의 가치를 폄하한다. 우리가 의미 있는 창의적 역할을 한다면, 우리 세계까지는 아니더라도, 우리 옷을 얼마나 더 가치 있게 여기고 좋아할지 상상해보라. 옷이 진정한 사회적 생산물이 되는 지점에 이르면, 경쟁, 문화적 민영화 그리고 탐욕을 초월하여 예술을 진정한 공익으로 경험할 수 있을 것이다.

혁명적 패션
—

1917년 러시아혁명 전후 몇 년 동안, 러시아에서 예술은 현대 미술사에서 유례없는 창의성과, 일상생활에의 강력하고 적절한 참여를 보여주었다. 『예술과 혁명』에서 버거는 이 과정이 어떻게 발달됐는가를 서술한다. 1861년의 농노 해방으로 자본주의와 소수의 도시 프롤레타리아 계급이 발달했고, 그들은 재빨리 유럽에서 가장 공격적이고 혁명적인 세력이 되어 전제적이고 비민주적인 차르 지배에 즉시 저항했다.

러시아의 지식인층인 아방가르드 예술가들은 조국의 정치적·정신적 미래를 깊이 우려했다. 러시아의 문화적 퇴보와 부르주아 후원자들의 부재로 인해 그들에겐 기댈 곳이 없었다. "그들에게는 현재 대신 과거와 미래가 있었다. 타협 대신 극단이 있었다. 제한된 가능성 대신 열린 예언이 있었다."[24] 러시아의 아방가르드는 스스로를 해방된 미래의 표상이라 보았다. 그 예술 현장에서 여성은 남성과 동등하게 여겨졌고,[25] 예술이 비판적이라기보다 사회적으로 긍정적인 역할을 한다고 공통적으로 믿었다.[26] 따라서 혁명 후 몇 년간 예술가들은 자유의지로 조국과 혁명을 섬겼다.[27]

류보프 포포바와 바르바라 스테파노바가 1923년에 제1 모스크바 날염 공장에 디자이너로 초빙되기 전까지, 러시아는 모든 디자인을 서양에서 수입해왔다. 두 여성은 1년간 공장에서 일하면서 백오십 가지 텍스타일 디자인을 내놓았는데, 그중 약 스물네 가지가 대량 생산되었다. 그들은 대량 공장 생산을 위해 디자인하는 예술가들이었고, 그들의 작품은 "예술을 생산품으로"라는 슬로건을 처음 이행했다는 칭송을 받았다.[28] 비록 그 디자인들 중 일부만 대량 생산됐지만 그들의 영향력은 엄청났다. 그들은 '실제 예술' 수준의 날염을 만들었고

예술 비평가들은 그들이 "동시대 예술의 풍부한 색과 강렬한 장신구들을 도시로 가져왔다"고 평했다.[29]

1924년에 젊은 나이로 세상을 떠난 류보프 포포바는 부잣집에 태어났지만 자신의 예술 작품을 사회적 의무이자 책무라고 여겼다.[30] 그렇지만 그녀의 예술은 교조적이지 않다. 오히려 창의적 과정, 쇄신과 탐구의 혼이 담긴 "활력 넘치는 창의성 그 자체"로 가득하다.[31] 포포바는 당대 유럽인들로서는 상상도 못했을 태도를 보여준다. "드레스를 만들기 위해 내 옷감을 사가는 농부 여성을 보는 것은 그 어떤 예술적 성과보다도 더 깊은 만족감을 주었다."[32]

이 두 여성의 디자인들은 풍부하고 생생하며, 복잡하고 다채로우며, 패션 디자인이라는 측면에서 확실히 한참 시대를 앞섰다. 그렇지만 어떤 의미에서, 많은 러시아 예술가들과 마찬가지로, 포포바와 스테파노바는 당대의 사회적, 경제적 현실에 비해 지나치게 역동적이었고[33] 그들의 디자인들은 종종 너무 '패션지향적'으로 보였다. 버거는 "예술에서 상대적 자유란 언제고 무의미한 것이 될 위험이 있다"고 주장한다. "그렇지만 예술이, 그리고 예술만이 한 시대의 심오한 기대들을 표현하고 지킬 수 있는 것은 바로 이 자유 덕분이다."[34] 포포바와 스테파노바에게 딱 들어맞는 말이다.

포포바와 스테파노바의 패션 디자인들을 동시대 유럽 디자이너들의 것들과 나란히 두기만 해도 많은 것을 알 수 있다. 그들의 날염에는 희망과 대담함과 러시아혁명의 꿈들이 담겨 있다. 그 외 세계에서 패션은 부자들의 장난감이었다. 노동자들이 작은 공장이자 총알받이 이상은 아니었던 시대에, 포포바와 스테파노바는 밝고 다채로운 색깔의 옷을 입은 노동자들을 보았다. 그들의 디자인은 밝고 아름답고 도전적으로 빛나는 새로운 세계를 이야기하며, 러시아의 노동 계급이 그 적들에게 던졌던 말을 들려준다. "나는 아무것도 아니고 모든 것이다."[35]

생산

스테파노바는 의상 디자이너와 제작자들을 인위적으로 분리해서는 안 된다고 주장했다. 텍스타일 디자이너라면 공장 문을 나선 옷감에 무슨 일이 일어나는지 알아야 한다는 게 그녀의 지론이었다.[36] 디자인 협회에서는 하나의 제품이 환경에 미치는 영향의 80퍼센트가 디자인 단계에서 결정된다고 알렸는데,[37] 영국에서 매년 140만 톤의 직물이 매립지로 보내지는 상황에서 이런 접근법은 어느 때보다도 더 중요하다. 폐기물을 줄이는 문제는 디자인에서 무엇보다도 중시되어야 하고, 의사결정을 내릴 때는 반드시 전문 지식이 개입해야 한다. 디자이너들은 수동적으로 굴기보다 사회의 생산량 결정에 전적으로 참여해야 한다.[38]

소비자들과 생산자들 간의 분리 또한 없애야 할 또하나의 그릇된 분리다. 롤랑 바르트는 자본주의가 그들의 구매에 드는 진정한 비용을 계산하지 않는 소비자들을 필요로 한다고 썼다. "만약 의류 생산자들과 소비자들의 의식이 동일하다면, 옷은 그것이 낡는 무척 느린 속도에 따라 아주 서서히 구매될(그리고 생산될) 것이다."[39] 만약 사람들이 자신들의 옷을 만드는 데 참여한다면, 아마도 의심할 바 없이 덜 소비하고 더 소중히 여길 테고, 소외에서 비롯되는 과도한 소유욕도 사라질 것이다.

공장에서 대량 생산되기 전, 패션은 집에서 생산되었고 지금보다 그 수도 훨씬 적었다. 수천 년 동안, 옷이 한 벌뿐이라 그걸 세탁하는 동안 침대에만 있어야 하는 일이 아주 흔했다.[40] 일부 사람들은 우리가 입을 옷을 직접 만드는 것이 훨씬 지속 가능한 생산방식이라고 주장한다. 경제위기가 시작된 2008년 무렵에는 '커튼 끈으로 허리띠 만드는 법' 같은, 만들고 수선하는 팁이 하이 패션 잡지들이 수두룩했다. 이 기사들은 물론 오로지 여성들만을 대상으로 삼았다.

러시아혁명 지도자인 알렉산드라 콜론타이는 『공산주의와 가족』에서 가정을 생산 단위로 보는 것은 '아내의 바쁜 손가락'에 짐을 지우기 때문에 위험하다고 썼다.[41] 노동과 집안일에 더해 아내는 이제 옷까지 만들어야 한다. 여성들은 가정의 멍에에서 자유로워지기 위해 싸워왔다. 이상적인 사회는 그들을 그리로 돌려보내지 않을 것이다. 집에서 혼자 하는 뜨개질은 양말을 만드는 가장 효율적인 방식도 가장 즐거운 방식도 아니다. 그것은 집산주의에 대한 개인주의의 승리를 나타낸다.

그렇다고 궁핍해지자는 것은 아니다. 2012년에 아테네의 한 '사회적 잡화점'을 방문했다. 대형 슈퍼마켓 체인에서 운영하는 그곳에서 쇼핑하려면 소비자들은 빈민 카드를 지녀야 했다. 그 내부는 자유시장주의자의 공산주의에 대한 악몽이 투사된 곳 같았다. 선반은 꽉 차 있었지만 가게에는 겨우 스무 개 남짓한 상품만 있었다. 다양성은 완전히 사라졌고, 얼마 안 되는 제품들이 그 자리를 채웠다. 물론 굶어 죽는 것보다야 그런 잡화점이라도 있는 편이 훨씬 낫겠지만 매달 똑같은 브랜드의 빵, 마가린, 소시지와 세탁 세제를 선택해야 하는 상황은 확실히 사람들의 영혼에 깊은 상처를 줄 것이다. 마흔 가지 브랜드의 샴푸를 쌓아놓은 슈퍼마켓들의 반대편 극점에 있는 사회적 잡화점은 공산주의의 산물이 아니라 IMF가 조직한 자유시장 자본주의의 산물이었다. 이 다양성과 민주주의의 결핍은 우리의 목표가 아니다.

인간은 생산을 통해 필요성에서 자유로워진다는 점에서 동물과 다르다. 트로츠키가 설명했듯이, "문화는 경제의 수액을 먹고 살며, 문화가 자라려면 물질적 잉여가 필요하다. 예술은 편안함을, 심지어 풍부함을 필요로"[42] 하기에 궁핍함은 문화 발전을 방해한다. 생산으로 우리 스스로를 부족함에서 자유롭게 해야 하지만 삶이 조각나고 구분될 이유는 없다.[43]

스웨트숍들과 분업화된 테일러주의적 생산방식들은 소외를 심화시킨다. 그들은 고도로 숙련되고 독립적인 리옹의 비단 짜는 장인들을, 열두 시간 교대조로 조립 라인에서 앞에 놓인 물체나 그 부품을 일부 통과시키는 노동자들로 바꾸어놓는다.[44] 억압적이고 의미 없는 노동은 개인의 잠재력을 제약함으로써 사회의 예술적 잠재력을 손상시킨다. 사회가 전례 없는, 그리고 어느 정도는 상상할 수 없을 만한, 상상력의 해방을 경험하려면 이러한 노동이 사라져야 한다.

사회적 생산[45]

방글라데시의 라나 플라자의 노동자들은 그들이 일한 공장에 대해 어떤 통제권도 갖지 못했기에 죽었다. 그들은 폭력, 결핍, 기아의 공포에 떠밀려 안전하지 않다는 걸 알면서도 그 건물에 들어갈 수밖에 없었다. 이런 일은 다국적 기업들의 필요에 따라 움직였던 엄청나게 부유한 기업가가 그 공장을, 그리고 그 노동자들의 생명을 손에 틀어쥔 탓에 일어났다.

그렇지만 생산수단들―이 경우에는 라나 플라자 공장―이 집합적으로 소유된다면 무슨 일이 일어날까? 만약 모든 의류 공장, 면화밭, 기술 개발자들과 파리의 의상조합이 집합적인 소유하에 있다면 어떨까? 만약 소수에게 이윤을 안겨주기 위해서가 아니라 인류와 행성에 이로운 방향으로 운영된다면 어떨까? 그랬다면 라나 플라자가 불법 증축을 하는 일도, 노동자를 안전하지 않은 업장으로 보내는 일도, (전력 생산 또한 집합적 통제하에 이뤄질 테니) 위험한 발전기들을 설치하는 일도 없었을 테고, 노동 시간과 조건들은 집산적으로 합의되었을 것이다.

이는 몇 가지 즉각적 영향을 일으켰을 것이다. 첫째로, 노동자들이 사회적 생산을 조직하면 죽음의 덫에서 일하는 데 동의할 사람은 없을 터이므로 안전하지 않은 업장은 사라질 것이다. 라나 플라자의 전 소유주 또한 다른 사람들처럼 그 공장에서 일할 테고, 그러면 범법 행위가 일어날 경우 그의 목숨 역시 위험해질 것이다. 사회가 평준화되면 규폐증의 원인이 되는 먼지를 발생시키는 샌딩진처럼 해롭고 오염을 유발하는 작업들이 사라질 것이다. 모두 돌아가며 공장에서 일한다면 그런 치명적이고 불필요한 작업들을 허용할 사람이 없을 것이다.

임금에 의존하지 않는 사람들은 이백억 벌의 옷을 생산하기 위해 조립 라인에서 일주일 내내 하루 열다섯 시간씩 일하는 데에 찬성하지 않을 테니 사회적으로 조직된 생산은 과잉생산도 종식시킬 것이다. 그런 막대한 양의 옷은 그걸 팔아 이윤을 남기려는 사람들에게나 필요하다. 집산적 소유하에서 그들의 역할은 사라질 것이다.

이윤을 내려는 욕구가 사라지면 사람들은 물건들을 팔기 위해서보다는 사용하기(그리고 즐기기) 위해서 만들 터이므로 교환가치보다 사용가치가 높아질 것이다. 다행히도, 사회적으로 조직된 생산은 훨씬 적은 노동 시간과 훨씬 많은 여가 시간 또한 가져올 것이다. 생산이 집산적으로 관리된다면 사람들은 일주일에 닷새, 엿새, 혹은 이레가 아니라 겨우 이삼일만 일할 것이다.

직업 다양화—모두가 차례차례 특정한 종류의 노동을 하는—로 모두가 의류 생산에 한몫할 수도 있다. 그러면 소비자와 생산자 사이의 의식 구분이 사라지고 어떤 한 사람이나 집단도 하나의 직업에 고착되지 않을 것이다.[46] 자본주의하에서, 사람들은 어떤 특정 직업을 선택하거나 거기에 배치되고, 굶어죽지 않기 위해 거기에 고착된다.

이상적인 사회에서는 사람들이 디자이너나 공장 노동자로 각각 다른 칸막이에 분리되지 않은 채 옷을 디자인하거나 만들 수 있을 것이

317

다. 현재로서는 예술과 디자인을 소수의 소유물로 떼어놓는 것과 대중의 억압을 분리시킬 수 없다. 예술과 디자인을 모든 이에게 열어젖히면 이 상황은 원래대로 돌아갈 것이다.

무엇보다도 사람들이 하루 종일 등이 휘도록 일하면서도 배를 주리는 현재 시나리오를 공동 소유로 끝낼 수 있다는 게 중요하다.

그가 자신을 위해 생산하는 것은, 그가 짜는 비단이 아니다. 광산 갱에서 파내는 황금이 아니다. 짓고 있는 궁전이 아니다. 그가 자신을 위해 생산하는 것은 임금이다. 그리고 그 비단, 그 황금, 그 궁전은 그에게 일정량의 생필품들로 바뀐다. 아마도 면 재킷, 구리 동전, 그리고 지하의 집으로 말이다.[47] (카를 마르크스)

불행히도 자본주의하에서는 협동조합의 노동자들이 자본주의 사업가가 되어야 하므로 생산자 연합 공동체는 오늘날의 협동조합과는 같지 않다. 그들은 자신들을 훈련시키고, 자신의 임금을 삭감하고 서로를 해고해야 할 수도 있다.[48]

전 세계의 자원에 대해 진정한 집산적 소유가 이루어진다면 겉모습과 노동 능력 사이의 연결고리가 끊어질 것이다. 그것은 패션에 뒤처져서는 안 된다는 굴레를 벗겨줄 것이다. 상업과 패션과 아름다움 사이의 연결고리가 끊어지면 여성들이 다이어트를 하고 성형수술을 받고 옷을 사고 자신에게 불만을 느껴야 한다는 반복적 메시지는 사라질 것이다.

자본주의의 소외에서 벗어나면 사람들은 다시금 자신을 자연과 분리된 존재가 아니라 자연의 일부로 보게 될 것이다. 자신을 자연의 소유주로 여기지 않고 자연을 사회적으로 이용하는 데 동참할 것이다. 그러면 패션은 더이상 부당하게 수질 오염에, 화학물질 생산에, 그리고 단일 작물 경작에 의존하지 않을 것이다. 또한 산업용 동물 도축도 멈출 것이다.

집산적 생산은 가장 효율적인 생산방식으로, 옷들은 틀림없이 대부분 생산자 연합 공동체들이 집산적으로 소유한 공장에서 만들어질 것이다. 그렇지만 이런 공동체에서 무엇을 만들지는 어떻게 결정할까? 생산자 연합 공동체들(부분)은 사회(전체)의 일부로서 민주적으로 기능할 것이다. 현재 패션은 상의하달식 구조로 작용하는데, 그 왜곡된 구심점은 그 어떤 집산주의의 가능성도 짓밟는다. 예를 들어, 비민주적으로 생산을 결정하는 LVMH나 인디텍스 같은 회사들을 떠올려보라. 자본주의 이후의 시대에는 전체와 그 부분들이 비적대적인 방식으로 협력할 것이다. 공동체 내에서는 실질적으로 민주적인 의사결정이 이루어질 것이다. 동시에, 의식적 계획과 전체에 의한 부분들의 협력은—예를 들어, 전체 사회에서의 의복 필요성이 충족되도록 보장하는—부분이 전체의 일부로서 민주적으로 기능하게 보장할 것이다.

전 지구적 규모에서 모두의 요구사항들을 만족시켜야 한다. 이런 요구들을 만족시킨다는 것은 풍족한 음식, 주택, 위생 시설, 맑은 공기, 물, 보건, 교육과 대중교통의 풍족함이 의류 생산보다 우위라는 뜻이다.[49] 이는 아이티 같은 나라에서 의류 공장들의 문을 닫고 식량 재배로 돌아간다는 뜻이다. 우리는 '섬 행성'[50]에 살기 때문에, 공동의 요구라는 생각은 경제 불평등이 역사 속으로 사라질 때까지 전 지구적 규모로 작용해야 한다. 이런 공동의 필요들은 행성 자체를 포함하는데, 어떻게 자연과 조화를 이루어 살지를 계획하고, 생산이 생물학적 다양성이나 행성에 지속적으로 부정적인 결과들을 초래하지 않게끔 보장한다는 뜻이다.

노동자에 의한 통제는 자본주의하에서보다 훨씬 더 많은 다양성과 혁신을 위한 가능성을 낳는다.[51] 1976년, 루카스항공의 노동자들은 군수품 생산비로 제작 가능한, 사회적으로 유용한 백오십 가지의 상품을 고안해 이를 보고서로 내놓았다. 희망은 이성과 경험을 토대로 성장하며, 현 시스템은 사회를 새롭게 하는 데 필요한 모든 기술이 이미 갖춰져 있다는 진실을 감춘다. 현재의 패션 기술을 위한 아이디어로는 옷이 덜 필요하도록 실제로 몸에 맞춤한 옷들을 생산하는 디지털 신체 스캔, 그리고 내구성, 지속성, 온기와 육체적 쾌락을 위해 공학적으로 생산된 원료 같은 것들이 있다.

외양

어떤 점에서는, 이런 자본주의 이후의 사회를 향한 변화가 전 세계에 미치는 영향력을 상상하는 게 그것이 길거리에 미치는 영향력을 상상하는 것보다 쉽다. 우리가 사는 시각적 세계에 이런 변화는 어떤 영향을 미칠까? 일상생활이 변할까? 그리고 사람들은 어떻게 보일까? 우리가 자본주의 이후 세계의 사람들이 옷을 어떻게 입을지는 모른다는 사실을 되짚어볼 필요가 있다. 예술, 그리고 패션은 사람들이 사는 세계를 반영하고 상징하기 때문에 사람들 사이에 퍼진다. 패션은 다양한 사회적 환경에서 생겨나므로 시간에 따라 변화한다. 혁명 이후의 사회는 의복에 상상도 못할 변화들을 불러올 것이다.

그러나 '패션'이 계속 존재할지 어떨지는 상상해볼 수 있다. 앞서 패션을 "일군의 사람들에게 채택된 옷과 외양의 변화하는 스타일"이라고 정의했는데, 이는 패션을 공기 같은 무언가가 아니라 물질세계에 잡아두기 위해 세운 정의였다. 패션은 한 시대를 요약하는, 시대정신을 불러일으키는 능력을 가졌기에, 바르바라 스테파노바는 다음과 같이 썼다. "패션이 폐지될 수 있다는 생각, 또는 패션이 중구난방이라거나 불필요하다는 생각은 오류일 것이다. 패션은 우리에게 특정 시기에 걸맞은 선들과 형태들을 제공한다."[52]

삶이 멈춰 있지 않듯 패션 역시 멈춰 있지 않으므로, 어떤 시대에든 변하지 않고 유지되어야 할 궁극적인 양식의 복식(또는 무엇이든)이 존재한다는 주장은 이상하게 들릴 것이다. 그렇지만 혁명 이후에도 변화의 개념으로서의 패션은 남는데도, 산업으로서의 패션은 알아볼 수 없을 정도로 달라질 것이다. 옷은 일련의 사회적 구성물로 강화된다.[53] 금테를 두른 액자처럼, 옷을 패션으로 만드는 것은 옷을 둘러싼 모든 것이다. 즉 캣워크, 미디어의 명성과 집중적 홍보, 그리고 공들인 상점들과 이데올로기가 똘똘 뭉쳐 거짓 신앙을 낳는다.[54] 이 거짓 신앙은 부와 소유를 칭송하면서 동시에 이를 굳건히 한다. 카니예 웨스트의 말마따나, "그들은 우리가 자신을 미워하고 그들의 부를 사랑하게 만들었다."[55]

거짓 신앙은 패션 시스템이 기업에 안겨줄 최대 이윤 생산에 이바지하기 위해 존재한다. 가방과 신발 같은 상품들은 경배를 위해 제단에 올려진다. 경배는 그 산업의 이면이다. 패션은 기업에게 바칠 돈을 생산해야 하지만, 확실히 소비자들은 패션을 원한다. 더 밀접하게 들여다보면 패션이 (나를 포함한) 사람들에게 가져다주는 쾌락은 실제로 애초에 쾌락을 찾게 한 바로 그 요인에서 우리를 도피시켜주지 않는다.[56] 대다수의 사람들은 소외되고 재미없는 삶을 살기에 패션을 경배한다. "현재가 더 단조로울수록 상상력은 미래를 더 인질로 잡아야 한다"[57]라고 버거는 주장했다. "새롭게 시작할 짜릿한 가능성"[58]을 믿게 만드는 패션의 놀라운 능력 때문에, 사람들은 더 많은 패션을 찾아 몇 번이고 되돌아온다. 패션이 일자리, 배우자, 혹은 사회적 지위를 얻는 능력과 관련되기 때문에 사람들은 그것을 원한다.

삶이 전반적으로 즐겁고 자극적이라면 어떨까? 여러분이 성공과 존재 의미를 확신할 수 있다면 어떨까? 사유재산과 경쟁이 귀하게 여겨지지 않는다면 어떨까? 노동, 사랑과 공동체에서의 지위가 겉모습을 토대로 하지 않는다면 어떨까? 그러면 사람들이 패션의 제단에 경배하고 성공을 빌도록 강요당하는 일이 없어질 것이다. 일부 사람들은 계속해서 공들여 옷을 입으려 하겠지만, 패션과 화장의 의무화가 불러온 야만성은 사라질 것이다.[59] 그때쯤이면 얼굴에 칠을 하지 않는 여성은 수채화를 그리지 않으려 하는 여성과 마찬가지로 그 어떤 사회적 제재도 받지 않을 것이다.[60] 자본주의가 없는 사회는 틀림없이 지금 우리가 생각하는 패션 산업이 없는 사회일 것이다.

마오룩?

1966년에서 1976년 사이에 일어난 중국의 문화혁명은 '낡은' 사고와 문화를 없애는 것을 목표로 삼았다. 집권층에게, 이 새로운 사회에 대한 절충안은 없었다. 모든 것 그리고 모든 사람이 혁명 아니면 반동이었다. 반동이라는 꼬리표가 붙으면 혹독한 결과가 뒤따랐고, 공포는 사람들을 가능한 한 눈에 덜 띄는 방식으로 말하고 행동하고 옷을 입게 했다. 그 결과, 중산복(마오룩)이 그 시대의 지배적인 패션이 되었다.

흥미롭게도, 쥐안쥐안 우는 『중국 패션, 마오에서 지금까지』에서 중산복을 입으라는 정부 칙령이 지시된 적은 없었다면서, 그 옷의 유행은 순응, 공포 그리고 혁명적 열기의 분위기 때문이었다고 지적한다. 그러나 양복 같은 품목들을 금지했다는 사실과, 반동에는 죽음의 위협이 따랐음을 감안하면, 이 스타일의 흐름에 있어 정부가 한 역할을 과소평가해서는 안 된다. 그 널리고 널린 칙칙한 파란색이나 회색 마오룩은 정부의 노동자들에 대한 연대의식 표명과 엄청나게 궁핍한 시대에 수십억 명에 가까운 사람들에게 옷을 입혀야 한다는 요구가 반영된 결과로 볼 수 있다.

마오룩은 패션의 종말이 아니었다. 그와는 정반대로, 사실, 운명의 꼬인 전개 때문에, 사람들은 '옷과 외양을 전례 없는 정도로 의식하게' 되었다. 문화혁명기에는 패션의 실수가 곧 죽음을 뜻했으니 말이다. 사람들은 '지배적인 패션들의 극히 사소한 세부사항까지 엄청나게 집중해서' 연구했다. 쥐안쥐안 우는 문화혁명이 패션을 몰살하기는커녕 (편집증이라 할 정도로) 역사상 가장 패션을 의식하는 국가를 만들었다고 설명한다. 도저히 패션에 관해 신경을 쓰지 않을 도리가 없었다.[61]

유럽의 아나키스트들처럼 패션에 신경쓰지 않는다고 주장하는 특정한 정치적 무리가 엄격한 제복을 채택한 것 역시 그와 동일한 맥락이다. 그런 집단들은 허용되는 제복의 한계선을 엄격히 규제해 결국 모든 사람이 똑같은 옷을 입게 만들었다. 이처럼 패션에 무관심해지기 위해 그토록 치밀하게 연구하고 그 선을 지키는 데 얽매이는 걸 보면 집착적이고 자기 규제적인 패션의 본성이 명확해진다.

제복을 입는다고 옷을 입는 즐거움이 사라지지는 않는다고 한 패션학자 울리히 레만의 주장은 옳았다. 그는 똑같은 축구 팀 티셔츠를 맞춰 입는 데서 사람들이 즐거움을 얻는다고 지적한다.[62] 그렇지만 경제적으로 궁핍한 사회를 지향하지 않는 것과 마찬가지로, 억압으로 만들어낸 문화적 획일성 역시 우리의 목표가 아니다. 상명하달식으로 통치되는 것이 아니라, 연합된 공동체를 통해 민주적으로 구축된 자본주의 이후의 사회는 이런 식으로 사람들을 억압할 필요도 없고, 억압하려 하지도 않으며 억압하지 않을 것이다. 그 대신 개인들을 위한 민주주의와 표현의 자유를 소중히 여길 것이다.

젠더, 인종 그리고 계급

좌파에 속한 이들의 예술은 흔히 '이데올로기적'이라는 비난을 받는다. 마치 요하네스 페르메이르, 폴 고갱이나 크리스티앙 디오르의 작품들이 이데올로기적이지 않고, 자유시장주의자들이 중립적이라는 것처럼 말이다. 벨 훅스가 설명했듯이, 정치적으로 중립적인 예술은 없다.[63] 여기엔 패션도 포함된다. 오늘날 사람들의 옷차림은 지배적인 이데올로기에 의해 규정된다. 그렇다면 젠더, 인종, 그리고 계급 같은 이데올로기적 구조들이 무너진 자본주의 이후의 사회는 패션에 어떤 영향을 미칠까?

여자아이는 분홍색, 남자아이는 파란색, 남자는 바지, 여자는 드레스 같은 명백한 젠더 패션은 낡은 억압적 질서의 유물 취급을 받으며 구석으로 밀려날 것이다. 하지만 하이힐과 코르셋 같은 것들은 어떨까? 하이힐은 페미니즘의 이상에 대한 안티테제로 오랫동안 거부당해왔다.[64] 그러니 혁명 이후에는 금지될까? 프랑스의 일부 좌파 페미니스트들이 금지 운동을 펼쳤던 히잡 같은 품목에도 같은 질문을 던져볼 수 있다. 간단히 답하자면 아니다. 어떤 품목도 금지되지 않을 것이다. 프랑스에서 히잡을 금지한 것은, 하이힐이나 미니스커트를 금하는 것만큼이나 큰 실수였다. 일부 프랑스 페미니스트들의 잘못된 믿음과는 달리 해방은 규칙을 제거하는 것이지 더 많은 규칙을 만드는 것이 아니다. 우리 눈에 보이는 철장에서 여성들을 꺼내어 그보다 더 큰 철장에 다시 가두는 것이 아니다. 자기해방만이 자유로 가는 유일한 경로다. 학교나 직장에서 히잡을 금지하는 법이 왜 위험한지는 한 문화 평론가의 다음 발언에서 짐작할 수 있다. "무슬림 여성들의 신체가 특정 장소에서는 환영받지 못하며, 그들이 무엇을 해도 되고 무 엇을 해서는 안 되는지를 통제하는 지형학을 만들어낸다."[65]

수세기 동안 히잡 논쟁이 뜨거웠지만 여성들의 목소리는 대체로 배제되었다. 1890년에 한 이집트 여성은, 남성 입법자가 "우리를 노예 화할 때만큼이나 해방시킨다고 할 때도 전제적이며, 그의 전제주의는 지긋지긋하다"[66]고 말했다.

여성에게 옷의 핵심은 선택이다. 힐을 신는 것은 허용될 테지만, 신 지 않는 것 역시 그럴 것이다. 신자유주의하에서 하이힐은 유의미한 방식으로 여성들에게 전혀 권력을 부여하지 못하는데도, 여성들을 위 한 권력과 해방의 상징으로 재포장되어왔다. 대신 자본주의하에서 선 택지들은 줄어든다. "천박한, 매춘부 같은, 만화 같은 형태의 여성 섹 슈얼리티는 하도 흔해서 더는 특별해 보이지도 않는다. 우리는 한때 는 일종의 성적 표현으로 여겼던 것을 이제는 섹슈얼리티로 본다."[67]

섹슈얼리티에 대해서는 말할 것도 없고, 뭐든 유일한 시각은 선택 의 자유라 할 수 없다. 패션 산업이 권력을 상실하면 '사이즈에 맞지 않는' 신체들이 더는 배제당하지 않을 것이다. 신체에 대한 불안은 모 든 종류의 아름다움에 대한 다정한 수용과 칭송에 밀릴 것이다. 여성 들은 자유롭게 뭐든 원하는 대로 될 수 있을 테고, 겉모습에 철저히 무관심해지겠다고 선언해도 부정적이거나 비판적인 반응이 돌아오 지 않을 것이다. 해방을 위한 투쟁은 "해방된 자손의 이미지보다는 노예였던 조상들의 이미지에서 양분을 얻는다"고 발터 베냐민은 이야기했다.[68] 확실히, 여성의 옷입기는 그런 식으로 느껴진다. 변화를 위해 나를 노력하게 만드는 것은 1950년대의 옷에 담긴, 삶에서의 역할과 옷을 제약하던 과거의 망령들이다.

자본주의하의 패션 산업에서 인종주의는 유색인종 모델들을 배척하는 것으로, 그리고 문화를 배제하고 전유하는 것으로 자신을 드러낸다. 자신의 권력을 다지려면 사람들을 배척해야 하는 사회에서 그런 강력한 요인들이 제거된다면 더이상 사람들을 배척하지 않아도 될 것이다. 인종이 더이상 배제의 이유가 되지 않는다면, 아름다움에는 한 가지 색만 있다는 생각은 사라질 것이다. 또한 옷으로 인한 수치와 억압 역시 사라져, 사람들은 괴롭힘의 표적이 될 걱정 없이 자신의 문화가 담긴 옷을 입게 될 것이다.[69] 현재 지배 사회에서는 소수민족의 문화만 원할 뿐 그들의 이민은 원하지 않는다. '흑인 문화가 어떻게 소비되는가와 흑인들이 어떻게 취급당하는가' 사이에는 차이가 있다.[70] 평등한 사회가 되면 이런 형태의 인종차별은 종식될 것이다.

상품화와 문화적 전용은 예술을 찬미의 대상이라기보다 무언가 사고파는 것으로 여기기 때문에 일어난다. 소유를 넘어서 우리의 인간성을 충족시키는 방법이 필요하다.[71] 이것은 문화적 전용이 현대 삶의 단조로운 본질을 현실도피적 공상으로 채우는 데 이용되는 현상황을 종식시킬 것이다.[72] 자본주의 이후 사회는 소외의 사회가 아니라 성취와 창조성의 사회가 될 것이다.

자본주의하에서 패션은 계급으로 규정되고, 사람들은 재산에 따라

등급이 매겨진다. 고대 이집트인들은 지위에 따라 다른 색의 로브를 입었다. 그로부터 수천 년 후, 영국에서는 납작한 모자, 중산모 또는 실크해트가 유행했는데, "모자 꼭대기가 높을수록, 사회적 지위가 높았다".[73] 여가를 위한 옷에도 마찬가지의 분리가 나타난다. 부를 과시하고 싶다면, 그저 비싼 물건들을 몸에 달면 된다.

계급 사회의 종식은 사람들이 사회 꼭대기에서 자기 자리를 유지하려고 싸우지 않는다는 뜻일 것이다. 현재의 패션은 특정한 사회적 계급의 권력을 뒷받침한다.[74] 만약 계급이 없다면, 옷을 통해 부를 나타내고, 내가 가진 것을 구매하지 못하는 사람들과의 차별성을 과시하기 위해 상품들을 소유하고, 옷으로 계급 권력을 드러낼 필요가 없을 테니 우리가 아는 패션은 사라질 것이다. 그 대신, 개인들은 표현의 자유 그리고 아름다운 옷을 입는 사람들과 그것을 만드는 사람들을 가르지 않는 평등을 손에 넣을 것이다.

수많은 가능성들

자본주의는 실패한 체제로 보아야 한다.[75] 그 체제는 이 세상의 사람들에게 음식, 안전한 집, 옷, 의료 또는 교육을 충분하게 제공하지 못했다. 지구에 파괴적인 영향을 미치는 일을 중단하지 않는다면 커다란 재앙이 다가올지도 모른다. 자본주의는 사람들을 육체적, 정신적, 영적, 예술적 불구로 만든다. 모순으로 분열된 자본주의는 언제까지나 위기, 전쟁, 그리고 파괴만을 가져올 것이다. 많은 진보가 이루어지긴 했으나, 그보다 수천 배나 더 많은 진보의 가능성이 부정당한 채 사장되었다.

패션 생산은 지구를 파괴하고, 노동자들을 불구로 만들고, 보는 방식과 사는 방식이 하나뿐이라는 생각을 엄격하게 강요한다. 패션은 자본주의의 종말 없이는 결코 자유로워질 수 없다. 그렇지만 패션은 세계를 개조하는 데 기여할 수 있다. 패션은 낡은 것을 새로운 것으로 바꿔내는, 우리가 희망을 가지고 꿈꾸게 만드는 능력을 가졌다. 옷에서 보이는 경계선들을 하나씩 허물 때마다 수많은 가능성들이 솟아나는 것은 바로 그 때문이다. 이는 새로운 사회가 경험하는 모험이 될 것이다. 러시아 시인인 알렉산드르 블로크는 우리 앞에 놓인 임무를 이렇게 묘사했다. "모든 것을 다시 하기. 이미 주어진 모든 것을 새롭게 하기. 그래서 거짓, 더러움, 따분하고 추한 삶이 그저 순수하고, 즐겁고, 아름다운 삶이 되도록."[76]

스타일사이트의 수석 트렌드예측가인 이샴 사두크와 인터뷰 도중, 문득 내가 미래를 예측하는 신기한 재주를 가진 사람과 마주앉아 있구나 싶어졌다. 누가 뭐래도 그는 원료에너지ɾRaw Energy라는 트렌드를 예측해 2011년 아랍 봉기를 내다봤으니까. 그에게 미래가 어떨 것 같으냐고 묻지 않고 배길 수가 없었다. 시간이 부족했기 때문에 패션의 비밀들을 캐기보다는 봉기가 더 많이 일어날 것 같으냐는 질문을 던졌다. 그는 세계의 불평등에 대해서 "너무 많이 가진 사람들과 아무것도 없는 사람들의 불평등은 커다란 트렌드가 될 것이고 어느 지점에서는 균형점을 찾아야만 할 겁니다"라고 대답했다.

우리가 그의 말을 현실로 만들 수 있을지 두고보자.

/
미 주

들어가며: 패션은 어떻게 우리의 삶을 지배하는가

1) 리들리 스콧 감독, 〈로빈 후드〉, 유니버설 스튜디오, 2010년.

2) Ingrid Loscheck, *When Clothes Become Fashions: Design and Innovation Systems*. Berg, 2009, p. 135.

3) Colin Gale and Jasbin Kaur, *Fashion&Textiles*. Berg, 2004, p. 20.

4) Dana Thomas, *Deluxe*. Penguin, 2007. 책은 이 문제를 전적으로 다루고 있다.

5) István Mészáros, *Marx's Theory of Alienation*. Merlin, 2006, p. 175. 비르투오소 피아노 연주자들에게는 사회적으로 생산된 피아노가 필요하다.

6) 니콜라 제스키에르는 발렌시아가를 위해 케이식 웡의 작품을 카피했다. 디오르, 프라다, 그리고 셀린느는 역사적 디자인들을 훔친 것이 발각되었다.

7) 린다 웰터스와 애비 릴리슨이 『패션 리더*The Fashion Reader*』(2nd edition. Bloomsbury, 2007, pp. xxv~xxix)에서 취한 접근법에 동의한다. 이 논의에 관해 더 보고 싶다면 샌드라 니센과 제니퍼 크레이크의 장을 참조할 것.

8) Radu Stern, *Against Fashion: Clothing as Art 1850-1930*. MIT Press, 2004, p. 2.

9) Valerie Steele, *Paris Fashion*. Berg, 1988, p. 18.

10) Jean Allman(ed.), *Fashioning Africa: Power and the Politics of Dress*. Indiana University Press, 2004, p. 2. 에릭 울프가 사용한 '역사 없는 사람들'이라는 표현을 올먼이 '패션 없는 사람들'로 변용했다.

11) John Berger, *Art and Revolution*. Writers&Readers, 1969, p. 157.

12) 전국슬럼거주민협회와 동반자 관계인 인도의 NGO 단체 SPARC(Society for the Promotion of Area Resource Centers, 지역자원촉진연구소협회)에 감사를 전한다.

13) Terry Eagleton, *Marxism and Literary Criticism*. Methuen, 1985, p. 59. 이글턴은 작가와 책과 출판사들에 관해 이 점을 주장한다.

14) Giannino Malossi(ed.), *The Style Engine*. Monacelli Press, 1998, p. 30.

15) Rachel Carson, *Silent Spring*. Houghton Mifflin, 1987, p. 13에 인용된 장 로스탕의 말.

16) 닉 나이트는 자신이 운영하는 웹사이트인 쇼스튜디오(SHOW studio)에 게시한 루이비통 2013 S/S 컬렉션 라이브 토론에서 이렇게 논의한 바 있다.

17) Jeanette A. Jarrow and Beatrice Judelle(eds.), *Inside the Fashion Business*. John Wiley&Sons, 1966, p. vii.

18) R. T. Naylor, *Crass Struggle*. McGill-Queen's University Press, 2011, p. 26.

19) 이 주장에 관해 더 보고 싶다면 4장을 참고하라. Jason Hickle, www.fpif.org/artiles/rethinking_sweatshop_economics에서도 볼 수 있다.

20) Manfred B. Steger and Ravi K. Roy. *Neoliberalism: A Very Short Introduction*. Oxford University Press, 2010, p. 53.

21) Naylor, *Crass Struggle*, p. 372.

22) *Ibid*, p. 5.

23) Malossi, *The Style Engine*, p. 68.

24) 2009년 금융위기 당시 진행된 밀라노 패션 위크 때 텔레그래프와의 인터뷰에서 조르조 아르마니는 이렇게 밝혔다.

25) 리치몬트의 요한 루퍼트의 말이다.

26) 2011년 11월 5일 런던 카운터파이어 콘퍼런스에서 테리 이글턴은 이렇게 발언

했다.

27) James C. Scott, *Weapons of the Weak: Everyday Forms of Peasant Resistance*. Yale University Press, 1985, p. 301.

28) Eagleton, *Marxism and Literary Criticism*, p. viii.

29) Neil Faulkner, *A Marxist History of the World: From Neanderthals to Neoliberals*. Pluto Press, 2013, p. 152.

30) *Ibid.*, p. ix.

31) John Berger, *Ways of Seeing*, documentary, part 1.

32) Eagleton, *Marxism and Literary Criticism*, p. 5.

33) Malcolm Barnard, *Fashion as Communication*. Routledge, 1996, p. 145, chapter 1.

34) 닐 포크너와의 인터뷰에서, 2013년 2월 26일.

35) Terry Eagleton, *After Theory*. Allen Lane, 2003, p. 100.

36) Louis Althusser, 인용은 Eagleton, *Marxism and Literary Criticism*, p. 18에서.

37) Bertolt Brecht, 인용은 *ibid*, p. 49 p. viii.

38) South End Press(ed.), *Talking About a Revolution*. South End Press, 1998, p. 7.

39) 테리 이글턴의 강의에서.

1장. 소유권

1) Friedrich Engels, *The Condition of the Working Class in England 1844*, 'The Great Towns'.

2) Eric. M. Sigsworth, *Montague Burton: The Tailor of Taste*. Manchester University Press, 1990, p. vii.

3) *Ibid.*, p. 28.

4) Diana de Marly, *Working Dress*. Holmes & Meier, 1986.

5) *Ibid.*, p. 145.

6) Sigsworth, *Montague Burton*, p. 42.

7) *Wadsworth Review of Economic Studies*, Christopher Sladen, *The Conscription of Fashion*. Scholar Press, 1995, p. 11에 인용된 대로.

8) *Ibid.*, p. 18, p. 23, p. 37, p. 39.

9) Alison Settle, *English Fashion. Collins*, 1959, p. 47.

10) J. Anderson Black and Madge Garland, *A History of Fashion.* McDonald(Black Cat imprint), 1990, p. 245.

11) Valerie Steele, *Paris Fashion.* Berg, 1988, p. 263.

12) *Ibid.*, p. 269.

13) Steele, *Paris Fashion*, p. 270

14) *Harper's Bazaar*, February 2012.

15) Lindsey German, *Sex Class and Socialism.* Bookmarks, 1998, p. 105.

16) Steele, *Paris Fashion*, p. 274.

17) Sladen, *The Conscription of Fashion*, p. 76.

18) Kurt Lang and Gladys Engel Lang, 'The Power of Fashion', in Linda Welters and Abby Lillethun(eds.), *The Fashion Reader.* Bloomsbury Academic, 2007, p. 84.

19) Sladen, *The Conscription of Fashion*, p. 54.

20) George Orwell, *The Road to Wigan Pier.* Victor Gollancz, 1937, chapter 8.

21) Sladen, *The Conscription of Fashion*, p. 104.

22) Faulkner, *A Marxist History of the World*, p. 253, p. 255.

23) German, *Sex Class and Socialism*, p. 106.

24) Steele, *Paris Fashion*, p. 279.

25) Colin McDowell, *The Designer Scam.* Hutchinson and Random House, 1994, p. 20.

26) Tobé Coller Davis, 25th Annual Boston Conference on Distribution, 1953. Jarrow and Judelle, *Inside the Fashion Business*, p. 246에 인용된 대로.

27) Jarrow and Judelle, *Inside the Fashion Business*, p. 158, p. 160.

28) *Ibid.*, p. 246.

29) Steele, *Paris Fashion*, p. 282.

30) Enrique Badia, *Zara and her Sisters.* Palgrave Macmillan, 2009, p. 69.

31) Lucy Siegle, *To Die For: Is Fast Fashion Wearing out the World?*, Fourth Estate, 2011, p. 15.

32) *Ibid.*, pp. 29~30.

33) ASOS CEO, Primark and ASOS Show the Way with Storming Figures, *The Independent*, 20 January 2012에 인용됨.

34) Sigsworth. *Montague Burton*, p. 98.

35) Naylor, *Crass Struggle*, p. 12.

36) Ethical Consumer's Corporate Critic database, July 2011.

37) Bernard Arnault, LVMH Net Boosted by Louis Vuitton, WWD Issue, 13 September 2003에 인용됨.

38) Thomas, *Deluxe*, p. 18.

39) Pierre Mallevays, Savingy Partners, Business of Fashion website, 18 November 2009와의 인터뷰.

40) 프라다 그룹은 프라다, 미우미우, 처치스와 카 슈즈를 소유한다. 2013년 3월자로 미우치아 프라다의 2012년 총수익은 124억 달러이다.

41) 신발 회사인 지미 추는 1996년에 여성 기업가인 타마라 멜론과 이름 없는 제화업자였던 지미 추가 창립한 기업이다. 지미 추는 자신과 이름이 같은 회사를 2001년에 떠났지만, 멜론이 2011년에 5억 파운드를 받고 라벨룩스에 이를 매각하려 하자 말레이시아 정부의 지원을 받아 회사를 되사들이려 했다고도 한다.

42) The Two Faces of Burberry, *Guardian*, 15 April 2004.

43) Quentin Bell, *On Human Finery*. Hogarth Press, 1947, p. 22.

44) McDowell, *The Designer Scam*, p. 5.

45) Thomas, *Deluxe*, p. 163.

46) *Ibid.*, p. 168.

47) 보테가 베네타의 크리에이티브 디렉터인 토마스 마이어는 2011년 1월 『뉴요커』와의 인터뷰에서 이렇게 말했다. 가방 디자이너인 루엘라 바틀리 또한 『보그』에서 잇백을 "일반적으로 문화의 끝의 시작"이라고 불렀다.

48) Thomas, *Deluxe*, p. 168.

49) *Ibid.*, p. 203.

50) Faulkner, *Marxist History of the World*, p. 279.

51) Forbes, *Master of the Brand: Bernard Arnault*, 11 April 2010.

52) 요한 루퍼트는 리치몬트의 2012년 1분기 컨퍼런스에서 이렇게 말했다.

53) Vanessa Friedman, Fung Brands to Buy Most of Sonia Rykiel, *Financial Times blog*, 26 January 2012.

54) Paris Group Plans Expansion for Gianfranco Ferré, *Financial Times*, 25 February 2011.

55) McDowell, *The Designer Scam*, p. 6.

2장. 패션 미디어

1) IPC 사우스뱅크의 상무이사인 재키 뉴콤브와의 인터뷰, 2012년 5월 16일.

2) WGSN의 데님&스트리트 부문의 수장인 내털리 싱과의 인터뷰, 2012년 4월.

3) Cynthia L. White, *Women's Magazines 1693-1968*. Michael Joseph, 1970.

4) Jenny McKay, *The Magazines Handbook*. Routledge, 2006.

5) Caroline Seebohm, *The Man Who Was Vogue*. Weidenfeld&Nicolson, 1982, p. 38.

6) *Ibid.*, p. 80, 굵게 처리한 부분은 콩데 나스트가 강조한 부분이다.

7) www.nypost.com/p/news/national/item_IasvwQTyblLkQMoraHzx3H#ixzz1uCYBOpfu.

8) 1997년에 『태틀러』의 편집자인 제인 프록처는 "믿을 수 없을 만한 부와 소비, 그리고 신나는 유흥"을 다루는 잡지라고 표현했다. Anna Gough Yates, *Women's Magazines*. Routledge, 2003.

9) Gavin Waddell, *How Fashion Works*. Blackwell, 2007, p. 157.

10) David Croteau and William Hoynes, *The Business of Media*. Pine Forge Press, 2001, p. 4.

11) 2012년에 허스트는 또한 『리복』『오프라』『컴퍼니』『코스모폴리탄』(63개국 판)과 한 달 독자수가 천삼백만 명인 『세븐틴』도 간행했다. 허스트 디지털 미디어는 스물여덟 개의 웹사이트와 다수의 모바일 사이트와 허스트 북스를 발행한다.

12) 시너지의 개념은 Croteau and Hoynes, *The Business of Media*, pp. 74~81에서 온 것이다.

13) 재키 뉴콤브 인터뷰.

14) *Ibid.*

15) Croteau and Hoynes, *The Business of Media*, p. 4.

16) Benjamin M. Compaine and Douglas Gomary, *Who Owns the Media?*. Lawrence Erlbaum, 2000, p. 151.

17) *Financial Times*, 17 April 2012.

18) BBC3 *Secrets of the Super Brands—Fashion.*

19) Dallas Walker Smythe, *Dependency Road: Communications, Capitalism and Canada.* Ablex, 1982, p. 37.

20) McKay, *The Magazine Handbook*, p. 200.

21) Olivia Whitehorne, *Cosmo Woman*, Crescent Moon, 2007, p. 82.

22) Croteau and Hoyne, *The Business of Media*, p. 179.

23) Eric Clark, *The Want Makers*, Hodder&Stoughton, 1988, p. 350.

24) Robert Merton, *Paul Lazarfeld*, 1948, Smythe, *Dependency Road*, p. 18에 인용된 대로.

25) Gloria Steinham, *Moving Beyond Words: Age, Rage, Sex, Power, Money, Muscles: Breaking the Boundaries of Gender.* Touchstone, 1994.

26) Richard Shortway, McKay, *The Magazine Handbook*, p. 200에 인용된 대로.

27) Myrna Blythe, *Spin Sisters.* St. Martin's Press, 2004, p. 104.

28) McKay, *The Magazine Handbook.*

29) McDowell, *The Designer Scam*, p. 48.

30) 닉 나이트의 쇼스튜디오에 올라온 루이비통 2013 S/S 컬렉션 라이브 토론중.

31) Fashion Week: The beleaguered art of fashion criticism. *Toronto Star*, 7 March 2012.

32) Hadley Freeman, Gaultier's Gleeful Savagery. *Guardian*, 8 July 2006.

33) My Invitation Isn't in the Mail, *The Newyork Times*, 13 March 2008.

34) Simone Werle, *Style Diaries: World Fashion from Berlin to Tokyo.* Prestel, 2010, Introduction.

35) David Klein and Dan Burstein, *Blog!.* CDS Books, 2005, p. xvii.

36) 퓰리처상을 받은 패션 비평가인 로빈 기번의 말.

37) Reuters, Designers Embrace Dower of Fashion's Blogging Crowd, 23 February 2012.

38) Daniel Albertazzi and Paul Cobley, *The Media: An Introduction*. Pearson Education, 2009, p. 161.

39) William Higham, *The Next Big Thing*. Kogan Page, 2009, p. 20.

40) 그 순서는 조금씩 다르지만 다른 블로그 순위 사이트들에서도 기본적으로 경쟁자들은 동일하다.

41) 블로거 율리 지브가 쓴 책의 부제다.

42) Valentine Uhovski, Fashionista.com, 18 April 2012 인용.

43) 슈만은 2011년 10월 3일 비즈니스 오브 패션과의 인터뷰에서 이처럼 밝혔다. 광고주는 티파니, 코치, 그리고 페라가모, 아메리칸 어패럴, 네타포르테를 포함한다.

44) Fashionista.com, 15 May 2012.

45) Tavi Gevinson 인터뷰, *Business of Fashion*, April 2012.

46) Christian Fuchs, The Internet: Serving the revolution? Counterfire.org, 2010.

47) 미국 연방통상위원회는 블로거에게 그들이 받는 모든 선물들을 공개하라고 요구한다.

48) Fuchs, *The Internet*.

49) *Ibid*.

50) 영국의 트렌드 예측 에이전시.

51) *St. Petersburg Times*, 27 December 1962.

52) Higham, *The Next Big Thing*, p. 44.

53) Chris Sanderson, *The Future Laboratory*, Martin Raymond, *The Trend Forecasters Handbook*. Lawrence King, 2010, p. 125에 인용된 대로.

54) 싱 인터뷰.

55) 익명을 요구한 톱숍 생산품 전문가와의 인터뷰.

56) Jayne Sheridan, *Fashion Media Promotion: The New Black Magic*. Wiley Blackwell, 2010, p. 14.

57) 스타일사이트 최고경영자인 프랭크 바버의 텔레그래프 인터뷰 중에서.

58) 2012년 4월 15일 진행된 스타일사이트의 트렌드 예측 분야의 선임 부사장인 이

샴 사두크와의 인터뷰.

59) 새런 그로바드, 스타일사이트의 주임 트렌드 분석가, 텔레그래프.

3장. 구매학

1) Hardy Amies, *Just So Far*, Collins, 1954. Book dedication.

2) Anne Fogarty, *The Art of Being a Well-Dressed Wife*, 1959. Reprinted V&A Enterprises, 2011.

3) 카밀라 배트맹겔리지의 인디펜던트 2011년 8월 19일자 논평 기사.

4) 지그문트 바우만이 디지털 미디어사인 소셜 유럽에 2011년 8월 The London Riots-On Consumerism Coming Home To Roost라는 제목으로 기고한 글.

5) Naylor, *Crass Struggle*, p. 372.

6) Juliet B. Schor, Why Do We Consume So Much?, p. 3.

7) Simonetta Falasca-Zamponi, *Waste and Consumption*, Routledge, 2007, p. 16.

8) Alan Tomlinson(ed.), *Consumption, Identity and Style: Marketing, Meanings and the Packaging of Pleasure*. Routledge, 1991, p. 13.

9) 스레드베어드는 학자인 민하 T. 팜과 미미 티 응우엔이 공동 창립했다.

10) Engels, *The Conditions of the Working Class*, 'The Great Towns'.

11) Barnard, *Fashion as Communication*, p. 107, p. 145, 그리고 1장.

12) *Ibid.*, p. 107에 인용된 대로.

13) Juliet Schor, In Defence of Consumer Critique: Revisiting the consumption debates of the twentieth century, *Annals of the American Academy of Political and Social Science*, 2007.

14) Suj Jhally, *The Codes of Advertising*. Routledge, 1990, p. 2.

15) Nicholas Barbon, *A Discourse of Trade*, 1690. 울리히 레만은 2012년 6월 15일 패션과 물질주의, 문화에서의 마르크스주의 강의에서 이와 같이 인용했다.

16) Karl Marx, *Outline of the Critique of Political Economy*(Grundrisse).

17) Ingrid Loschek, *When Clothes Become Fashion: Design and Innovation System*. Berg, 2009, p. 135.

18) John Bellamy Foster, Brett Clark and Richard York, *The Ecological Rift:*

Capitalism's War on the Earth, Monthly Review Press, 2010, p. 392.

19) *Ibid.*, p. 394.

20) Jhally, *The Codes of Advertising*, p. 2.

21) Croteau and Hoynes, *The Business of Media*, p. 180.

22) István Mészáros, *Marx's Theory of Alienation*, Merlin, 2005, p. 145.

23) Ashley Mears, *Pricing Beauty,* University of California Press, 2011, p. 75.

24) British *Vogue*, November 2011, p. 111.

25) Berger, *Ways of Seeing*.

26) Joseph Hansen and Evelyn Reed, *Cosmetics, Fashions, and the Exploitation of Women*, Pathfinder Press, 1986, p. 51.

27) *Ibid.*, p. 39.

28) Sandra Lee Bartky, *Femininity and Domination*, Routledge, 1990, p. 71, p. 75.

29) G. K. Chesterton, *The New Jerusalem*[1920], 2012, chapter 4.

30) Bellamy Foster, Clark and York, *Ecological Rift*, pp. 393~394.

31) John O'Tool, *The Trouble with Advertising*, Clark, *The Want Makers*, p. 17에 인용된 대로.

32) David Norman and Guy Shrubsole, *Think of Me as Evil?*, WWF and the Public Interest Research Centre Report, 2011, p. 18.

33) Mészáros, *Marx's Theory of Alienation*, p. 144.

34) Faulkner interview.

35) Berger, *Ways of Seeing*, p. 125, p. 143.

36) Jarrow and Judelle, *Inside the Fashion Business*, p. 256.

37) Joel Waldfogel, *Scroogenomics*, Princeton University Press, 2009, p. 81.

38) 부채비율이 올라가고 빚이 지속 불가능한 비용에 이르면서 불가피하게 위기가 상승한다.

39) Larry Elliott and Dan Atkinson, *The Gods that Failed*, The Bodley Head, 2008, p. 164.

40) Jarrow and Judelle, *Inside the Fashion Business*, p. 168.

41) Matt Haig, *Brand Success: How the World's Top 100 Brands Thrive and*

Survive, 2nd edition. Kogan Page, 2011, p. 117.

42) Jhally, *The Codes of Advertising*, pp. 53~54.

43) Friedrich Engels, *Outlines of a Critique of Political Economy* in Mészáros, *Marx's Theory of Alienation*, p. 158.

44) Berger, *Ways of Seeing*, part 4.

45) Marx, in Mészáros. *Marx's Theory of Alienation*, p. 130.

46) Patrich Hamilton, *Slaves of Solitude*, Constable, 2006.

47) Thomas, *Deluxe*, pp. 224~225.

48) Marx in Mészáros, *Marx's Theory of Alienation*, p. 145.

49) Phillip Brown, Hugh Lauder and David Ashton, *The Global Auction: The Broken Promises of Education, Jobs, and Incomes*. Oxford University Press, 2011.

50) Marx, in Mészáros, *Marx's Theory of Alienation*, p. 158.

51) Raymond Williams, in Bellamy Foster, Clark and York, *Ecological Rift*, p. 393.

52) John Bellamy Foster, *Marx's Ecology*. Monthly Review Press, p. 2.

53) Mears, *Pricing Beauty*, p. 25.

54) An Appeal to Walt Disney, Andrew Ross(ed.), *No Sweat: Fashion, Free Trade and the Rights of Workers*. Verso, 1997, p. 101.

55) Thomas. Deluxe, p. 197. 이 책은 전반적으로 이 문제에 대해 탐구한다.

56) 소셜 유럽에 기고한 The London Riots-On Consumerism Coming Home To Roost.

57) Ben Fine, *The World of Consumption: The Material and Cultural Revisited*. Routledge, 2002, p. 66.

58) Mészáros, *Marx's Theory of Alienation*, p. 156.

59) www.robertmontgomery.org.

4장. 꿰매기

1) Liesbeth Sluiter, *Clean Clothes*. Pluto Press, 2009, p. 76.

2) Gary Gereffi and Stacey Frederick, The Global Apparel Value Chain,

Trade&the Crisis: Challenges and opportunities for developing countries, in Olivier Cattaneo, Gary Gereffi and Cornelia Staritz(eds.), *Global Value Chains in a Post-Crisis World*. The World Bank, 2010, chapter 5, p. 157.

3) Interview with James Meadway, NEF Senior economist, 16 October 2012.

4) Sluiter, *Clean Clothes*, p. 200.

5) Andrew Ross, *No Sweat: Fashion Free Trade and the Rights of Garment Workers*. Verso, 1997, in Laura Hapke, *Sweatshop: The History of an American Idea*. Rutgers University Press, 2004, p. 2.

6) Faulkner, *A Marxist History of the World*, pp. 145~146.

7) Gerard P. Cachon and Robert Swinney, The Value of Fast Fashion: Quick response, enhaned design, and strategic consumer behaviour, *Management Science*, Vol. 57, No. 4, April 2011, pp. 778~795에서 가져온 정의.

8) Ross, *Slaves to Fashion*, p. 132.

9) Engels, *The Condition of the working Class in England*.

10) Karen Tranberg Hansen, *Salaula: The World of Second Hand Clothing and Zambia*. University of Chicago Press, 2000, p. 9, p. 24.

11) Engels, *The Condition of the working Class in England*.

12) Ross, *Slaves to Fashion*, p. 18.

13) www.simpletoremember.com/articles/a/jewish_life_in_america.

14) Lisa Featherstone and USAS, *Students against Sweatshops*. Verso, 2000, pp. 70~71.

15) 유대인 여성의 아카이브: www.jwa.org/encyclopedia/article/shavelson-clara-lemlich. 미국 우편 노동자 조합 아카이브: www.apwu.org/join/women/lbportraits/portraits-labor-triangle.htm. PBS 아카이브: www.pbs.org/wgbh/americanexperience/features/biography/triangle-lemlich.

16) Ross, *Slaves to Fashion*, p. 64.

17) *Ibid.*, p. 54.

18) Inspectors Certified Pakistani Factory as Safe Before Disaster, *New York Times*, 19 september 2012.

19) Interview with Philip Jennings 10 September 2013.

20) Interview with Amirul Haque Amir 9 September 2013.

21) Ross, *Slaves to Fashion*, p. 69.

22) *Ibid.*, pp. 96, 103. '글로벌 스캐닝'이라는 용어는 1979년에 레이먼드 버넌이 처음 사용했다. 글로벌 스캐닝은 판매 부지 탐색에도 이용된다.

23) *Ibid.*, p. 103, p. 122.

24) 카를 마르크스의 견해에 따른다.

25) Samantha Smith, The Multi Fibre Arrangement—A Thread of Protectionism, www.tcd.ie/Economics/SER/pasti.php?y=98.

26) Yongzheng Yang, The Impact of MFA Phasing out on World Clothing and Textile Markets, *Journal of Development Studies*, Vol. 30, Issue 4, 1994.

27) Cattaneo, Gereffi and Staritz, Global Value Chains in a Post-Crisis World, p. 159.

28) Ross, *Slaves to Fashion*, pp. 140~143. 2004년 1월, 미국 소매업자 스물여섯 곳과 사이판 공장 스물세 곳이 인권 침해로 노동권협회에 의해 고소되었고, 사이판의 의류 노동자들은 2000만 달러라는 획기적인 조정액을 얻어냈다. 사이판에서 산출 가운데 오분의 일을 차지하는 2억 달러어치의 생산품에 대한 책임이 있는 소매업자로 갭이 포함되었다.

29) Cattaneo, Gereffi and Staritz, *Global Value Chains in a Post-Crisis World*, p. 183.

30) *Ibid.*, p. 198, Table.

31) *Ibid.*, p. 165.

32) Stacey Frederick and Gary Gereffi, Upgrading and Restructuring in the Global Apparel Value Chain: Why China and Asia are outperforming Mexico and Central America, *International Journal of Technological Learning, Innovation and Development*, Vol. 4, Nos. 1/2/3, 2011.

33) Cattaneo, Gereffi and Staritz, *Global Value Chains in a Post-Crisis World*, p. 165.

34) Manufacturing: The end of cheap China, www.economist.com/node/21549956.

35) Cattaneo, Gereffi and Staritz, *Global Value Chains in a Post-Crisis World*, p. 165, p. 174.

36) Frederick and Gereffi, Upgrading and Restructuring, p. 7.

37) Cattaneo, Gereffi and Staritz, *Global Value Chains in a Post-Crisis World*, p. 175, p. 178, p. 183.

38) Chris Harman, *Economics of the Madhouse*. Bookmarks, 1995, p. 18.

39) Ben Fine and Alfredo Saad-Filho, *Marx's 'Capital'*, 5th edition. Pluto Press, 2010, pp. 71~72. 분야 내 경쟁은 『자본론 1』에서 검토된다. 분야 간 경쟁은 『자본론 3』에서 다룬다.

40) 포크너와의 인터뷰. 이 개념은 카를 마르크스, 『자본론』, 1권 25장에 실려 있다.

41) Ross, *Slaves to Fashion*, p. 5.

42) Nicholas D. Kristof and Sheryl Wudunn, Two Cheers for Sweatshops, *New York Times*, 24 September 2000.

43) Hapke, *Sweatshop*, p. 1.

44) Ross, *Slaves to Fashion*, p. 177, p. 324.

45) www.thenation.com/article/161057/wikileaks-haiti-let-them-live-3-day.

46) 미드웨이와의 인터뷰.

47) www.burmacampaign.org.uk/index.php/news-and-reports/news-stories/ Clothing-Retailers-told-to-Come-Clean-on-Burma/3. 자사 정책을 밝히기를 거부해 거명되고 수치를 당한 회사로, 해러즈, 베이 트레이딩, 바이 디자인, 베네통, 치로 치테리오, 엘르, 에탐, 인터스포트, 카렌 밀렌, 리버티, TCS, 애니멀, 나프나프, 조 블로그스, 제프리 로저스, 뻬에아뻬르, 사보이 테일러스 길드, 셀리스, 캘빈 클라인, 라코스테, 영 패션, 그레이트 유니버설 스토어스, 아르고스, 클레어스 액세서리스, MK One, 슈박스, 퍼스트 스포츠, 릴리화이츠, 호크스헤드, 어반 아웃피터스, 맘보, 멕스, 폴 스미스, 라이스, 홉스, 제인 노먼, 미스 식스티, 박스프레시 그리고 엘케이베넷이 있다.

48) www.opendemocracy.net/matt-kennard/haiti-and-shock-dotrine.

49) www.cje.oxfordjournals.org/content/28/2/153.abstract.

50) www.senate.columbia.edu/committees_dan/external/wrc1105.pdf

51) Ross, *Slaves to Fashion*, p. 72.

5장. 쓰디쓴 수확

1) 환경정의재단(EJF), http://archive.is/QRrp.

2) IPE, *Cleaning up the Fashion Industry*, www.ipe.org.cn.

3) Bhopal Medical Appeal, 1994, www.studentsforbhopal.org/node/18.

4) Mészáros, *Beyond Capital*. Capital 'inevitably brings a bitter harvest'.

5) To Reduce Poverty and Pollution, China Needs More Billionaires Like This, *Forbes*, 9 July 2012.

6) IPE, *Cleaning up the Fashion Industry*.

7) Crocodile farms, *Independent*, 5 October 2006.

8) Croc Unlocked: A Gene Map for the fashion Industry, *Scientific American*, 29 July 2009.

9) National Research Council, *The Use and Storage of Methyl Isocyanate(MIC) at Bayer CropScience*. Washington, DC: The National Academies Press, 2012.

10) 백만 명 넘는 사람들이 그 재앙에서 부상을 입었고 그 지역은 오염된 채 남았다. 여덟 명의 인도 유니언 카바이드 경영진이 2년형을 선고받고 2100달러의 벌금형을 받은 2010년까지 누구도 범죄 행위로 고발되지 않았다. 유니언 카바이드의 최고경영자인 워렌 앤더슨을 인도로 송환하려는 시도들이 있었지만 끝내 기소는 이루어지지 않았다. http://bhopal.net.

11) Carson, *Silent Spring*, p. 16.

12) www.toxipedia.org/display/toxipedia/Aldicarb.

13) www.cotton.org/econ/cropinfo/cropdata/rankings.cfm.

14) www.nytimes.com/1985/11/28/us/union-carbide-says-it-plans-to-resume-making-aldicarb.html.

15) www.cbgnetwork.org/2877.html.

16) www.environmentalhealthnews.org/ehs/news/aldicarb-phaseout.

17) Interview with Dilys Williams, director of the Center for Sustainabe Fashion, 23 November 2012.

18) John Bellamy Foster, *Ecology Against Capitalism*. Monthly Review Press, 2002, p. 80.

19) Bellamy Foster, Clark and York, *The Ecological Rift*, p. 78.

20) David Harvey, Fred Magdoff와 John Bellamy Foster, *What Every Environmentalist Needs to Know about Capitalism*에 인용된 대로. Monthly Review Press, 2011, p. 97.

21) 환경 생태학자인 K. William Kapp, Bellamy Foster, *Ecology Against Capitalism*, p. 57에 인용된 대로.

22) Siegel, *To Die For*, pp. 105~106.

23) Bellamy Foster, Clark and York, *The Ecological Rift*, p. 39, p. 64, p. 394.

24) Siegel, *To Die For*, pp. 193~194. 9장에서 '모피가 윤리적이고 따뜻하고 빈티지하며 지속 가능하다'는 주장에 대해 논박한다.

25) *Ibid.*, p. 197.

26) Magdoff and Bellamy Foster, *What Every Environmentalist Needs to Know about Capitalism*, p. 101.

27) Bellamy Foster, *Ecology Against Capitalism*, p. 55.

28) Magdoff and Bellamy Foster, *What Every Environmentalist Needs to Know about Capitalism*, p. 101.

29) Bertell Ollman, *Alienation: Marx's Conception of Man in Capitalist Society*. Cambridge University Press, 1976, p. 135.

30) Bellamy Foster, *Ecology Against Capitalism*, p. 81.

31) John Bellamy Foster, Marx's Ecology and its Historical Significance in Michael R. Redclift and Graham Woodgate(eds.), *The International Handbook of Environmental Sociology*, 2nd edition. Edward Elgar, 2000, p. 106.

32) Blanchard, *Green is the New Black*, p. 22.

33) Thomas, *Deluxe*, p. 197.

34) Cattaneo, Gereffi and Staritz, *Global Value Chains in a Post-Crisis World*, p. 198, Table.

35) Magdoff and Bellamy Foster, *What Every Environmentalist Needs to Know about Capitalism*, p. 32, p. 34.

36) Bellamy Foster, Clark and York, *The Ecological Rift*, p. 8.

37) Karl Marx, *The Poverty of Philosophy*, pp. 41~42, *ibid.*, p. 383에 인용된 대로.

38) Bartky, *Femininity and Domination*, p. 72.

39) Falasca-Zamponi, *Waste and Consumption*, p. 48.

40) James Gustave Speth, Magdoff and Bellamy Foster, *What Every Environmentalist Needs to Know about Capitalism*, p. 29에 인용된 대로.

41) Bellamy Foster, Clark and York, *The Ecological Rift*, p. 101.

42) Magdoff and Bellamy Foster, *What Every Environmentalist Needs to Know about Capitalism*, p. 106.

43) Bellamy Foster, Clark and York, *The Ecological Rift*, p. 389.

44) Greenpeace, *Dirty Laundry*, http://tinyurl.com/avy7jmy; *Dirty Laundry* 2: *Hung out to Dry.* http://tinyurl.com/aslsmew.

45) H&M 2011 annual report part 1: http://tinyurl.com/agrnqps.

46) Lucy Siegel, Is H&M the New Home of Ethical Fashion?, *Guardian*, 7 April 2012.

47) Albert Enstein, Why socialism?, *Monthly Review*, 1949, www.monthlyreview.org/2009/05/01/why-socialism.

48) Bellamy Foster, Clark and York, *The Ecological Rift*, p. 80.

49) István Mészáros, *The Structural Crisis of Capitalism.* Monthly Review Press, 2010, p. 66.

50) Williams 인터뷰. 루시 시글의 책 11장에서는 아프리카의 자선가게와 텍스타일 은행과 재활용 공장과 살라울라 시장에서 무슨 일이 일어나는지 살핀다.

51) www.corpwatch.org/article.php?id=2328.

52) Matilda Lee, *Eco Chic.* Octopus, 2007, 3장.

53) Sluiter, *Clean Clothes*, p. 76.

54) Bellamy Foster, *Ecology Against Capitalism*, p. 25.

6장. 패션과 사이즈

1) Susie Orbach, *Bodies.* Profile Books, 2010, p. 92.

2) *Ibid.* p. 7.

3) *Ibid.* p. 137.

4) www.any-body.org. 2012년 3월 6일 여성의 지위에 관한 국제연합 커미션에서 수지 오바크가 한 연설중.

5) Jean Kilbourne documentary, *Killing Us Softly.*

6) Bartky, *Femininity and Domination*, p. 72.

7) Interview with Declan Sheils, 10 Young London Creatives Shaping the Future of Fashion, *BOF*, 21, April 2013.

8) Pixel perfect, *The New Youker*, 12 May 2008.

9) Mears, *Pricing Beauty*, p. 35.

10) www.modelalliance.org/introductory-note.

11) SPIEGEL Interview with Plus-Size Model, *SPIEGEL*, 7 October 2009.

12) www.proud2bme.org/node/159.

13) www.medicalnewstoday.com/articles/259412.php.

14) Mears, *Pricing Beauty*, pp. 182~183.

15) The model agencies say one of these girls is the proper shape and the other is too fat. Are they right?, *Independent*, 30 August 1996.

16) Interview with Dunja Knezevic, president of The Models Union, 17 September 2012.

17) Mears, *Pricing Beauty*, p. 183.

18) SPIEGEL Interview with Plus-Size Model, *SPIEGEL*, 7 October 2009.

19) 체질량지수가 16이거나 그 이하이면 세계보건기구에서는 기아 상태로 여긴다. 루이셀 라모스의 BMI는 14.5였고 아나 카롤리나 헤스통은 13.4였다. 건강을 측정하는 데서 BMI의 유용함에 관해서는 논쟁이 남아 있다.

20) Size zero hysteria at London Fashion Week, *Daily Mail*, 5 February 2007.

21) www.vanityfair.com/online/daily/2012/10/kate-moss-years-of-crying-johnny-depp.

22) Mears, *Pricing Beauty*, p. 204.

23) Little and Large Are Both Losers, *Huffington Post*, 22 September 2011.

24) 'Too Thin' Topshop Model Codie Young Hits Back, *Daily Telegraph*, 19

July 2011.

25) www.fashionista.com/2012/07/is-kate-upton-too-fat-too-skinny-why-kate-upton-just-cant-win.

26) Mears, *Pricing Beauty*, p. 182, p. 190, p. 203.

27) Knezevic interview.

28) Ollman, *Alienation*, p. 166.

29) Karl Marx, *Economic and Philosophical Manuscripts of 1844*.

30) Marx *Capital*, Volume 1.

31) Eagleton, *After Theory*, p. 42.

32) Knezevic interview.

33) Bellamy Foster, Clark and York, *The Ecological Rift*, p. 392.

34) Linda Evangalista.

35) Ross, *Slaves to Fashion*, pp. 21~23.

36) Bartky, *Femininity and Domination*, p. 73.

37) Orbach, *Bodies*, p. 94.

38) Susie Orbach, Ad Men Today Are Wrong on Body, *Size* www.any-body. org.

39) Orbach, *Bodies*, p. 94.

40) *Ibid.*, p. 12.

41) Karl Lagerfeld. CNN interview. www.ellecanada.com/living/culture/can-using-different-types-of-models-benefit-brands/a/58327.

42) Ollman, *Alienation*, p. 135.

43) Magdoff and Bellamy Foster, *What Every Environmentalist Needs to Know about Capitalism*, p. 101.

44) Ruth Frankenburg(ed.), *Displacing Whiteness*, Duke University Press, 1997, p. 13.

45) Naomi Wolf, *The Beauty Myth*, Vintage, Random House, 1991, p. 185.

46) Ann Hollander, Seeing Through Clothes, p. 151, *ibid.*, p. 184에 인용.

47) Bartky, *Femininity and Domination*, p. 65, p. 79.

48) www.hup.harvard.edu/catalog.php?isbn=9780674049307.

49) Eagleton, *After Theory*, p. 67.

50) www.ellecanada.com/living/culture/can-using-different-types-of-models-benefit-brands/a/58327.

51) www.youtube.com/watch?v=nP-LSSxj3UU Interview with Victoria Keon-Cohen.

52) Knezevic interview.

53) UPDATE 1-Models from rights group ahead of New York Fashion week, Reuters, 6 Feb 2012.

54) www.huffingtonpost.com/jean-fain-licsw-msw/body-image_b_1583322.html.

55) www.athickgirlscloset.tumblr.com.

56) www.extrawiggleroom.tumblr.com/page/2.

57) www.guardian.co.uk/lifeandstyle/2012/jan/17/slimming-clubs-straitjackets-susie-orbach.

58) Rosalind Gill, *Media, Empowerment and the 'Sexualization of Culture'* *Debates*, 5 January 2012, Feminist Forum#Springer Science+Business Media, LLC 2012.

59) Joan Costa-Font and Mireia Jofre-Bonet, *Anorexia, Body Image and Peer Effect: Evidence from a Sample of European Women*. Centre for Economic Performance, Discussion Paper No. 1098, November 2011.

7장. 패션은 인종차별적인가?

1) www.youtube.om/watch?v=6L8uOk9fvXQ&feature=relmfu.

2) Allman, *Fashioning Africa*, p. 2.

3) 이 장에서 정치적 용어인 '흑인'이라는 말 대신 '유색인종 모델'이란 표현을 택한 것은 아프리카계 카리브인, 라틴계, 아시아계, 동남아시아계와 미국 원주민을 포함해 인종주의의 타깃인 다양한 인종에 대해 포괄적으로 언급했음을 보여주기 위함이다.

4) www.nymag.com/fashion/11/fall/china-machado.

5) Is Fashion Racist?, US *Vogue*, July 2008.

6) www.dailykos.com/story/2009/04/04/716393/-Whites-Only-Designers-Reap-What-They-Sew-w-Mrs-O-POLL.

7) www.independent.co.uk/news/uk/home-news/fashion-is-racist-insider-lifts-lid-on-ethnic-exclusion-782974.html.

8) Knezevic interview.

9) The Colour of Beauty, www.nfb.ca/film/colour_of_beauty.

10) Janell Hobson, *Venus in the Dark: Blackness and Beauty in Popular Culture*, Routledge, 2005, p. 114.

11) www.nytimes.com/2008/09/01/business/worldbusiness/01vogue.html.

12) Frankenburg, *Displacing Whiteness*, p. 12.

13) Mears, *Pricing Beauty*, p. 194.

14) Alek Wek, *Alek*, HarperCollins' Amistad, 2007.

15) James Smalls, Slavery is a Woman: Race, Gender, and Visuality in Marie Benoist's Portrait d'une négresse(1800), www.arthistoryarchive.com/arthistory/Slavery-is-a-Woman.htm.

16) *Ibid.,* Coco Fusco, *The Bodies That Were Not Ours and Other Writings*, London and New York: Routledge, 2001, p. 6를 인용함.

17) Ill Doctrine, Ugly Shoes and Good Intentions, http://vimeo.com/44343389.

18) www.thehindu.com/todays-paper/tp-international/paris-fashion-denies-racism-charge/article5158820.ece.

19) Eduardo Bonilla-Silva, *Racism without Racists*, Rowman&Littlefield, 2010, p. 8.

20) Ruth Frankenberg *White Women, Race Matters: The Social Construction of Whiteness*. University of Minnesota Press, 1993, p. 11.

21) Leila Ahmed, *A Quiet Revolution*. Yale University Press, 2011, p. 23.

22) *Ibid.,* p. 24.

23) Maxine Leeds Craig, *Ain't I A Beauty Queen?*, Oxford University Press, 2002, p. 9.

24) Leeds Craig, *Ain't I A Beauty Queen?*, chapter 1.

25) *Ibid.,* p. 6.

26) *Ibid.,* p. 25.

27) Hobson, *Venus in the Dark*, p. 7.

28) Leeds Craig, *Ain't I A Beauty Queen?*, p. 37.

29) www.iheartthreadbared.wordpress.com/2011/05/05/whats-missing-in-vogue-italias-tribute-to-black-beauties.

30) Shevelle Rhule, Pride, www.guardian.co.uk/world/2009/oct/14/french-vogue-blacking-up.

31) Leeds Craig, *Ain't I A Beauty Queen?*, p. 14.

32) Christopher Boulton, Rebranding Diversity: Colourblind Racism within the US Advertising Industry, www.vimeo.com/44500667.

33) Penny Jane Burke and Jackie McManus, Art for a Few: Exclusions and misrecognitions in higher education admissions practices, *Discourse: Studies in the Cultural Politics of Education*, vol. 32, issue 5, 2011, pp. 699~712.

34) The Turbulent Life of John Galliano, British *Vogue*, September 2011, p. 384.

35) www.alagarconniere.blogspot.co.uk/2010/04/critical-fashion-lovers-basic-guide-to.html.

36) Erving Goffman, *The Presentation of Self in Everyday Life*. Allen Lane, Penguin, 1969, p. 53.

37) Raahi Reddy interview, *Yellow Apparel: When the Coolie Becomes Cool*, 2000.

38) Larry Elliot, and Dan Atkinson, *The Gods that Failed*. Bodley Head (2008), p. 180.

39) Nicola White, *Reconstructing Italian Fashion: America and the Development of the Italian Fashion Industry*. Berg, 2000.

40) www.businessoffashion.com/2011/01/bof-exclusive-chinas-oprah-hung--huang-picks-her-top-5-chinese-fashion-talents.html.

41) Singh interview.

42) Cattaneo, Gereffi and Staritz, *Global Value Chains in a Post-Crisis World*, p. 183.

43) Chinoiserie Query, *Pigeons&Peacocks*, Issue 4.

44) Edward W. Said, *Culture&Imperialism*. Vintage, 1994, p. xiii.

45) Accenture Report, *Five Lessons for the Chinese Fashion Industry from the French*, January 2012.

46) www.economist.com/node/10962707.

47) 카트린 디오르는 프랑스 레지스탕스로 이름을 떨쳤고 크리스티앙 디오르의 조카딸인 프랑수아즈는 파시스트로 이름을 떨쳤다.

48) www.nytimes.com/2011/09/04/books/review/sleeping-with-the-enemy-coco-chanels-secret-war-by-hal-vaughan-book-review.html?_r=1.

49) Louis Vuitton's Links with Vichy Regime Exposed, Guardian online, 3, June 2004.

50) Paul N. Siegel(ed.), *Leon Trotsky on Literature and Art*, Pathfinder Press, 1970, p. 77.

51) Wilson, *Adorned in Dreams*, p. 44.

52) *Ibid.*, p. 204.

53) Said, *Culture and Imperialism*, p. xxx.

54) Frankenburg, *Displacing Whiteness*, p. 13.

8장. 패션에 저항하기

1) Fred Davis, *Fashion, Culture and Identity*. University of Chicago Press, 1992, p. 162.

2) Ulrich Lehmann, Fashion and Materialism lecture, 2012.

3) www.scribd.com/doc/38260/Harajuku-Rebels-on-the-Bridge.

4) Davis, *Fashion, Culture and Identity*, p. 168.

5) Malossi, *The Style Engine*, p. 59.

6) Barnard, *Fashion as Communication*, p. 43.

7) Karl Marx, *The German Ideology*, Part I : Feuerbach. Opposition of the

Materialist and Idealist Outlook B. The Illusion of the Epoch.

8) Barnard, *Fashion as Communication*, p. 39.

9) Steele, *Paris Fashion*, p. 18.

10) Barnard, *Fashion As Communication*, p. 41.

11) Wilson, *Adorned in Dreams*, p. 198.

12) Davis, *Fashion, Culture and Identity*, p. 166.

13) James C. Scott, *Weapons of the Weak—Everyday Forms of Peasant Resistance*. Yale University Press, 1985, p. 292.

14) Joy James(ed.), *The Angela Y. Davis Reader*. Wiley Blackwell, 1998, p. 277.

15) Steeve O. Buckridge, *The Language of Dress: Resistance and Accommodation in Jamaica 1760-1890*. University of West Indies Press, 2004, p. 95.

16) Allman, *Fashioning Africa*, p. 37. Example of Funmilayo Ransome-Kuti of the Abeokuta Women's Union.

17) Kirstin Knox, *Culture to Catwalk—How World Cultures Influence Fashion*. A&C. Black, 2011, p. 86. 극히 섬세한 견사인 거즈(Gauze)는 13세기부터 그곳에서 유럽 수출용으로 생산된 가자(gazza)에서 그 이름을 따왔다.

18) Barnard, *Fashion as Communication*, p. 144.

19) *Ibid.*, p. 123.

20) *Ibid.*, p. 130, Dick Hdbdige를 인용.

21) Davis, *Fashion, Culture and Identity*, p. 168.

22) Ahmed, *A Quiet Revolution*, p. 305.

23) *Ibid.*, p. 222. 크로머는 영국과 이집트 양국에서 여성 운동을 짓밟으면서 제국주의를 위해 이집트 여성 인권에 관심 있는 척했다.

24) *Ibid.*, p. 210. 레지스탕스 옷차림과, 예를 들어 사회에 도전하기보다는 자기들 생활방식을 보존하는 데 더 관심이 있는 하시드파 유대인의 의복 간의 차이점에 관한 흥미로운 논의를 살펴보려면 Davis, *Fashion, Culture and Identity*, p. 181을 참조할 것.

25) Alain Badiou, Behind The Scarlet Law There is Fear, Islam. Online. net, 3 March 2004.

26) Joëlle Jolivet, *The Colossal Book of Costumes Dressing up Around the World*. Thames&Hudson, 2008.

27) Gayle V. Fischer, *Pantaloons and Power*. Kent State University Press, 2001, p. 4.

28) *Ibid.*, p. 30, p. 169, p. 175. 프랑스 디자이너 드레콜과 베쇼프-다비드가 보여준 하렘 스커트 컬렉션.

29) www.telegraph.co.uk/news/worldnews/africaandindianocean/sudan/5956721/Whip-me-if-you-dare-says-Lubna-Hussein-Sudans-defiant-trouser-woman.html.

30) www.guardian.co.uk/world/2009/aug/02/sudan-women-dress-code.

31) 퀴어패션 라벨들과 여성용 맞춤 남성복들을 판매하는 디오르 옴므의 에디 슬리먼 그리고 유니섹스 향수를 판매하는 캘빈 클라인 같은 몇몇 주목할 만한 예외가 있다.

32) Davis, *Fashion, Culture and Identity*, p. 168.

33) Barnard, *Fashion as Communication*, p. 135.

34) Ariel Levy, *Female Chauvinist Pigs: Women and the Rise of Raunch Culture*. Free Press, 2006. *Tender Butch Manifesto*, www.autostraddle.com도 볼 것.

35) 〈섹스 앤드 더 시티〉의 스타일리스트인 퍼트리샤 필즈의 케피예 프린트 묘사.

36) Buckridge, *The Language of Dress*, p. 86.

37) Shannon Price, Vivienne Westwood(born 1941) and the Postmodern Legacy of Punk Style, Essays from The Costume Institute, Metropolitan Museum of Art, www.metmuseum.org/toah/hd/vivw/hd_vivw.htm.

38) Barnard, *Fashion as Communication,* p. 132.

39) Davis, *Fashion, Culture and Identity*, p. 181.

40) 남성복 디자이너인 모신 알리와의 인터뷰, 2012년 10월 5일.

41) Davis, *Fashion, Culture and Identity*, p. 161.

42) Valerie Steele, Why People Hate Fashion, in Malossi, *The Style Engine*, p. 68.

43) Knox, *Culture to Catwalk*, p. 87, Michelle Malkin을 인용.

44) Tim Edwards, Express Yourself: The politics of dressing up, in Barnard, *Fashion Theory*, p. 195.

45) www.fashionencyclopedia.com/Ma-Mu/Moschino-Franco.html.

46) Robert Heath, *Seducing the Subconscious: The Psychology of Emotional Influence in Advertising.* John Wiley&Sons, 2012.

47) Steele, *Fashion, Italian Style*, p. 77.

48) Elizabeth Fox-Genovese, Barnard, *Fashion as Communication*, p. 123에서 인용.

49) Davis, *Fashion, Culture and Identity*, p. 168, p. 187.

50) Thomas Docherty, *Aesthetic Democracy.* Stanford University Press, 2006, p. xiv.

51) Malossi, *The Style Engine*, p. 244.

52) Buckridge, *The Language of Dress,* p. 86.

9장. 패션 개혁하기

1) James, *The Angela Y. Davis Reader*, p. 244.

2) 이 장에서는 작은 '윤리적인' 사업들을 검토하지 않는다. 그 주제에 관심이 있는 독자들이 찾아볼 만한 책은 이미 많이 출간되었다. 특히 피플 트리의 창립자인 사피아 미니가 쓴 *Naked Fashion*을 추천한다.

3) 플로렌스 켈리는 카를 마르크스의 추종자이자 프리드리히 엥겔스의 친구였다. 그녀가 번역한 엥겔스의 *The Condition of the Working Class in England*의 영역본은 오늘날에도 여전히 읽힌다.

4) www.nclnet.org/history.

5) Duncan Clark, *The Rough Guide to Ethical Shopping.* Rough Guides, 2004, p. viii.

6) Christina Weil, *Heart on Your Sleeve.* Oxfam Activities, 2008, p. 18.

7) Interview with Yva Alexandrova, 4 February 2013.

8) Weil, *Heart on Your Sleeve*, p. 18.

9) Blanchard, *Green is the New Black*, p. 42.

10) Major American Brands Silent on Alleged Rights Abuses at Overseas Factories, *Huffington Post*, 21 July 2011.

11) www.globallabourrights.org/alerts?id=0394.

12) N. Craig Smith, *Morality and the Market.* Routledge, 1990, p. 6.

13) Alexandrova interview.

14) Mészáros, *Marx's Theory of Alienation*, p. 206.

15) Helen Scott(ed.), *The Essential Rosa Luxemburg*. Haymarket Books, 2007, p. 1.

16) Michele Micheletti, *Political Virtue and Shopping*. Palgrave Macmillan, 2003, pp. 5~6.

17) Scott, *The Essential Rosa Luxemburg*, p. 65.

18) www.independent.co.uk/news/uk/home-news/the-real-cost-of-fashion-a-special-report-400611.html.

19) Ross, *Slaves to Fashion*, pp. 151~155, 171.

20) Naomi Klein, *No Logo: No Space, No Choice, No Jobs*. Picador, 2001, p. 149.

21) www.marxists.org/archive/draper/1971/xx/emancipation.html.

22) www.matadornetwork.com/change/7-worst-international-aid-ideas.

23) Bad Charity?(All I Got Was This Lousy T-Shirt!), *Time Magazine online*, 12 May 2010.

24) G. Frazer, Used-Clothing Donations and Apparel Production in Africa, *Economic Journal*, vol. 118, October 2008, pp. 1764~1784.

25) Bad Charity?(All I Got Was This Lousy T-Shirt!).

26) www.thelavinagency.com.

27) Lisa Ann Richey and Stefano Ponte, *Brand Aid: Shopping Well to Save the World*. University of Minnesota Press, 2011, p. 16.

28) Richey and Ponte, *Brand Aid*, Preface.

29) *Ibid.*, p. 187.

30) *Ibid.*, p. 5.

31) Ha-Joon Chang, *23 Things They Don't Tell You About Capitalism*. Penguin Books, 2010, p. 117.

32) Rachel Dodes, Out of Africa, into Asia, *Wall Street Journal*, 9 September 2010. 또한 U2가 2006년에 재정 업무를 네덜란드로 해외 위탁하자 크리스천에이드와 조세정의네트워크는 세금 도피를 했다고 보노를 비판했다.

33) 푸에르자 유니다에 관해 자세히 알고 싶으면 Ching Yoon Louie, *Sweatshop*

*Warriors*를 볼 것.

34) 어보리진 권리수호 단체로, 1970년대에 활동가인 릴라 왓슨이 퀸즐랜드에서 이를 대중화했다. USAS.org.

35) Interview with Amirul Haque Amir 9 September 2013.

36) Ching Yoon Louie, *Sweatshop Warriors*, p. 228.

37) Sluiter, *Clean Clothes*, p. 63.

38) *Ibid.*, p. 181.

39) Scott, *The Essential Rosa Luxemburg*, p. 58.

40) Craig Smith, *Morality and the Market*, p. 40.

41) Magdoff and Bellamy Foster, *What Every Environmentalist Needs to Know about Capitalism*, p. 134.

42) Bellamy Foster, *Ecology Against Capitalism*, p. 25.

43) David Harvey, *The Enigma of Capital and the Crises of Capitalism*. Profile Books, 2011, p. 277.

10장. 패션을 혁명하기

1) South End Press(ed.), *Talking about a Revolution*. South End Press, 1998, p. v.

2) István Mézáros, *Beyond Capital*. Merlin Press, 1995, p. 812.

3) Bell hooks interview, South End Press, *Talking About A Revolution*, p. 52.

4) Leon Trotsky, Literature and Revolution, www.marxists.org/archive/trotsky/1924/lit_revo/intro.htm.

5) 토니 커시너의 〈링컨〉 대본 중에서. 대사는 극중에서 사회 운동가이자 링컨 부인의 가까운 친구(*Behind the Scenes— or Thirty Years a Slave and Four Years in the White House*, 1868을 쓴) 엘리자베스 케클리 부인 역을 맡은 글로리아 루벤의 것이다.

6) Said, *Culture and Imperialism*, p. xii.

7) Eagleton, *Maxism and Literary Criticism*, p. 68.

8) *Ibid.*, p. 69. 작가들에 관한 인용은 알튀세르를 기반으로 피어 매커리에게서 가져온 것이다.

9) Nicholas Bourriaud, Malossi, *The Style Engine*, p. 271에서 인용.

10) John Berger, *Art and Revolution*. Writers&Readers, 1969, p. 43.

11) Mézáros, *Marx's Theory of Alienation*, p. 175.

12) Penny Jane Burke and Jackie McManus, Art for a Few: Exclusions and misrecognitions in higher education admissions practices, *Discourse: Studies in the Cultural Politics of Education*, vol. 32, issue 5, 2011, pp. 699~712.

13) Audre Lorde, *Sister Outsider*, Hobson, *Venus in the Dark*, p. 143에서 인용.

14) Bell hooks interview, pp. 51~52.

15) Ollman, *Alienation*, p. 92.

16) Varvara Stepanova, *Tasks of the Artist in Textile Production*, p. 190, Stern, Against Fashion, p. 55에서 인용.

17) www.guardian.co.uk/fashion/2012/jan/25/haute-couture-nice-frocks-no-shocks.

18) Mikhail Guerman, *Art of the October Revolution*, www.marxist.com/ArtAndLiterature-old/marxism_and_art.html에서 인용.

19) Leon Trotsky, *Literature and Revolution*, pp. 255~256 www.marxist.com/ArtAndLiterature-old/marxism_and_art.html에서 인용.

20) Berger, *Art and Revolution*, Foreword.

21) Michael R. Redclift and Graham Woodgate(eds.), *The International Handbook of Environmental Sociology*, 2nd edition. Edward Elgar, 2010, p. 208.

22) Mézáros, *Marx's Theory of Alienation*, p. 205.

23) Karl Marx, Orbach, *Bodies*, p. 138에서 인용.

24) Berger, *Art and Revolution*, p. 30.

25) John E. Bowlt and Matthew Drutt(eds.), *Amazons of the Avant-garde*. Guggenheim Museum Publications, 1999, p. 109.

26) Berger, *Art and Revolution*, p. 37.

27) 그후 볼셰비키 혁명을 접수한 스탈린주의는 '현대 사회에서 목격된 바 예술에 대한 가장 파괴적인 공격으로 자신을 표현했다—사회 해방의 이론과 실천의 이

359

름으로 행해진 공격이었다'. Eagleton, *Marxism and Literary Criticism*, p. 38.

28) Alexander Laurentier, *Varvara Stepanova*. Thames&Hudson, 1988, p. 81.

29) 예술비평가인 D. 아라노비치의 말, 1926, *ibid.*, p. 83에 인용.

30) Bowlt and Drutt, *Amazons of the Avant-garde*, p. 190.

31) M. N. Yablonskaya, *Women Artists of Russia's New Age*. Thames&Hudson, 1990, p. 115.

32) www.tate.org.uk/whats-on/tate-modern/exhibition/rodchenko-popova/rodchenko-and-popova-defining-constructivism-9.

33) Stern, *Against Fashion*, p. 55.

34) Berger, *Art and Revolution*, p. 47.

35) P. Walton and A. Gamble, *From Alienation to Surplus Value*. Sheed&Ward, 1972, p. 218.

36) Yablonskaya, *Women Artists of Russia's New Age*, p. 156.

37) Lee, *Eco Chic*, p. 82.

38) Mészáros, *Beyond Capital*, p. 739.

39) Roland Barthes, *The Fashion System*, Jonathan Cape, 1985.

40) de Marly, *Working Dress*, p. 154.

41) Alexandra Kollontai, *Communism and the Family*, 1920.

42) www.marxists.org/archive/trotsky/1924/lit_revo/intro.htm.

43) Walton and Gamble, *From Alienation to Surplus Value*, p. 12.

44) Ulrich Lehmann, *Fashion and Materialism lecture*, 2012.

45) 이 부분의 내용은 이스트번 메자로스의 *Beyond Capital*을 토대로 한다. 베네수엘라 대통령 우고 차베스는 그 책을 바탕으로 '사회주의의 세 요소' 개념을 발전시켰고, 환경주의자 존 벨러미 포스터가 거기에 생태학적 요소를 더했다. 동등한 비중을 차지해야 하는 그 세 개념은 다음과 같다: 1) 생산수단의 사회적 소유와 자연의 소유가 아닌 자연의 사회적 사용, 2) 노동자들에 의해 조직된 사회적 생산, 인류와 자연 사이의 관계 공동체에 의한 규제, 3) 현재와 미래 세대 그리고 생명 그 자체의 공통적 필요의 충족.

46) Karl Marx, Mészáros, *Marx's Theory of Alienation*, p. 212에서 인용.

47) Marx, *Wage Labour and Capital*.

48) Rosa Luxemberg, *Reform or Revolution*, in Mészáros, *Beyond Capital*, p. 836.

49) Roy Morrison, John Bellamy Foster, *The Ecological Revolution*, Monthly Review Press, 2009, p. 264에서 인용.

50) Andrew Simms, *Tescopoly*. Constable, 2007, p. 232.

51) Mike Cooley, *Architect or Bee*. South End Press, 1982.

52) Stepanova, 1928, Yablonskaya, *Women Artists of Russia's New Age*, p. 156에서 인용.

53) Loschek, *When Clothes Become Fashion*, p. 2; and Berger, *Ways of Seeing*, Part 1.

54) Berger, *Ways of Seeing*, Part 1.

55) Kanye West, *All Falls Down*, featuring Syleena Johnson, 2004.

56) Anna Gough-Yates, *Women's Magazines*. Routledge, 2003, p. 10.

57) Berger, *Ways of Seeing*, Part 4.

58) McDowell, *The Designer Scam*, p. 28.

59) Hansen and Reed, *Cosmetics, Fashions and the Exploitation of Women*, p. 53.

60) Bartky, *Femininity and Domination*, p. 71.

61) Juan Juan Wu, *Chinese Fashion: from Mao to Now*. Berg, 2009, p. 2.

62) Lehmann, *Fashion and Materialism Lecture*, 2012.

63) bell hooks interview, p. 50. '좌파 성향' 예술에 대한 공격은 논쟁을 막고 예술이 사회적 기능을 못하게 막으려 하기에 그 자체로 이데올로기적이다. '정치적 신념과 미학적이고 예술적인 비전' 사이에서 갈등하도록 사람들을 강요해서는 안된다.

64) Debbie Ging, Well-heeled women: Post-feminism and shoe fetishism, webpages.dcu.ie/~gingd/articleslectures.html.

65) Raisa Kabir: www.thefword.org.uk/blog/2013/09/the_veil_debate.

66) Ahmed, *A Quiet Revolution*, p. 34, Comment from Cairo in 1890.

67) Levy, *Female Chauvinist Pigs.*

68) Walter Benjamin, On the Concept of History, www.marxists.org/reference/
archive/benjamin/1940/history.htm, 2009.

69) Raahi Reddy interview in *Yellow Apparel*, 2000.

70) Oliver Wang interview in *Ibid.*

71) Falasca-Zamponi, *Waste and Consumption*, p. 47.

72) Vijay Prashad interview, *Yellow Apparel*, 2000.

73) www.online.wsj.com/article/SB10001424052970203479104577124613246783
618.html.

74) Eagleton, *Marxism and Literary Criticism*, p. 6.

75) Bellamy Foster, Clark and York, *The Ecological Rift*, p. 103.

76) Alexander Blok, *The Intelligensia and the Revolution*, 1918.

옮긴이 **김지선**
서강대학교 영문학과를 졸업하고 출판사 편집자를 거쳐 현재 번역가로 활동하고 있다. 옮긴 책
으로는 『반대자의 초상』 『기사도에서 테러리즘까지』 『여러분, 죽을 준비 했나요?』 『사랑의 탄생』
『북유럽 세계사』 등이 있다.

런웨이 위의 자본주의
ⓒ 탠시 E. 호스킨스 2016

초판 인쇄 2016년 12월 9일
초판 발행 2016년 12월 16일

지은이 탠시 E. 호스킨스 | 옮긴이 김지선 | 펴낸이 염현숙
기획 김지영 | 책임편집 임혜지 | 편집 이경록 | 모니터링 이희연
디자인 김마리 이주영 | 마케팅 정민호 이연실 정현민 김도윤 양서연
홍보 김희숙 김상만 이천희 | 저작권 한문숙 김지영
제작 강신은 김동욱 임현식 | 제작처 한영문화사

펴낸곳 (주)문학동네
출판등록 1993년 10월 22일 제406-2003-000045호
주소 10881 경기도 파주시 회동길 210
전자우편 editor@munhak.com | 대표전화 031) 955-8888 | 팩스 031) 955-8855
문의전화 031)955-1933(마케팅) 031)955-2672(편집)
문학동네카페 http://cafe.naver.com/mhdn | 트위터 @munhakdongne

ISBN 978-89-546-4363-4 03300

www.munhak.com